ترجمہ مفہوم القرآن

جلد اول: سورۃ الفاتحہ تا سورۃ الاعراف

رفعت اعجاز

مرتبہ: اعجاز عبید

© Taemeer Publications LLC
Tarjuma Mafhoomul Quran : Part-1 *(Quran Translation)*
by: Rif'at Aijaz
Edition: March '2025
Publisher :
Taemeer Publications LLC (Michigan, USA / Hyderabad, India)

ISBN 978-93-6908-248-3

مصنف یا ناشر کی پیشگی اجازت کے بغیر اس کتاب کا کوئی بھی حصہ کسی بھی شکل میں بشمول ویب سائٹ پر اَپ لوڈنگ کے لیے استعمال نہ کیا جائے۔ نیز اس کتاب پر کسی بھی قسم کے تنازع کو نمٹانے کا اختیار صرف حیدرآباد (تلنگانہ) کی عدلیہ کو ہوگا۔

© تعمیر پبلی کیشنز

کتاب	:	ترجمہ مفہوم القرآن (حصہ:1)
مصنف	:	رفعت اعجاز
تدوین/ترتیب	:	اعجاز عبید
صنف	:	مذہب
ناشر	:	تعمیر پبلی کیشنز (حیدرآباد، انڈیا)
سالِ اشاعت	:	۲۰۲۵ء
صفحات	:	۲۳۸
سرورق ڈیزائن	:	تعمیر ویب ڈیزائن

مفہوم القرآن.....جلد اول

سورۃ الفاتحہ تا سورۃ الاعراف

فہرست

۱۔ سورۃ الفاتحہ 4

۲۔ سورۃ البقرہ 5

۳۔ سورۃ آل عمران 65

۴۔ سورۃ النساء 103

۵۔ سورۃ مائدہ 140

۶۔ سورۃ الانعام 167

۷۔ سورۃ الاعراف 199

1

ا۔ سورۃ الفاتحہ

١.	شروع اللہ کے نام سے جو رحمن ورحیم ہے۔

٢.	سب تعریف اللہ تعالیٰ کی ہے جو تمام جہانوں کا رب ہے۔

٣.	جو نہایت رحم کرنے والا بڑا مہربان ہے

۴.	وہ بدلہ کے دن کا مالک ہے۔

۵.	ہم صرف تیری ہی عبادت کرتے ہیں اور صرف تجھ ہی سے مدد چاہتے ہیں

٦.	تو ہمیں سیدھے راستہ کی ہدایت دے

٧.	ان لوگوں کا راستہ (دکھلا) جن پر تو نے انعام کیا نہ ان لوگوں کی راہ دکھلا نا جن پر تیرا غضب ہوا اور نہ گمراہوں کی

***

۲۔ سورۃ البقرہ

شروع اللہ کے نام سے جو بے حد مہربان اور نہایت رحم کرنے والا ہے

۱۔ الم

۲۔ یہ ایسی کتاب ہے جس میں کوئی شک نہیں (اور) ہدایت ہے پرہیزگاروں کے لئے

۳۔ جو غیب پر ایمان لاتے ہیں، اور نماز قائم کرتے ہیں، اور جو رزق ہم نے ان کو دیا ہے اس میں سے خرچ کرتے ہیں

۴۔ اور جو کتاب (قرآن) تم پر نازل کی گئی ہے اور جو کتابیں تم سے پہلے نازل کی گئی تھیں ان سب پر ایمان لاتے ہیں اور آخرت پر یقین رکھتے ہیں

۵۔ ایسے لوگ اپنے رب کی طرف سے راہ راست پر ہیں اور وہی فلاح پانے والے ہیں

۶. جو لوگ کافر ہیں، انہیں تم نصیحت کرو یا نہ کرو ان کے لئے برابر ہے وہ ایمان نہیں لائیں گے

۷. اللہ نے ان کے دلوں اور کانوں پر مہر لگا رکھی ہے اور ان کی آنکھوں پر پردہ پڑا ہوا ہے اور ان کے لئے بڑا عذاب تیار ہے

۸. اور بعض وہ لوگ ہیں جو کہتے ہیں ہم اللہ پر ایمان رکھتے ہیں اور روز آخرت پر حالانکہ وہ ایمان رکھنے والے نہیں

۹. منافق فریب دینے کی کوشش کرتے ہیں اللہ کو اور ان لوگوں کو جو ایمان لائے اور نہیں فریب دیتے مگر جانوں اپنی کو اور وہ نہیں سمجھتے

۱۰. ان کے دلوں میں بیماری ہے چنانچہ اللہ نے ان کی بیماری بڑھا دی اور ان کے لئے دردناک عذاب ہے، کیونکہ وہ جھوٹ کہتے تھے

۱۱. اور جب ان سے کہا جاتا ہے کہ زمین میں فساد نہ پھیلاؤ تو کہتے ہیں بلاشبہ ہم اصلاح کر رہے ہیں

۱۲. سن رکھو یہی لوگ فسادی ہیں لیکن وہ احساس نہیں رکھتے

۱۳. اور جب ان سے کہا جاتا ہے کہ ایمان لے آؤ، جیسے لوگ ایمان لائے ہیں تو کہتے ہیں کہ کیا ہم ایمان لائیں جیسا کہ بیوقوف ایمان لائے ہیں۔ سن رکھو کہ خود وہی لوگ بیوقوف ہیں۔ لیکن وہ علم نہیں رکھتے۔

۱۴. اور جب ان لوگوں سے ملتے ہیں جو ایمان لائے تو کہتے ہیں ہم ایمان لائے اور جب اپنے شیطانوں کے پاس اکیلے ہوتے ہیں تو کہتے ہیں ہم تمہارے ساتھ ہیں ہم تو (ان سے) محض مذاق کر رہے تھے۔

۱۵. اللہ ان سے مذاق کرتا ہے اور انہیں ڈھیل دیتا ہے وہ اپنی سرکشی میں اندھے ہو رہے ہیں

۱۶. یہی وہ لوگ ہیں جنہوں نے گمراہی خرید لی ہدایت کے بدلے سو نہ تو ان کی تجارت ہی سود مند ہوئی نہ وہ ہدایت پانے والے ہوئے

۱۷. ان کی مثال تو ایسی ہے کسی نے آگ جلائی پس جب آگ نے ان کے ارد گرد کو روشن کر دیا تو اللہ نے ان کا نور بصارت سلب کر لیا اور انہیں اس حال میں چھوڑ دیا کہ تاریکیوں میں انہیں کچھ نظر نہیں آتا

۱۸. وہ بہرے گونگے اور اندھے ہیں۔ وہ نہیں لوٹیں گے

۱۹. یا پھر ان کی مثال یوں سمجھو کہ آسمان سے زور کی بارش ہو رہی ہے۔ اور اس کے ساتھ اندھیری گھٹا کڑک اور چمک بھی ہے یہ بجلی کی کڑک سن کر اپنی جانوں کے خوف سے کانوں میں انگلیاں ٹھونس لیتے ہیں اور اللہ ان منکرین حق کو گھیرے میں لئے ہوئے ہے۔

۲۰. (چمک سے ان کی حالت یہ ہو رہی ہے کہ) عنقریب بجلی ان کی بصارت اچک لے جائے گی جب ذرا کچھ روشنی انہیں محسوس ہوتی ہے تو اس میں کچھ (دور) چل لیتے ہیں اور

جب اندھیرا چھا جاتا ہے تو کھڑے ہو جاتے ہیں اللہ چاہتا تو ان کی سماعت اور بصارت بالکل ہی سلب کر لیتا۔ یقیناً وہ ہر چیز پر قادر ہے

۲۱. اے لوگو! بندگی اختیار کرو اپنے اس رب کی جس نے تمہیں اور تم سے پہلے جو لوگ ہو گزرے ہیں ان سب کو پیدا کیا ہے تاکہ تم پرہیزگار بن جاؤ

۲۲. جس نے تمہارے لئے زمین کو فرش اور آسمان کو چھت بنا دیا۔ آسمان سے پانی اتارا پھر اس کے ذریعے تمہاری روزی کے لئے مختلف پھل نکالے۔ چنانچہ نہ ٹھہراؤ اللہ کے لئے کوئی شریک حالانکہ تم جانتے ہو

۲۳. اور اگر تم کو اس کتاب میں شک ہے جو ہم نے اتاری اپنے بندے پر تو اس جیسی ایک سورت ہی بنا لاؤ اور اللہ کے سوا اپنے تمام مددگاروں کو بھی بلا لو۔ اگر تم سچے ہو

۲۴. پھر اگر تم یہ نہ کر سکو اور ہر گز نہ کر سکو گے تو تم اس آگ سے ڈرو جس کا ایندھن انسان اور پتھر ہیں وہ کافروں کے لئے تیار کی گئی ہے

۲۵. اور ان لوگوں کو خوشخبری سنا دیجئے جو ایمان لائے اور نیک عمل کئے ان کے لئے باغات ہیں جن کے نیچے نہریں بہتی ہوں گی انہیں جب کوئی پھل کھانے کو دیا جائے گا تو وہ کہیں گے یہ تو وہی ہے جو ہمیں اس سے پہلے مل چکا ہے ان کے لئے وہاں پاکیزہ بیویاں ہوں گی اور وہ وہاں ہمیشہ رہیں گے

8

۲۶. (ہاں) اللہ اس سے ہرگز نہیں شرماتا کہ مچھر یا اس سے بھی کم تر کسی چیز کی تمثیلیں دے جو لوگ حق بات کو قبول کرنے والے ہیں وہ انہیں تمثیلوں کو دیکھ کر جان لیتے ہیں کہ یہ حق ہے جو ان کے رب ہی کی طرف سے آیا ہے اور جو ماننے والے نہیں ہیں وہ انہیں سن کر کہنے لگتے ہیں کہ ایسی تمثیلوں سے اللہ کو کیا سروکار؟ اس طرح اللہ ایک ہی بات سے بہتوں کو گمراہی میں بتلا کر دیتا ہے اور بہتوں کو راہ راست دیکھا دیتا ہے اور گمراہی میں وہ انہیں کو بتلا کرتا ہے جو فاسق ہیں

۲۷. اللہ کے عہد کو مضبوط باندھ لینے کے بعد توڑ دیتے ہیں۔ اللہ نے جسے جوڑنے کا حکم دیا ہے اسے کاٹتے ہیں اور زمین میں فساد برپا کرتے ہیں حقیقت میں یہی لوگ نقصان اٹھانے والے ہیں

۲۸. تم اللہ کے ساتھ کفر کا رویہ کیسے اختیار کرتے ہو، حالانکہ تم بے جان تھے اس نے تم کو زندگی عطا کی پھر وہی تمہاری جان سلب کرے گا پھر وہی تمہیں دوبارہ زندگی عطا کرے گا پھر اسی کی طرف تمہیں پلٹ کر جانا ہے

۲۹. وہی تو ہے جس نے تمہارے لئے زمین کی ساری چیزیں پیدا کیں، پھر اوپر کا قصد کیا تو سات آسمان استوار کئے اور وہ ہر چیز کا علم رکھنے والا ہے

۳۰. جب تیرے رب نے کہا فرشتوں سے کہ میں زمین میں ایک خلیفہ بنانے والا ہوں انہوں نے عرض کیا! کیا آپ زمین میں کسی ایسے کو مقرر کرنے والے ہیں جو اس کے

انتظام کو بگاڑ دے گا اور خون ریزیاں کرے گا؟ آپ کی حمد و ثناء کے ساتھ تسبیح تو ہم کر ہی رہے ہیں فرمایا! میں جانتا ہوں جو کچھ تم نہیں جانتے

۳۱. (اس کے بعد) اللہ نے آدمؑ کو ساری چیزوں کے نام سکھائے پھر انہیں فرشتوں کے سامنے پیش کیا اور فرمایا۔ اگر تمہارا خیال صحیح ہے تو ذرا ان چیزوں کے نام بتاؤ؟

۳۲. انہوں نے عرض کیا نقص سے پاک تو آپ کی ہی ذات ہے ہم تو بس اتنا ہی علم رکھتے ہیں جتنا آپ نے ہم کو دے دیا ہے۔ حقیقت میں سب کچھ جاننے اور سمجھنے والا آپ کے سوا کوئی نہیں

۳۳. پھر اللہ نے آدم سے کہا تم انہیں ان چیزوں کے نام بتاؤ؟ جب آدم نے ان کو ان سب کے نام بتا دیئے تو اللہ نے فرمایا! میں نے تم سے کہا نہ تھا کہ میں آسمانوں اور زمین کی وہ ساری حقیقتیں جانتا ہوں جو تم سے مخفی ہیں، جو کچھ تم ظاہر کرتے ہو، وہ بھی مجھے معلوم ہے اور جو کچھ تم چھپاتے ہو اسے بھی میں جانتا ہوں

۳۴. اور جب ہم نے فرشتوں سے کہا کہ آدم کے سامنے سجدہ کرو۔ سو وہ سب جھکے مگر ابلیس نہ جھکا اس نے انکار اور تکبر کیا اور وہ کافروں میں سے ہو گیا

۳۵. پھر ہم نے آدم سے کہا کہ تم اور تمہاری بیوی جنت میں رہو اور اس میں حسب منشاء جو چاہو وہ کھاؤ، مگر اس درخت کا رخ نہ کرنا ورنہ ظالموں میں شمار ہو گے

۳۶۔ آخرکار شیطان نے ان دونوں کو اس درخت کی ترغیب دلا کر ہمارے حکم کی پیروی سے ہٹا دیا اور انہیں وہاں سے نکلوا کر چھوڑا جہاں وہ تھے ہم نے حکم دیا! اب تم سب یہاں سے اتر جاؤ تم ایک دوسرے کے دشمن ہو اور تمہیں ایک خاص وقت تک زمین میں ٹھہرنا اور فائدہ اٹھانا ہے

۳۷۔ اس وقت آدم نے اپنے رب سے چند کلمات سیکھ کر توبہ کی جس کو اس کے رب نے قبول کر لیا، کیونکہ وہ بڑا معاف کرنے والا اور رحم فرمانے والا ہے

۳۸۔ ہم نے کہا تم سب یہاں سے اتر جاؤ پھر جو میری طرف سے کوئی ہدایت تمہارے پاس پہنچے تو جو لوگ میری اس ہدایت کی پیروی کریں گے ان کے لئے کسی خوف اور رنج کا موقعہ نہ ہوگا

۳۹۔ اور جو لوگ کفر کریں گے اور ہماری آیتوں کو جھٹلائیں گے وہی دوزخی ہیں وہ اس میں ہمیشہ رہیں گے

۴۰۔ اے بنی اسرائیل! ذرا خیال کرو میری اس نعمت کا جو میں نے تم کو عطا کی تھی، میرے ساتھ تمہارا جو عہد تھا اسے تم پورا کرو تو میرا جو عہد تمہارے ساتھ تھا اسے میں پورا کروں گا اور مجھ ہی سے تم ڈرو۔

۴۱.　اور مان لو اس کتاب کو جو میں نے اتاری ہے اسے سچ بتانے والی ہے جو
تمہارے پاس ہے اور سب سے پہلے اس کے انکار کرنے والے نہ ہو جاؤ اور میری آیتوں
پر تھوڑا مول نہ لو اور مجھ ہی سے ڈرتے رہو

۴۲.　اور صحیح میں غلط نہ ملاؤ اور تم جانتے بوجھتے سچ کو نہ چھپاؤ

۴۳.　اور نماز قائم کرو، زکوٰۃ دو اور رکوع کرنے والے یعنی جھکنے والوں کے ساتھ جھکو۔

۴۴.　تم دوسروں کو تو نیکی کا راستہ اختیار کرنے کے لئے کہتے ہو، مگر اپنے آپ کو
بھول جاتے ہو۔ حالانکہ تم کتاب کی تلاوت کرتے ہو کیا تم عقل سے بالکل ہی کام نہیں
لیتے؟

۴۵.　صبر اور نماز سے مدد لو، بیشک نماز ایک مشکل کام ہے لیکن ان فرمانبردار بندوں
کے لئے مشکل نہیں ہے

۴۶.　جو سمجھتے ہیں کہ آخر کار انہیں اپنے رب سے ملنا ہے اور اسی کی طرف پلٹ کر جانا
ہے

۴۷.　اے بنی اسرائیل یاد کرو میری اس نعمت کو جس سے میں نے تمہیں نوازا تھا اور
اس بات کو کہ میں نے تمہیں دنیا کی ساری قوموں پر فضیلت عطا کی تھی

۴۸.	اور ڈرو اس دن سے جب کوئی کسی کے کچھ کام نہ آئے گا نہ کسی کی طرف سے سفارش قبول کی جائے گی نہ کسی کو فدیہ لے کر چھوڑا جائے گا اور نہ مجرموں کو کہیں سے مدد مل سکے گی

۴۹.	اور اس وقت کو یاد کرو، جبکہ ہم نے تمہیں فرعون کے لوگوں سے رہائی دی جو تم پر بڑا عذاب کرتے تھے تمہارے بیٹوں کو ذبح کرتے اور تمہاری عورتوں کو زندہ چھوڑتے تھے اور اس میں تمہارے رب کی طرف سے بڑی آزمائش تھی

۵۰.	اور یاد کرو وہ وقت، جب ہم نے سمندر پھاڑ کر تمہارے لئے راستہ بنایا۔ پھر اس میں سے تمہیں بخیریت گزار دیا، پھر وہیں تمہاری آنکھوں کے سامنے فرعونیوں کو غرق کر دیا۔

۵۱.	اور جب ہم نے موسیٰؑ سے چالیس راتوں کا وعدہ لیا پھر تم نے موسیٰؑ کے بعد بچھڑے کو معبود بنا لیا اس حال میں کہ تم ظالم تھے

۵۲.	پھر ہم نے اس پر بھی تمہیں معاف کر دیا کہ شاید اب تم شکر گزار بنو

۵۳.	اور جب ہم نے موسیٰؑ کو کتاب اور حق کو ناحق سے جدا جدا کرنے والے احکام دیئے، تاکہ تم سیدھی راہ پاؤ۔

۵۴.	جب موسیٰؑ نے اپنی قوم سے کہا تم نے بچھڑا بنا کر اپنا نقصان کیا ہے چنانچہ اب اپنے پیدا کرنے والے کے آگے توبہ کرو۔ آپس میں ایک دوسرے کو قتل کرو۔ یہ

تمہارے خالق کے نزدیک تمہارے لئے بہتر ہے، پس اس نے تمہاری توبہ قبول کی، بیشک وہی معاف کرنے والا نہایت مہربان ہے

۵۵. اور جب تم نے کہا اے موسیٰ ہم ہر گز تجھے نہ مانیں گے جب تک کہ اللہ کو کھلم کھلا نہ دیکھ لیں

۵٦. پھر تمہیں کڑک، گرج نے آلیا اور تم دیکھ رہے تھے پھر ہم نے تمہیں تمہاری موت کے بعد اٹھا کھڑا کیا تا کہ تم احسان مانو

۵۷. اور ہم نے تم پر بادل کا سایہ کیا، اور من و سلویٰ کی غذا تمہیں فراہم کی اور تم سے کہا جو پاک چیزیں ہم نے تمہیں عطا کی ہیں انہیں کھاؤ مگر تمہارے اسلاف پر ہم نے جو کچھ کیا وہ ان پر ظلم نہ تھا بلکہ انہوں نے خود اپنے اوپر ہی ظلم کیا

۵۸. اور جب ہم نے کہا اس شہر میں داخل ہو جاؤ پھر کھاؤ اس میں جہاں چاہو بافراغت اور دروازہ سے داخل ہو تو سجدہ کرتے ہوئے اور کہتے جاؤ بخش دے ہم تمہارے قصور معاف کر دیں گے اور عنقریب نیکی کرنے والوں کو ہم زیادہ دیں گے

۵۹. ظالموں نے اس بات کو اس کے خلاف بدل ڈالا جو ان سے کہی گئی تھی۔ پھر ہم نے ظالموں پر آسمان سے عذاب اتارا چونکہ وہ نافرمانی کرتے تھے

٦۰. اور جب موسیٰ نے اپنی قوم کے لئے پانی مانگا تو ہم نے کہا پتھر پر اپنا عصا مارو، چنانچہ اس میں سے بارہ چشمے پھوٹ نکلے اور ہر قبیلہ نے جان لیا کہ کونسی جگہ اس کے پانی

لینے کی ہے۔ (اس وقت یہ ہدایت کر دی گئی تھی کہ) اللہ کا دیا ہوا رزق کھاؤ پیؤ اور زمین میں فساد نہ پھیلاتے پھرو۔

۶۱. اور جب تم نے موسیٰ سے کہا تھا کہ ہم ایک ہی طرح کے کھانے پر صبر نہیں کر سکتے۔ اپنے رب سے دعا کرو کہ ہمارے لئے زمین کی پیداوار ساگ، ترکاری، کھیرا، ککڑی، گیہوں، لہسن، پیاز دال وغیرہ پیدا کرے۔ تو موسیٰ نے کہا کیا ایک بہتر چیز کے بجائے ادنیٰ درجہ کی چیزیں لینا چاہتے ہو؟ اچھا کسی شہری آبادی میں جا رہو جو کچھ تم مانگتے ہو وہاں مل جائے گا (آخر کار نوبت یہاں تک پہنچی کہ) ذلت و خواری پستی و بدحالی ان پر مسلط ہو گئی اور وہ اللہ کے غضب میں گھِر گئے یہ نتیجہ تھا اس کا کہ وہ اللہ کی آیات سے کفر کرنے لگے اور پیغمبروں کو ناحق قتل کرنے لگے یہ نتیجہ تھا ان کی نافرمانیوں کا اور اس بات کا کہ وہ حدود شرع سے نکل جاتے تھے

۶۲. بیشک جو لوگ ایمان لائے اور جو لوگ یہودی ہوئے اور نصاریٰ اور صابی جو بھی ایمان لایا اللہ پر اور روز قیامت پر اور نیک کام کئے تو ان کے لئے ان کے رب کے پاس بدلہ ہے۔ اور ان پر کچھ خوف نہیں اور نہ وہ غمگین ہوں گے

۶۳. اور جب ہم نے تم سے اقرار لیا اور تم پر کوہ طور بلند کیا کہ ہم نے جو کتاب تمہیں دی ہے اسے مضبوطی سے پکڑو اور اس میں جو کچھ ہے اسے یاد رکھو تا کہ متقی بن جاؤ

۶۴. پھر تم اس کے بعد پھر گئے سو اگر تم پر اللہ کا فضل اور اس کی مہربانی نہ ہوتی تو تم ضرور تباہ ہو جاتے

۶۵.	اور تم ان لوگوں کو خوب جان چکے ہو جنھوں نے تم میں سے ہفتہ کے دن میں زیادتی کی تھی تو ہم نے ان سے کہا ذلیل بندر ہو جاؤ۔

۶۶.	پھر ہم نے اس واقعہ کو ان لوگوں کے لئے عبرت بنایا جو وہاں تھے اور جو پیچھے آنے والے تھے اور ڈرنے والوں کے لئے نصیحت بنایا

۶۷.	اور جب موسیٰ نے اپنی قوم سے کہا کہ بیشک اللہ تمہیں فرماتا ہے کہ گائے ذبح کرو، وہ کہنے لگے کیا تم ہم سے ہنسی کرتے ہو؟ وہ بولے اللہ کی پناہ کہ میں جاہلوں میں سے ہوں

۶۸.	وہ بولے کہ اچھا اپنے رب سے درخواست کرو کہ وہ ہمیں اس گائے کی کچھ تفصیل بتائے۔ موسیٰ نے کہا اللہ کا ارشاد ہے کہ وہ گائے ایسی ہونی چاہیے جو نہ بوڑھی ہو نہ بچھیا، بلکہ اوسط عمر کی ہو، لہٰذا جو حکم دیا جاتا ہے اس کی تعمیل کرو۔

۶۹.	پھر کہنے لگے اپنے رب سے یہ بھی پوچھ دو کہ اس کا رنگ کیسا ہو؟ موسیٰ نے کہا وہ فرماتا ہے کہ زرد رنگ کی گائے ہونی چاہیئے، جس کا رنگ ایسا شوخ ہو کہ دیکھنے والوں کا دل خوش ہو جائے۔

۷۰.	پھر بولے کہ اپنے رب سے صاف صاف پوچھ کر بتاؤ کہ کیسی گائے مطلوب ہے، ہمیں اس کی تعیین میں اشتباہ ہو گیا ہے اللہ نے چاہا تو ہم اس کا پتہ پالیں گے۔

۷۱.	موسیٰ نے کہا کہ اللہ فرماتا ہے ایسی گائے کہ جس سے خدمت نہ لی جاتی ہو، نہ زمین جوتتی ہو نہ پانی کھینچتی ہو صحیح سالم اور بے داغ ہو۔ اس پر وہ پکار اٹھے کہ ہاں اب تم نے ٹھیک کہا ہے ٹھیک پتہ بتایا ہے پھر انہوں نے اسے ذبح کیا، ورنہ وہ ایسا کرتے معلوم نہ ہوتے تھے

۷۲.	اور تمہیں یاد ہے وہ واقعہ جب تم نے ایک شخص کی جان لی تھی پھر اس کے بارے میں جھگڑنے لگے اور ایک دوسرے پر قتل کا الزام تھوپنے لگے تھے اور اللہ نے فیصلہ کر دیا تھا کہ جو کچھ تم چھپاتے ہو میں اسے کھول کر رکھ دوں گا

۷۳.	اس وقت ہم نے حکم دیا کہ مقتول کی لاش کو اس کے کسی حصہ سے لگاؤ دیکھو اس طرح اللہ مردوں کو زندگی بخشتا ہے اور تمہیں اپنی نشانیاں دکھاتا ہے تاکہ تم سمجھو

۷۴.	مگر ایسی نشانیاں دیکھنے کے بعد بھی آخر تمہارے دل سخت پتھر ہو گئے، بلکہ سختی میں کچھ ان سے بھی بڑھ گئے کیونکہ پتھروں میں سے کچھ ایسے بھی ہوتے ہیں جن سے چشمے پھوٹ پڑتے ہیں، کوئی پھٹتا ہے اور اس میں سے پانی نکل آتا ہے اور کوئی اللہ کے خوف سے لرز کر گر بھی پڑتا ہے اللہ تمہارے کرتوتوں سے بیخبر نہیں۔

۷۵.	اب کیا تم توقع رکھتے ہو کہ وہ تمہاری بات مانیں گے اور ان میں ایک گروہ اللہ کا کلام سنتا تھا پھر وہ جان بوجھ کر اسے بدل ڈالتے تھے حالانکہ وہ جانتے تھے

۷۶. اور جب وہ ایمان لانے والوں سے ملتے ہیں تو کہتے ہیں کہ ہم بھی ایمان والے ہیں اور جب آپس میں ایک دوسرے سے تنہائی میں بات چیت ہوتی ہے تو کہتے ہیں کہ بیوقوف ہو گئے ہو؟ ان لوگوں کو وہ باتیں بتاتے ہو جو اللہ نے تم پر کھولی ہیں تاکہ تم سے اس کے ذریعہ تمہارے رب کے آگے جھگڑا کریں کیا تم نہیں سمجھتے

۷۷. کیا وہ نہیں جانتے کہ اللہ کو معلوم ہے جو کچھ وہ چھپاتے ہیں اور جو ظاہر کرتے ہیں۔

۷۸. اور ان میں بعض ان پڑھ ہیں کہ کتاب کی خبر نہیں رکھتے، جھوٹی آرزوؤں کے سوا اور وہ صرف جھوٹے خیال رکھنے والے ہیں

۷۹. تو ان کے لیے خرابی ہے جو اپنے ہاتھ سے کتاب لکھتے ہیں پھر کہہ دیتے ہیں کہ یہ اللہ کی طرف سے ہے، تاکہ اس پر تھوڑی سی قیمت لے لیں سو خرابی ہے ان کے لئے اپنے ہاتھوں سے لکھے ہوئے کی اور خرابی ہے ان کے لئے اس بناء پر جو انہوں نے کیا

۸۰. اور کہتے ہیں! ہم کو ہرگز آگ نہیں لگے گی مگر چند گنے چنے دن، کہہ دو! کیا تم اللہ کے ہاں سے اقرار لے چکے ہو کہ اللہ اب اپنے اقرار کے خلاف ہرگز نہ کرے گا یا اللہ پر جھوٹ جوڑتے ہو جو تم نہیں جانتے

۸۱. کیوں نہیں جس نے گناہ کمایا اور اسے اس کے گناہ نے گھیر لیا سو وہی دوزخ کے رہنے والے ہیں۔ وہ اس میں ہمیشہ رہیں گے

۸۲. اور جو ایمان لائے اور انہوں نے اچھے عمل کئے۔ وہی جنت کے رہنے والے ہیں، وہ اس میں ہمیشہ رہیں گے

۸۳. اور جب ہم نے بنی اسرائیل سے اقرار لیا کہ اللہ کے سوا کسی کی عبادت نہ کرنا۔ ماں باپ سے نیک سلوک کرنا، کنبہ والوں سے اور یتیموں اور محتاجوں سے اور سب لوگوں سے نیک بات کہنا اور نماز قائم رکھنا اور زکوٰۃ دیتے رہنا پھر چند کے سوا تم سب پھر گئے اور تم ہی (حق سے) پھر جانے والے ہو

۸۴. اور جب ہم نے تم سے وعدہ لیا کہ آپس میں خون نہ بہاؤ گے اور اپنوں کو اپنے وطن سے نہ نکالو گے پھر تم نے اقرار کر لیا اور تم اس پر گواہ بھی ہو

۸۵. پھر تم وہ لوگ ہو کہ آپس میں خونریزی کرتے ہو۔ اور اپنے ایک فرقہ کو ان کے وطن سے نکال دیتے ہو۔ ان پر گناہ اور ظلم سے چڑھائی کرتے ہو اور جب وہ لڑائی میں پکڑے ہوئے تمہارے پاس آتے ہیں تو ان کی رہائی کے لئے فدیہ کا لین دین کرتے ہو۔ حالانکہ ان کے گھروں سے نکالنا ہی سرے سے تم پر حرام تھا تو کیا تم کتاب کے ایک حصہ پر ایمان لاتے ہو اور دوسرے حصہ کے ساتھ کفر کرتے ہو، پھر تم میں سے جو لوگ ایسا کریں ان کی سزا اس کے سوا اور کیا ہے کہ دنیا کی زندگی میں ذلیل و خوار ہو کر رہیں اور آخرت میں شدید ترین عذاب کی طرف پھیر دیئے جائیں۔ اللہ تعالیٰ ان حرکات سے بےخبر نہیں ہے جو تم کر رہے ہو۔

۸۶. یہ وہ لوگ ہیں جنہوں نے آخرت بیچ کر دنیا کی زندگی خرید لی ہے ۔ لہٰذا ان کی سزاء میں نہ کوئی تخفیف ہوگی اور نہ انہیں کوئی مدد پہنچ سکے گی

۸۷. ہم نے موسیٰ کو کتاب دی، اس کے بعد پے در پے رسول بھیجے آخر کار عیسیٰ ابن مریم کو روشن نشانیاں دے کر بھیجا اور روح پاک سے اس کی مدد کی پھر یہ تمہارا کیا ڈھنگ ہے کہ جب بھی کوئی رسول تمہاری خواہشات نفس کے خلاف کوئی چیز لے کر تمہارے پاس آیا تو تم نے اس کے مقابلہ میں سرکشی ہی کی، کسی کو جھٹلایا اور کسی کو قتل کر ڈالا

۸۸. اور وہ کہتے ہیں ہمارے دلوں پر غلاف ہے، بلکہ اللہ نے ان کے کفر کے سبب لعنت کی ہے چنانچہ وہ بہت کم ایمان لاتے ہیں

۸۹. اور جب ان کے پاس اللہ کی طرف سے کتاب پہنچی جو اس کتاب کو سچا بتاتی ہے جو ان کے پاس ہے اور پہلے وہ کافروں پر فتح مانگتے تھے پھر جب انہیں پہنچا جسے پہچان لیا تھا تو اس کے منکر ہو گئے تو منکروں پر اللہ کی لعنت ہے

۹۰. بری چیز ہے جس کے بدلہ میں انہوں نے اپنے آپ کو بیچا کہ جو ہدایت اللہ نے نازل کی ہے اس کو قبول کرنے سے صرف اس ضد کی بناء پر انکار کر رہے ہیں کہ اللہ نے اپنے فضل سے اپنے جس بندے کو خود چاہا نواز دیا ۔ لہٰذا اب یہ غضب بالائے غضب کے مستحق ہو گئے ہیں اور ایسے کافروں کے لئے سخت ذلت آمیز سزا مقرر ہے

۹۱.	اور جب ان سے کہا جاتا ہے کہ جو اللہ نے بھیجا ہے اسے مانو تو کہتے ہیں جو ہم پر اترا ہے ہم اسے مانتے ہیں اور اسے نہیں مانتے جو اس کے علاوہ ہے۔ حالانکہ وہ حق ہے اس کی تصدیق کرتا ہے جو ان کے پاس ہے۔ کہہ دو! پھر اللہ کے پیغمبروں کو پہلے کیوں قتل کرتے رہے ہو اگر تم ایمان رکھتے ہو

۹۲.	تمہارے پاس موسیٰ کیسی روشن نشانیاں لے کر آئے پھر بھی تم ایسے ظالم تھے کہ اس کے پیٹھ موڑتے ہی بچھڑے کو معبود بنا بیٹھے۔

۹۳.	پھر ذرا اس میثاق کو یاد کرو، جو طور کو تمہارے اوپر اٹھا کر ہم نے تم سے لیا تھا ہم نے تاکید کی تھی کہ جو ہدایات ہم دے رہے ہیں ان کی سختی کے ساتھ پابندی کرو اور کان لگا کر سنو۔ تمہارے اسلاف نے کہا کہ ہم نے سن لیا، مگر مانیں گے نہیں۔ اور ان کی باطل پرستی کا یہ حال تھا کہ دلوں میں ان کے بچھڑا ہی بسا ہوا تھا۔ کہہ دیجئے! اگر تم مومن ہو تو یہ عجیب ایمان ہے جو ایسی بری حرکات کا تمہیں حکم دیتا ہے

۹۴.	ان سے کہو اگر واقعی اللہ کے نزدیک آخرت کا گھر تمام انسانوں کو چھوڑ کر صرف تمہارے لئے ہی مخصوص ہے تب تو تمہیں چاہیے کہ موت کی تمنا کرو اگر تم اپنے اس خیال میں سچے ہو

۹۵.	یقین جانو کہ یہ کبھی اس کی تمنا نہ کریں گے اس لئے کہ جو کچھ اپنے ہاتھوں کما کر انہوں نے آگے بھیجا ہے اس کا مطلب یہی ہے کہ یہ وہاں جانے کی تمنا نہ کریں، اللہ ان ظالموں کے حال سے خوب واقف ہے

۹۶. تم انہیں سب سے بڑھ کر جینے کا حریص پاؤ گے حتیٰ کہ یہ اس معاملہ میں مشرکوں سے بھی بڑھے ہوئے ہیں، ان میں سے ہر ایک یہ چاہتا ہے کہ کسی طرح ہزار برس جیئے، حالانکہ لمبی عمر اسے عذاب سے تو دور نہیں کر سکتی جو کچھ یہ اعمال کر رہے ہیں اللہ تعالیٰ تو انہیں خوب دیکھ ہی رہا ہے

۹۷. آپ ﷺ کہہ دیجئے! جو کوئی جبرائیل کا دشمن ہو، اس نے تو یہ کلام تیرے دل پر اللہ کے حکم سے اتارا ہے اور یہ کلام تصدیق کرنے والا ہے اس کلام کی جو اس سے پہلے آ چکا اور ہدایت و خوش خبری ہے ایمان والوں کے لئے

۹۸. جو کوئی اللہ اور اس کے فرشتوں کا دشمن ہو اور اس کے پیغمبروں کا اور جبرائیل کا اور میکائیل کا تو اللہ ان کافروں کا دشمن ہے

۹۹. اور ہم نے تیری طرف روشن آیتیں اتاری ہیں اور ان کا انکار نہ کریں گے مگر وہی جو نافرمان ہیں

۱۰۰. کیا جب بھی وہ کوئی اقرار باندھیں گے تو ان میں سے ایک جماعت اس کو پھینک دے گی۔ بلکہ ان میں اکثر یقین نہیں کرتے

۱۰۱. اور جب ان کے پاس اللہ کی طرف سے کوئی رسول اس کتاب کی تصدیق و تائید کرتا ہوا آیا جو ان کے پاس پہلے سے موجود تھی، تو ان اہل کتاب میں سے ایک گروہ نے کتاب اللہ کو اس طرح پس پشت ڈالا گویا کہ وہ کچھ جانتے ہی نہیں

۱۰۲.	اور وہ ان چیزوں کی پیروی کرنے لگے جو شیاطین سلیمانؑ کی سلطنت کا نام لے کر کیا کرتے تھے حالانکہ سلیمانؑ نے کبھی کفر نہیں کیا کفر تو ان شیاطین نے کیا جو لوگوں کو جادو گری کی تعلیم دیا کرتے تھے وہ پیچھے پڑے اس چیز کے جو بابل میں دو فرشتوں ہاروت و ماروت پر نازل کی گئی تھی، حالانکہ وہ جب بھی کسی کو اس کی تعلیم دیتے تو پہلے صاف بتا دیا کرتے تھے کہ ہم صرف ایک آزمائش ہیں، تو کفر میں بتلا نہ ہو۔ پھر بھی یہ لوگ ان سے یہ چیز سیکھتے تھے جس سے شوہر اور بیوی میں جدائی ڈال دیں۔ ظاہر تھا کہ اذن الٰہی کے بغیر وہ اس ذریعے سے کسی کو بھی ضرر نہ پہنچا سکتے تھے، مگر اس کے باوجود وہ ایسی چیز سیکھتے تھے جو خود ان کے لئے نفع بخش نہیں، بلکہ نقصان دہ تھی اور انہیں خوب معلوم تھا کہ جو اس چیز کا خریدار بنا، اس کے لئے آخرت میں کوئی حصہ نہیں۔ کتنی بری متاع تھی جس کے بدلے انہوں نے اپنی جانوں کو بیچ ڈالا، کاش انہیں معلوم ہوتا

۱۰۳.	اگر وہ ایمان اور تقویٰ اختیار کرتے، تو اللہ کے ہاں اس کا جو بدلہ ملتا، وہ ان کے لئے زیادہ بہتر تھا کاش انہیں خبر ہوتی

۱۰۴.	اے لوگو جو ایمان لائے ہو! رَاعِنَا نہ کہا کرو بلکہ اُنظُرنَا کہو اور توجہ سے بات کو سنو، یہ کافر تو دردناک عذاب کے مستحق ہیں

۱۰۵.	یہ لوگ جنہوں نے دعوت حق کو قبول کرنے سے انکار کر دیا ہے، خواہ اہل کتاب میں سے ہوں یا مشرک ہوں، ہرگز یہ پسند نہیں کرتے کہ تمہارے رب کی طرف سے تم پر کوئی بھلائی نازل ہو، مگر اللہ جس کو چاہتا ہے اپنی رحمت کے لئے چن لیتا ہے اور وہ بڑا فضل

فرمانے والا ہے

۱۰۶۔ ہم اپنی جس آیت کو منسوخ کر دیتے ہیں یا بھلا دیتے ہیں اس کی جگہ اس سے بہتر لاتے ہیں۔ یا کم از کم ویسی ہی، کیا تم جانتے نہیں ہو کہ اللہ ہر چیز پر قدرت رکھتا ہے۔

۱۰۷۔ کیا تمہیں خبر نہیں ہے کہ زمین اور آسمانوں کی فرمانروائی اللہ ہی کے لئے ہے اور اس کے سوا کوئی تمہاری خبر گیری کرنے اور تمہاری مدد کرنے والا نہیں

۱۰۸۔ کیا تم چاہتے ہو کہ اپنے رسول ﷺ سے سوال کرو۔ جیسے اس سے پہلے موسیٰ سے سوالات ہو چکے ہیں اور جس شخص نے ایمان کی راہ کی بجائے کفر کی راہ اختیار کرلی تو وہ راہ راست سے بھٹک گیا

۱۰۹۔ بہت سے اہل کتاب چاہتے ہیں۔ کاش تمہیں ایمان کے بعد کفر میں لوٹا دیں، اپنے دلی حسد کے سبب اس کے بعد کہ ان پر حق ظاہر ہو گیا تم درگزر کرو اور خیال میں نہ لاؤ جب تک اللہ کا حکم آئے بیشک اللہ ہر چیز پر قادر ہے۔

۱۱۰۔ نماز قائم کرو اور زکوٰۃ دو، تم اپنی عاقبت کے لئے جو بھلائی کما کر آگے بھیجو گے اللہ کے ہاں اسے موجود پاؤ گے جو کچھ تم کرتے ہو وہ سب اللہ کی نظر میں ہے

۱۱۱۔ ان کا کہنا ہے کہ کوئی شخص جنت میں نہ جائے گا جب تک کہ وہ یہودی نہ ہو یا عیسائی نہ ہو یہ ان کی تمنائیں ہیں۔ ان سے کہو دلیل پیش کرو اگر تم اپنے دعوے میں سچے ہو۔

۱۱۲. (دراصل نہ تمہاری کچھ خصوصیت ہے نہ کسی اور کی) حق یہ ہے جو بھی اپنی ہستی کو اللہ کی اطاعت میں سونپ دے گا اور عملاً نیک روش پر چلے اس کے لئے اس کے رب کے پاس اس کا اجر ہے اور ایسے لوگوں کے لئے کسی رنج یا خوف کا کوئی موقعہ نہیں

۱۱۳. یہودی کہتے ہیں عیسائیوں کے پاس کچھ نہیں اور عیسائی کہتے ہیں یہودیوں کے پاس کچھ نہیں۔ حالانکہ دونوں ہی کتاب پڑھتے ہیں اور اسی قسم کے دعوے ان لوگوں کے بھی ہیں جن کے پاس کتاب کا علم نہیں ہے، یہ اختلافات جن میں یہ لوگ مبتلا ہیں ان کا فیصلہ اللہ قیامت کے روز کر دے گا

۱۱۴. اور اس شخص سے بڑھ کر کون ظالم ہو گا جو اللہ کے معبدوں میں اس کے نام کی یاد سے روکے اور ان کی ویرانی کے درپے ہو؟ ایسے لوگ اس قابل ہیں (کہ ان عبادت گاہوں میں قدم نہ رکھیں اور) اگر وہاں جائیں بھی تو ڈرتے ہوئے جائیں گے ان کے لئے دنیا میں رسوائی ہے اور آخرت میں عذاب عظیم

۱۱۵. مشرق و مغرب اللہ ہی کا ہے تو جس طرف تم منہ کرو اللہ وہاں موجود (وہیں اللہ کی ذات ہے) ہے۔ بیشک اللہ بخشنے والا اور سب کچھ جاننے والا ہے

۱۱۶. وہ کہتے ہیں کہ اللہ نے بیٹا بنایا ہے، اللہ ان باتوں سے پاک ہے۔ اصل میں زمین و آسمانوں کی تمام موجودات اس کی ملک ہیں اور سب کے سب اس کے مطیع فرمان ہیں

۱۱۷۔ وہ آسمان و زمین کا بنانے والا ہے اور جس بات کا وہ فیصلہ کرتا ہے اس کے لئے بس یہ حکم دیتا ہے کہ ہو جا اور وہ ہو جاتی ہے

۱۱۸۔ نادان کہتے ہیں کہ اللہ ہم سے خود بات کیوں نہیں کرتا، یا کوئی نشانی ہمارے پاس کیوں نہیں آتی، ایسی ہی باتیں ان سے پہلے لوگ بھی کیا کرتے تھے ان سب کی ذہنیتیں ایک جیسی ہیں یقین لانے والوں کے لئے تو ہم نشانیاں صاف صاف نمایاں کر چکے ہیں

۱۱۹۔ ہم نے آپ ﷺ کو علم حق کے ساتھ خوشخبری دینے والا اور ڈرانے والا بنا کر بھیجا ہے۔ اب جو لوگ جہنم سے رشتہ جوڑ چکے ہیں ان کی طرف سے تم ذمہ دار اور جواب دہ نہیں ہو۔

۱۲۰۔ یہودی اور عیسائی آپ ﷺ سے ہرگز راضی نہ ہوں گے جب تک تم ان کے طریقے پر نہ چلنے لگو۔ صاف کہہ دو کہ راستہ بس وہی ہے جو اللہ نے بتایا ہے ورنہ اس علم کے بعد جو تمہارے پاس آ چکا ہے تم نے ان کی خواہشات کی پیروی کی تو اللہ کی پکڑ سے بچانے والا کوئی دوست اور مددگار تمہارے لئے نہیں ہے

۱۲۱۔ جن لوگوں کو ہم نے کتاب دی ہے وہ اسے اس طرح پڑھتے ہیں جیسا کہ پڑھنے کا حق ہے وہ اس پر سچے دل سے ایمان لاتے ہیں اور جو اس کے ساتھ کفر کا رویہ اختیار کریں وہی اصل میں نقصان اٹھانے والے ہیں

۱۲۲۔ اے بنی اسرائیل! یاد کرو میری وہ نعمت جس سے میں نے تمہیں نوازا تھا اور یہ کہ میں نے تمہیں دنیا کی تمام قوموں پر فضیلت دی تھی۔

۱۲۳۔ اور ڈرو اس دن سے جب کوئی کسی کے ذرا کام نہ آئے گا، نہ کسی سے فدیہ قبول کیا جائے گا، نہ کوئی سفارش ہی آدمی کو کوئی فائدہ دے گی اور نہ مجرموں کو کہیں سے کوئی مدد پہنچ سکے گی

۱۲۴۔ یاد کرو کہ جب ابراہیمؑ کو اس کے رب نے چند باتوں میں آزمایا اور وہ ان سب آزمائشوں میں پورے اترے تو اللہ نے کہا میں تجھے سب لوگوں کا پیشوا بنانے والا ہوں، ابراہیمؑ نے عرض کیا! اور کیا میری اولاد سے بھی؟ (یہی وعدہ ہے) تو اس نے فرمایا: میرا وعدہ ظالموں سے متعلق نہیں ہے

۱۲۵۔ اور جب ہم نے اس گھر یعنی خانہ کعبہ کو لوگوں کے لئے امن کی جگہ قرار دیا تو لوگوں کو حکم دیا تھا کہ ابراہیمؑ جہاں عبادت کے لئے کھڑے ہوتے ہیں اس مقام کو مستقل جائے نماز بنا لو اور ہم نے ابراہیمؑ اور اسماعیلؑ کو تاکید کی تھی کہ میرے اس گھر کو طواف، اعتکاف، رکوع اور سجدہ کرنے والوں کے لئے پاک رکھو

۱۲۶۔ اور ابراہیمؑ نے دعا کی اے میرے رب! اس شہر کو امن کا شہر بنا دے اور اس کے باشندوں میں سے جو اللہ اور آخرت کو مانیں، انہیں ہر قسم کے پھلوں کا رزق دے۔ جواب میں اللہ نے فرمایا: اور جو نہ مانے گا، دنیا کے چند روزہ زندگی کا سامان تو میں اسے بھی دوں گا مگر آخر کار اسے جہنم کے عذاب کی طرف گھسیٹوں گا اور وہ بدترین ٹھکانہ ہے

۱۲۷. ابراہیمؑ اور اسماعیلؑ جب اس گھر کی دیواریں اٹھار ہے تھے تو دعا کرتے جاتے
تھے اے ہمارے رب! ہم سے یہ خدمت قبول فرمالے تو سب کی سننے والا اور سب کچھ
جاننے والا ہے

۱۲۸. اے ہمارے رب! ہم دونوں کو اپنا فرمان بردار بنا اور ہماری نسل سے ایک
ایسی قوم اٹھا جو تیری مسلم یعنی فرمانبردار ہو اور ہمیں اپنی عبادت کے طریقے بتا اور ہماری
کوتاہیوں سے درگزر فرما تو بڑا معاف کرنے والا اور رحم فرمانے والا ہے

۱۲۹. اور اے ہمارے رب! ان لوگوں میں خود انہیں کی قوم سے ایک ایسا رسول بھیج جو
انہیں تیری آیات سنائے ان کو کتاب و حکمت کی تعلیم دے اور ان کی زندگیاں سنوار دے
تو بڑا زبردست بڑی حکمت والا ہے

۱۳۰. اور کون ہے جو ابراہیمؑ کے مذہب سے پھرے مگر وہی کہ جس نے اپنے آپ کو
احمق بنا لیا اور بیشک ہم نے اسے دنیا میں منتخب کیا اور آخرت میں نیکوں میں سے ہوں گے

۱۳۱. جب اس کے رب نے اس سے کہا مطیع ہو جاؤ تو اس نے فوراً کہا میں مالک
کائنات کا مطیع ہو گیا۔

۱۳۲. اور یہی وصیت ابراہیمؑ اپنے بیٹوں کو کر گئے اور یعقوبؑ کو بھی کہ اے بیٹو! بیشک
اللہ نے تمہارے لیے دین کو چن لیا ہے لہٰذا مرتے دم تک مسلمان ہی رہنا

۱۳۳.	کیا تم اس وقت موجود تھے جب یعقوبؑ اس دنیا سے رخصت ہو رہے تھے اس نے مرتے وقت اپنے بیٹوں سے پوچھا! میرے بعد تم کس کی بندگی کرو گے؟ ان سب نے جواب دیا ہم اسی ایک معبود کی بندگی کریں گے جسے آپ نے اور آپ کے بزرگوں ابراہیمؑ، اسماعیلؑ اور اسحاقؑ نے یکتا الہ مانا ہے اور ہم اسی کے لیے مطیع ہیں۔

۱۳۴.	وہ کچھ لوگ تھے جو گزر گئے جو کچھ انہوں نے کمایا وہ ان کے لئے ہے اور جو کچھ تم کماؤ گے وہ تمہارے لئے ہے تم سے یہ نہ پوچھا جائے گا کہ وہ کیا کرتے تھے

۱۳۵.	وہ کہتے تھے کہ یہودی یا نصرانی ہو جاؤ تو تم راہ راست پا لو گے کہہ دیجئے کہ ہرگز نہیں بلکہ ہم نے ابراہیمؑ کی راہ اختیار کی جو ایک اللہ کے ہو کر رہے تھے اور جو مشرکوں میں سے نہ تھے

۱۳۶.	(مسلمانو!) کہو کہ ہم ایمان لائے اللہ پر، اس ہدایت پر جو ہماری طرف نازل ہوئی ہے، جو ابراہیمؑ، اسماعیلؑ، اسحاقؑ یعقوبؑ اور اولاد یعقوبؑ کی طرف نازل ہوئی تھی اور جو موسیٰؑ، عیسیٰؑ اور دوسرے تمام پیغمبروں کو ان کے رب کی طرف سے دی گئی تھی ہم ان کے درمیان کوئی تفریق نہیں کرتے اور ہم اللہ کے لیے مطیع ہیں

۱۳۷.	پھر وہ اگر اسی طرح ایمان لائیں جس طرح تم لائے ہو تو ہدایت پا جائیں گے۔ اگر اس سے منہ پھیریں تو کھلی بات ہے کہ وہ ہٹ دھرمی میں پڑ گئے ہیں لہٰذا (اطمینان رکھو کہ) ان کے مقابلہ میں اللہ تمہاری حمایت کے لئے کافی ہے۔ وہ سب کچھ سنتا اور جانتا ہے

۱۳۸۔	اللہ کا رنگ اختیار کرو، اس کے رنگ سے اچھا اور کس کا رنگ ہوگا اور ہم اسی کی بندگی کرنے والے لوگ ہیں۔

۱۳۹۔	اے نبی ان سے کہو کیا تم اللہ کے بارے میں ہم سے جھگڑتے ہو؟ حالانکہ وہی ہمارا رب بھی ہے اور تمہارا رب بھی ہمارے اعمال ہمارے لئے ہیں۔ تمہارے اعمال تمہارے لئے، ہم اللہ ہی کے لئے اپنی بندگی کو خاص کر چکے ہیں۔

۱۴۰۔	یا پھر تمہارا کہنا یہ ہے کہ ابراہیمؑ، اسماعیلؑ، اسحاقؑ، یعقوبؑ اور اولاد یعقوبؑ سب کے سب یہودی تھے یا نصرانی تھے؟ کہو تم زیادہ جانتے ہو یا اللہ؟ اس شخص سے بڑا ظالم اور کون ہوگا جس کے ذمہ اللہ کی طرف سے ایک گواہی ہو اور وہ اسے چھپائے تمہاری حرکات سے اللہ تو غافل نہیں ہے۔

۱۴۱۔	وہ ایک جماعت تھی جو گزر چکی ان کے لئے ہے جو انہوں نے کیا اور تمہارے لئے ہے جو تم نے کیا اور تم سے ان کے اعمال کے متعلق کچھ پوچھ نہیں ہوگی۔

۱۴۲۔	نادان لوگ ضرور کہیں گے جس قبلہ پر یہ لوگ تھے اس سے کس چیز نے انہیں پھیر دیا؟ اے نبیﷺ ان سے کہو مشرق اور مغرب سب اللہ کے ہیں وہ جسے چاہتا ہے سیدھی راہ دکھا دیتا ہے۔

۱۴۳۔	اور اسی طرح تو ہم نے تمہیں ایک امت وسط بنایا ہے، تاکہ تم دنیا کے لوگوں پر گواہ ہو اور رسولﷺ تم پر گواہ ہوں اور ہم نے وہ قبلہ نہیں مقرر کیا تھا جس پر تو پہلے تھا۔

مگراس واسطے کہ معلوم کریں۔ کون رسول کا تابع رہے گا اور کون الٹے پاؤں پھر جائے گا یہ معاملہ تھا تو بڑا سخت، مگران لوگوں کے لئے کچھ بھی سخت نہ ثابت ہوا جو اللہ کی ہدایت سے فیض یاب تھے۔ اللہ تمہارے اس ایمان کو ہرگز ضائع نہ کرے گا، یقین جانو کہ وہ لوگوں کے حق میں نہایت شفیق ورحیم ہے۔

۱۴۴. تمہارے چہرے کا بار بار آسمان کی طرف اٹھنا ہم دیکھ رہے ہیں ہم اسی قبلہ کی طرف ضرور تمہیں پھیر دیں گے جسے تم پسند کرتے ہو۔ مسجد حرام کی طرف رخ پھیر دو۔ اب جہاں کہیں تم ہو، اسی کی طرف منہ کرکے نماز پڑھا کرو، یہ لوگ جنہیں کتاب دی گئی تھی، خوب جانتے ہیں کہ (تحویل قبلہ کا) یہ حکم ان کے رب ہی کی طرف سے ہے اور برحق ہے۔ (مگراس کے باوجود) جو کچھ یہ کررہے ہیں اللہ اس سے غافل نہیں ہے

۱۴۵. تم ان اہل کتاب کے پاس خواہ کوئی نشانی لے آؤ، ممکن نہیں کہ یہ تمہارے قبلہ کی پیروی کرنے لگیں اور نہ تمہارے لئے یہ ممکن ہے کہ ان کے قبلہ کی پیروی کرو، اور ان میں سے بھی کوئی گروہ دوسرے کے قبلے کی پیروی کرنے کے لئے تیار نہیں ہے اور اگر تم نے اس علم کے بعد جو تمہارے پاس آچکا ہے ان کی خواہشات کی پیروی کی تو یقیناً تمہارا شمار ظالموں میں ہوگا

۱۴۶. جنہیں ہم نے کتاب دی ہے۔ وہ اسے ایسی اچھی طرح پہچانتے ہیں جیسے اپنے بیٹوں کو اور بیشک ان میں سے ایک فرقہ ہے جو حق کو جان بوجھ کر چھپاتا ہے

۱۴۷. حق تیرے رب کی طرف سے ہے پھر تو شک کرنے والا نہ ہو

۱۴۸. ہر ایک کے لئے ایک جہت ہے جس کی طرف وہ متوجہ ہوتا ہے پس تم بھلائیوں کی طرف سبقت کرو جہاں بھی تم ہوگے اللہ تمہیں اکٹھا کر لائے گا۔ اس کی قدرت سے کوئی چیز باہر نہیں

۱۴۹. تمہارا گزر جس مقام سے بھی ہو وہیں سے اپنا رخ مسجد حرام کی طرف پھیرا کرو اور یہی حق ہے تیرے رب کی طرف سے اور اللہ بےخبر نہیں تمہارے کام سے۔

۱۵۰. اور جہاں بھی تم ہو اسی کی طرف منہ کر کے نماز پڑھو۔ تاکہ لوگوں کو تمہارے خلاف کوئی حجت نہ ملے، ہاں ان میں سے جو ظالم ہیں (ان کی زبان کسی حال میں بند نہ ہوگی) تو ان سے تم نہ ڈرو بلکہ مجھ سے ڈرو اور اس لئے کہ میں تم پر اپنی نعمت پوری کر دوں (اور اس موقع پر کہ میرے اس حکم کی پیروی سے) تم فلاح کا راستہ پاؤ گے

۱۵۱. جس طرح میں نے تمہارے اندر خود تم میں سے ایک رسول بھیجا جو تمہیں میری آیات سناتا ہے۔ تمہاری زندگیوں کو سنوارتا ہے، تمہیں کتاب اور حکمت کی تعلیم دیتا ہے اور تمہیں وہ باتیں سکھاتا ہے جو تم نہ جانتے تھے۔

۱۵۲. لہٰذا تم مجھے یاد رکھو میں تمہیں یاد رکھوں گا۔ میرا شکر ادا کرو، کفران نعمت نہ کرو۔

۱۵۳. اے مسلمانو! مدد لو صبر اور صلوٰۃ یعنی نماز سے بیشک اللہ صبر کرنے والوں کے ساتھ ہے۔

۱۵۴.   اور جو اللہ کی راہ میں مارے گئے انہیں مردہ نہ کہو بلکہ وہ زندہ ہیں لیکن تم شعور نہیں رکھتے۔

۱۵۵.   اور ہم تمہیں خوف و خطر، فاقہ کشی، جان و مال کے نقصانات اور آمدنیوں کے گھاٹے میں بمتلاء کر کے ضرور آزمائیں گے۔ ان حالات میں جو لوگ صبر کریں گے خوشخبری سنا دو ان کو۔

۱۵۶.   اور جب کوئی مصیبت پڑے تو کہتے ہیں کہ ہم اللہ ہی کے ہیں اور اللہ ہی کی طرف ہمیں پلٹ کر جانا ہے۔

۱۵۷.   یہی لوگ ہیں جن پر ان کے رب کی طرف سے بڑی عنایات ہوں گی اس کی رحمت ان پر سایہ کرے گی اور ایسے ہی لوگ ہدایت پانے والے ہیں

۱۵۸.   بیشک صفا اور مروہ اللہ کی نشانیوں میں سے ہیں تو جو کوئی بیت اللہ کا حج یا عمرہ کرے تو اس پر کوئی گناہ نہیں کہ ان دونوں کا طواف کرے اور جو کوئی اپنی خوشی سے کوئی نیکی کرے تو اللہ یقیناً قدر دان اور سب کچھ جاننے والا ہے

۱۵۹.   جو لوگ ہماری نازل کی ہوئی روشن تعلیمات اور ہدایات کو چھپاتے ہیں۔ حالانکہ ہم انہیں سب انسانوں کی رہنمائی کے لئے اپنی کتاب میں بیان کر چکے ہیں۔ اللہ بھی ان پر لعنت کرتا ہے اور تمام لعنت کرنے والے بھی ان پر لعنت بھیجتے ہیں۔

۱۶۰.   البتہ جو اس روش سے باز آجائیں اور اپنے طرز عمل کی اصلاح کرلیں اور جو کچھ چھپاتے تھے اسے بیان کرنے لگیں ان کو میں معاف کردوں گا اور میں بڑا درگزر کرنے والا اور رحم کرنے والا ہوں

۱۶۱.   جن لوگوں نے کفر کا رویہ اختیار کیا اور کفر کی حالت ہی میں مر گئے۔ ان پر اللہ، فرشتوں اور تمام انسانوں کی لعنت ہے۔

۱۶۲.   اسی لعنت کی حالت میں وہ ہمیشہ رہیں گے نہ ان کی سزا میں تخفیف ہوگی اور نہ انہیں کوئی دوسری مہلت دی جائے گی

۱۶۳.   اور تم سب کا ایک ہی معبود ہے۔ اس کے سوا کوئی معبود نہیں وہ بڑا مہربان ہے نہایت رحم والا ہے

۱۶۴.   جو لوگ عقل سے کام لیتے ہیں ان کے لئے آسمانوں اور زمین کی تخلیق میں، رات اور دن کے پیہم ایک دوسرے کے بعد آنے میں ان کشتیوں میں جو انسان کے نفع کی چیزیں لئے ہوئے دریاؤں اور سمندروں میں چلتی پھرتی ہیں، بارش کے اس پانی میں جسے اللہ اوپر سے برساتا ہے پھر اس کے ذریعہ سے زمین کو زندگی بخشتا ہے اور اپنے اسی انتظام کی بدولت زمین میں ہر قسم کی جاندار مخلوق کو پھیلاتا ہے ہواؤں کی گردش میں اور ان بادلوں میں جو آسمان اور زمین کے درمیان تابع فرمان بنا کر رکھے گئے ہیں بیشمار نشانیاں ہیں

۱۶۵. اور بعض وہ لوگ ہیں جو اوروں کو اللہ کے برابر بناتے ہیں اور ان کے ساتھ ایسی محبت کرتے ہیں جیسی اللہ سے محبت کی جائے اور مومنوں کو سب سے زیادہ محبت اللہ سے ہے اور اگر وہ ظالم لوگ عذاب کے وقت کو دیکھ لیں تو سمجھ جائیں کہ ساری قوت اللہ ہی کے لئے ہے اور یہ کہ اللہ کا عذاب سخت ہے۔

۱۶۶. جب وہ لوگ جن کی پیروی کی گئی تھی ان سے بیزار ہو جائیں گے جنھوں نے پیروی کی تھی اور وہ عذاب دیکھ لیں گے (اور ان سے سب) اسباب کٹ جائیں گے۔

۱۶۷. اور پیروکار کہیں گے: کاش ایسا ہوتا کہ ہمیں دنیا کی طرف لوٹ کر جانا مل جائے تو پھر ہم بھی ان سے بیزار ہو جائیں جیسے یہ ہم سے بیزار ہو گئے ہیں۔ اسی طرح اللہ انہیں دکھلائے گا ان کے کام، حسرت دلانے کے لئے اور وہ آگ سے ہرگز نکلنے والے نہیں

۱۶۸. لوگو! زمین میں جو حلال اور پاک چیزیں ہیں انہیں کھاؤ اور شیطان کے بتائے ہوئے راستوں پر نہ چلو۔ وہ تمہارا کھلا دشمن ہے

۱۶۹. تمہیں بدی اور فحش کا حکم دیتا ہے اور یہ سکھاتا ہے کہ تم اللہ کے نام پر وہ باتیں کہو جن کے متعلق تمہیں علم نہیں ہے

۱۷۰. اور جب ان سے کہا جاتا ہے کہ تابعداری کرو اس حکم کی جو اللہ نے نازل فرمایا تو کہتے ہیں کہ ہم تو اس کی تابعداری کریں گے جس پر ہم نے اپنے باپ دادا کو پایا۔ بھلا اگرچہ ان کے باپ دادا کچھ بھی نہ سمجھتے ہوں اور نہ سیدھی راہ جانتے ہوں

۱۷۱. اور ان کافروں کی مثال ایسی ہے جیسے کوئی شخص ایسی چیز کو پکارے اور وہ سوائے چلانے اور پکارنے کے کچھ نہیں سمجھتے یہ بہرے، گونگے اور اندھے ہیں اس لئے کوئی بات ان کی سمجھ میں نہیں آتی

۱۷۲. اے ایمان والو! کھاؤ ان پاکیزہ چیزوں سے جو ہم نے تمہیں دے رکھیں ہیں اور اللہ کا شکر ادا کرو اگر تم اسی کے بندے ہو۔

۱۷۳. اس نے حرام کیا ہے تم پر مردہ جانور اور خون، سور کا گوشت اور جس پر اللہ کے سوا کسی اور کا نام لیا جائے، پھر جو کوئی بے اختیار ہو جائے نافرمانی اور زیادتی کرنے والا نہ ہو تو اس پر کچھ گناہ نہیں۔ بیشک اللہ بڑا بخشنے والا نہایت مہربان ہے

۱۷۴. (حق یہ ہے کہ) جو لوگ ان احکام کو چھپاتے ہیں جو اللہ نے اپنی کتاب میں نازل کئے ہیں اور تھوڑے سے دنیوی فائدوں پر انہیں فروخت کرتے ہیں وہ دراصل اپنے پیٹ آگ سے بھر رہے ہیں قیامت کے روز اللہ ہر گز ان سے بات نہ کرے گا نہ انہیں پاکیزہ ٹھہرائے گا اور ان کے لئے دردناک سزا ہے

۱۷۵. یہ وہ لوگ ہیں جنہوں نے ہدایت کے بدلے ضلالت خریدی اور مغفرت کے بدلے عذاب مول لیا، کیا عجیب ہے ان کا حوصلہ کہ جہنم کا عذاب برداشت کرنے کے لئے تیار ہیں

۱۷۶۔ یہ اس لئے ہے کہ اللہ نے تو ٹھیک حق کے مطابق کتاب نازل کی تھی مگر جن لوگوں نے کتاب میں اختلافات نکالے وہ اپنے جھگڑوں میں حق سے بہت دور نکل گئے

۱۷۷۔ نیکی یہ نہیں ہے کہ تم اپنے چہرے مشرق یا مغرب کی طرف کرلو بلکہ نیکی یہ ہے کہ آدمی اللہ، یوم آخر، ملائکہ اور اللہ کی نازل کی ہوئی کتاب اور اس کے پیغمبروں کو دل سے مانے اور اللہ کی محبت میں اپنا دل پسند مال رشتہ داروں، یتیموں، مسکینوں، مسافروں، مدد کے لئے ہاتھ پھیلانے والوں اور غلاموں کی رہائی پر خرچ کرے اور نماز قائم کرے اور زکوٰۃ دے اور نیک وہ لوگ ہیں کہ جب عہد کریں تو اسے پورا کریں اور تنگی و مصیبت اور (حق و باطل کی) جنگ میں صبر کریں یہ ہیں راست باز لوگ اور یہی لوگ متقی ہیں۔

۱۷۸۔ اے ایمان والو! تمہارے لئے قتل (کے مقدموں میں) قصاص کا حکم لکھ دیا گیا ہے۔ آزاد آدمی نے قتل کیا ہو تو اس آزاد ہی سے بدلہ لیا جائے، غلام قتل کرے تو غلام ہی قتل کیا جائے اور عورت اس جرم کی مرتکب ہو تو اس عورت ہی سے قصاص لیا جائے ہاں اگر کسی قاتل کے ساتھ اس کا بھائی کچھ نرمی کرنے کے لئے تیار ہو تو معروف طریقہ کے مطابق (خون بہا کا تصفیہ) ہونا چاہیئے اور قاتل کو لازم ہے کہ راستی کے ساتھ خوں بہا ادا کرے۔ یہ تمہارے رب کی طرف سے تخفیف اور رحمت ہے اس کے بعد جو زیادتی کرے اس کے لئے دردناک سزا ہے۔

۱۷۹۔ عقل و خرد رکھنے والو! تمہارے لئے قصاص میں زندگی ہے۔ امید ہے کہ تم (اس قانون کی خلاف ورزی سے) پرہیز کروگے

۱۸۰۔ تم پر فرض کیا گیا ہے کہ جب تم میں سے کسی کی موت کا وقت آئے اور وہ اپنے پیچھے مال چھوڑ رہا ہو تو والدین اور رشتہ داروں کے لئے معروف طریقے سے وصیت کرے یہ حق ہے متقی لوگوں پر

۱۸۱۔ پھر جنہوں نے وصیت سنی اور اسے بدل ڈالا تو اس کا گناہ ان بدلنے والوں پر ہوگا۔ اللہ سب کچھ سنتا ہے اور جانتا ہے۔

۱۸۲۔ البتہ جس کو یہ اندیشہ ہو کہ وصیت کرنے والے نے (نادانستہ یا قصداً) حق تلفی کی ہے اور پھر معاملے سے تعلق رکھنے والوں کے درمیان وہ اصلاح کرائے تو اس پر کچھ گناہ نہیں ہے۔ اللہ بخشنے والا اور رحم فرمانے والا ہے

۱۸۳۔ اے لوگو جو ایمان لائے ہو! تم پر روزے فرض کر دیئے گئے ہیں جس طرح تم سے پہلے (انبیاء کے پیروؤں) لوگوں پر فرض کر دیئے گئے تھے تاکہ تم پرہیزگار بنو

۱۸۴۔ چند مقرر دنوں کے روزے ہیں اگر تم میں سے کوئی بیمار ہو یا سفر پر ہو تو دوسرے دنوں میں اتنی ہی تعداد پوری کرے جو لوگ روزے رکھنے کی قدرت رکھتے ہوں (پھر نہ رکھیں) تو وہ فدیہ دیں اور روزے کا فدیہ ایک مسکین کو کھانا کھلانا ہے اور جو اپنی خوشی سے کچھ زیادہ بھلائی کرے تو یہ اسی کے لئے بہتر ہے۔ اگر تم سمجھو تو تمہارے حق میں اچھا یہی ہے کہ روزے رکھو۔

۱۸۵۔ رمضان وہ مہینہ ہے جس میں قرآن نازل کیا گیا جو انسانوں کے لئے سراسر ہدایت ہے اور ایسی واضح تعلیمات پر مشتمل ہے جو راہ راست دکھانے والی اور حق و باطل کا فرق کھول کر رکھ دینے والی ہیں۔ لہٰذا اب سے جو شخص اس کو پائے تو اس کو لازم ہے کہ پورے مہینے کے روزے رکھے اور جو کوئی مریض ہو یا سفر پر ہو تو وہ دوسرے دنوں میں روزوں کی تعداد پوری کرے۔ اللہ تمہارے ساتھ نرمی کرنا چاہتا ہے، سختی کرنا نہیں چاہتا اس لئے یہ طریقہ تمہیں بتایا جا رہا ہے۔ تاکہ تم روزوں کی تعداد پوری کر سکو اور جس ہدایت سے اللہ نے تمہیں سرفراز کیا ہے۔ اس پر اللہ کی بڑائی کا اظہار و اعتراف کرو اور شکر گزار بنو

۱۸۶۔ اور اگر میرے بندے میرے متعلق تم سے پوچھیں تو انہیں بتا دو کہ میں ان سے قریب ہی ہوں، پکارنے والا جب مجھے پکارتا ہے میں اس کی پکار سنتا ہوں اور جواب دیتا ہوں لہٰذا انہیں چاہیئے کہ میری دعوت پر لبیک کہیں اور مجھ پر ایمان لائیں (یہ بات تم انہیں سنا دو) شاید کہ وہ راہ راست پالیں

۱۸۷۔ تمہارے لئے روزوں کے زمانے میں راتوں کو اپنی بیویوں کے پاس جانا حلال کر دیا گیا ہے۔ وہ تمہارے لئے لباس ہیں اور تم ان کے لئے۔ اللہ کو معلوم ہے کہ تم لوگ چپکے چپکے اپنے آپ سے خیانت کر رہے تھے مگر اس نے تمہارا قصور معاف کر دیا اور تم سے درگزر فرمایا۔ اب تم اپنی بیویوں کے ساتھ شب باشی کرو اور جو لطف اللہ نے تمہارے لئے جائز کر دیا ہے اسے حاصل کرو نیز راتوں کو کھاؤ پیؤ یہاں تک کہ تم کو سیاہی شب کی دھاری سے سپیدہ صبح کی دھاری نمایاں نظر آجائے تب یہ سب کام چھوڑ کر رات تک اپنا روزہ پورا

کرو اور جب تم مسجدوں میں معتکف ہو، تو بیویوں سے مباشرت نہ کرو یہ اللہ کی مقرر کی ہوئی حدیں ہیں (لہٰذا تم) ان کے قریب نہ پھٹکنا اس طرح اللہ اپنے احکام لوگوں کے لئے صراحت کے ساتھ بیان کرتا ہے توقع ہے کہ (وہ غلط رویہ سے) بچیں گے

۱۸۸. اور تم آپس میں ایک دوسرے کے مال ناحق طریقہ سے مت کھاؤ اور نہ حاکموں کے آگے ان کو اس غرض کے لئے پیش کرو کہ تمہیں دوسروں کے مال کا کوئی حصہ قصداً ظالمانہ طریقے سے کھانے کا موقع مل جائے۔

۱۸۹. لوگ تم سے چاند (کی گھٹتی بڑھتی صورتوں) کے متعلق پوچھتے ہیں۔ کہو یہ لوگوں کے لئے تاریخوں کا تعین اور حج کی علامتیں ہیں۔ (نیز ان سے کہو) یہ کوئی نیکی کا کام نہیں ہے کہ تم اپنے گھروں میں پیچھے کی طرف سے داخل ہو۔ نیکی تو اصل میں یہ ہے کہ آدمی اللہ کی ناراضگی سے بچے۔ لہٰذا تم اپنے گھروں میں دروازے ہی سے آیا کرو البتہ اللہ سے ڈرتے رہو، شاید کہ تمہیں فلاح نصیب ہو جائے۔

۱۹۰. اور تم اللہ کی راہ میں ان لوگوں سے لڑو، جو تم سے لڑتے ہیں مگر زیادتی نہ کرو کہ اللہ زیادتی کرنے والوں کو پسند نہیں کرتا۔

۱۹۱. ان سے لڑو جہاں بھی تمہارا ان سے مقابلہ پیش آئے اور انہیں نکالو جہاں سے انہوں نے تمہیں نکالا ہے، اس لئے کہ اگرچہ قتل برا ہے، لیکن فتنہ اس سے بھی زیادہ برا ہے اور مسجد حرام کے قریب جب تک وہ تم سے نہ لڑیں، تم بھی نہ لڑو، مگر جب وہ وہاں لڑنے سے نہ رکیں تو تم بھی بے تکلف انہیں مارو کہ ایسے کافروں کی یہی سزا ہے۔

۱۹۲۔ پھر اگر وہ باز آجائیں تو جان لو کہ اللہ رحم کرنے والا ہے اور معاف کرنے والا ہے

۱۹۳۔ تم ان سے لڑتے رہو۔ یہاں تک کہ فتنہ باقی نہ رہے اور دین اللہ کے لئے ہو جائے پھر اگر وہ باز آجائیں تو سمجھ لو کہ ظالموں کے سوا اور کسی پر دست درازی جائز نہیں

۱۹۴۔ ماہ حرام کا بدلہ ماہ حرام ہی ہے اور تمام حرمتوں کا لحاظ برابری کے ساتھ ہوگا۔ لہٰذا جو تم پر دست درازی کرے تو تم بھی اسی طرح اس پر دست درازی کرو البتہ اللہ سے ڈرتے رہو اور یہ جان رکھو کہ اللہ انہی لوگوں کے ساتھ ہے جو اس کی حدود توڑنے سے پرہیز کرتے ہیں

۱۹۵۔ اللہ کی راہ میں خرچ کرو اور اپنے آپ کو ہلاکت میں نہ ڈالو۔ احسان کا طریقہ اختیار کرو یقیناً اللہ احسان کرنے والوں کو پسند کرتا ہے۔

۱۹۶۔ اللہ کی خوشنودی کے لئے حج اور عمرہ مکمل کرو اور اگر کہیں گھیر لیے جاؤ تو جو قربانی یسر آئے، اللہ کی جناب میں پیش کرو اور اپنے سر نہ مونڈواؤ جب تک کہ قربانی اپنی قربان گاہ نہ پہنچ جائے مگر جو شخص مریض ہو یا جس کے سر میں کوئی تکلیف ہو (اور اس بناء پر اپنا سر نہ منڈوا سکے تو اسے چاہیے کہ) فدیہ کے طور پر روزے رکھے، صدقہ دے یا قربانی کرے پھر اگر تمہیں امن نصیب ہو جائے تو تم میں جو شخص حج کا زمانہ آنے تک عمرے کا فائدہ اٹھائے وہ حسب مقدور قربانی دے اور اگر قربانی یسر نہ ہو تو تین روزے حج کے زمانے میں اور سات گھر پہنچ کر رکھے، اس طرح پورے دس روزے رکھ لے۔ یہ رعایت ان لوگوں

کے لئے ہے جن کے گھر بار مسجد حرام کے قریب نہ ہوں ۔ اللہ کے ان احکام کی خلاف ورزی سے بچو اور خوب جان لو کہ اللہ سخت سزا دینے والا ہے

١٩٧۔ حج کے مہینے معلوم ہیں جو شخص ان مقرر مہینوں میں حج کی نیت کرے (اسے خبر دار رہنا چاہیے کہ) حج کے دوران اس سے کوئی شہوانی فعل، کوئی بد عملی اور کوئی لڑائی جھگڑے کی بات سرزد نہ ہو جائے ۔ اور جو نیک کام تم کرو گے وہ اللہ کے علم میں ہوگا۔ سفر حج کے لئے زاد راہ ساتھ لے جاؤ اور سب سے بہتر زاد راہ پرہیزگاری ہے ۔ پس اے ہوش مندو میرا خوف اختیار کئے رکھو۔

١٩٨۔ حج کے ساتھ ساتھ اگر تم اپنے رب کا فضل بھی تلاش کرتے جاؤ تو اس میں کوئی حرج نہیں پھر جب عرفات سے واپس آؤ تو مشعر حرام (مزدلفہ) کے پاس ٹھہر کر اللہ کو یاد کرو اور اس طرح یاد کرو جس کی ہدایت اس نے تمہیں دی ہے یقیناً اس سے پہلے تم لوگ بھٹکے ہوئے تھے ۔

١٩٩۔ پھر جہاں سے باقی سب لوگ پلٹتے ہیں وہیں سے تم بھی پلٹو اور اللہ سے معافی چاہو، یقیناً وہ معاف کرنے والا، رحم کرنے والا ہے

٢٠٠۔ پھر جب اپنے حج کے ارکان ادا کر چکو تو جس طرح پہلے اپنے آباء واجداد کا ذکر کرتے تھے، اسی طرح اب اللہ کا ذکر کرو، بلکہ اس سے بھی بڑھ کر۔ ان میں سے کوئی تو ایسا ہے جو کہتا ہے کہ اے ہمارے رب ہمیں دنیا ہی میں سب کچھ دے دے، ایسے شخص کے لئے آخرت میں کوئی حصہ نہیں

۲۰۱۔ اور کوئی کہتا ہے کہ اے ہمارے رب! ہمیں دنیا میں بھی بھلائی دے اور آخرت میں بھی بھلائی اور آگ کے عذاب سے بچا۔

۲۰۲۔ ایسے لوگ اپنی کمائی کے مطابق حصہ پائیں گے اور اللہ کو حساب چکاتے کوئی دیر نہیں لگتی۔

۲۰۳۔ یہ گنتی کے چند روز ہیں جو تمہیں اللہ کی یاد میں بسر کرنے چاہئیں پھر جو کوئی جلدی کر کے دو ہی دن میں واپس ہو گیا تو کوئی حرج نہیں اور جو کچھ دیر ٹھہر کر پلٹا تو بھی کوئی حرج نہیں (بشرطیکہ یہ دن اس نے تقویٰ کے ساتھ بسر کیے ہوں) اللہ کی نافرمانی سے بچو اور خوب جان لو کہ ایک روز اس کے حضور تمہاری پیشی ہونے والی ہے

۲۰۴۔ انسانوں میں کوئی تو ایسا ہے جس کی باتیں دنیا کی زندگی میں تمہیں بہت بھلی معلوم ہوتی ہیں اور اپنی نیک نیتی پر بار بار وہ خدا کو گواہ ٹھہراتا ہے مگر حقیقت میں وہ بدترین جھگڑالو ہوتا ہے

۲۰۵۔ جب اسے اقتدار حاصل ہو جاتا ہے۔ تو زمین میں اس کی ساری دوڑ دھوپ اس لیے ہوتی ہے کہ فساد پھیلائے کھیتوں کو غارت کرے اور نسل انسانی کو تباہ کرے اور اللہ فساد کو ہرگز پسند نہیں کرتا۔

۲۰۶۔ اور جب اس سے کہا جاتا ہے کہ اللہ سے ڈرو تو اپنے وقار کا خیال اس کو گناہ پر جما دیتا ہے۔ ایسے شخص کے لیے تو بس جہنم ہی کافی ہے اور وہ بہت برا ٹھکانہ ہے۔

43

۲۰۷. دوسری طرف انسانوں ہی میں کوئی ایسا بھی ہے جو رضائے الٰہی کی طلب میں اپنی جان کھپا دیتا ہے اور ایسے بندوں پر اللہ بہت مہربان ہے

۲۰۸. اے ایمان والو! تم پورے کے پورے اسلام میں داخل ہو جاؤ اور شیطان کی پیروی نہ کرو کہ وہ تمہارا کھلا دشمن ہے۔

۲۰۹. جو صاف صاف ہدایات تمہارے پاس آچکی ہیں اگر ان کو پا لینے کے بعد پھر تم نے لغزش کھائی تو خوب جان رکھو کہ اللہ سب پر غالب اور حکیم و دانا ہے۔

۲۱۰. ان ساری نصیحتوں اور ہدایتوں کے بعد بھی لوگ سیدھے نہ ہوں تو کیا اب وہ اس کے منتظر ہیں کہ خود اللہ تعالیٰ ابر کے سائبانوں میں آجائے اور فرشتے بھی اور فیصلہ ہی کر ڈالا جائے آخر کار سارے معاملات پیش تو اللہ ہی کے حضور ہونے والے ہیں

۲۱۱. بنی اسرائیل سے پوچھو! کیسی کھلی کھلی نشانیاں ہم نے انہیں دکھائی ہیں (اور پھر یہ بھی انہیں سے پوچھ لو) اللہ کی نعمت پانے کے بعد جو قوم اس کو بدلتی ہے اسے اللہ کیسی سخت سزا دیتا ہے

۲۱۲. جن لوگوں نے کفر کی راہ اختیار کی ہے، ان کے لیے دنیا کی زندگی بڑی محبوب و دل پسند بنا دی گئی ہے۔ ایسے لوگ ایمان کی راہ اختیار کرنے والوں کا مذاق اڑاتے ہیں، مگر قیامت کے روز پرہیزگار لوگ ہی ان کے مقابلے میں عالی مقام ہوں گے رہا دنیا کا رزق، تو اللہ کو اختیار ہے جسے چاہے بے حساب دے۔

۲۱۳.   (دنیا کی ابتداء میں) سب لوگ ایک ہی طریقہ پر تھے (پھر اختلافات رونما ہونے لگے) تب اللہ نے نبی بھیجے جو راست روی پر بشارت دینے والے اور کجروی کے نتائج سے ڈرانے والے تھے اور ان کے ساتھ کتاب برحق نازل کی تاکہ حق کے بارے میں لوگوں کے درمیان جو اختلافات رونما ہو گئے تھے، ان کا فیصلہ کرے اختلاف ان لوگوں نے کیا جن کو حق کا علم ہو چکا تھا۔ انہوں نے روشن ہدایات پانے کے بعد محض اس لیے حق کو چھوڑ کر مختلف طریقے نکالے کہ وہ آپس میں زیادتی کرنا چاہتے تھے، پس جو لوگ انبیاء پر ایمان لے آئے انہیں اللہ نے اپنے اذن سے اس حق کا راستہ دکھا دیا جس میں لوگوں نے اختلاف کیا تھا۔ اللہ جسے چاہتا ہے راہ راست دکھا دیتا ہے

۲۱۴.   پھر کیا تم لوگوں نے یہ سمجھ رکھا ہے کہ یونہی جنت کا داخلہ تمہیں مل جائے گا۔ حالانکہ ابھی تم پر وہ سب کچھ نہیں گزرا جو تم سے پہلے ایمان لانے والوں پر گزر چکا ہے۔ ان پر سختیاں گزریں، مصیبتیں آئیں، جھنجوڑے گئے، حتیٰ کہ وقت کا رسول اور اس کے ساتھی اہل ایمان چیخ اٹھے کہ اللہ کی مدد کب آئے گی اس وقت انہیں تسلی دی گئی کہ اللہ کی مدد قریب ہے

۲۱۵.   لوگ پوچھتے ہیں ہم کیا خرچ کریں؟ جواب دو کہ جو مال بھی تم خرچ کرو اپنے والدین، رشتہ داروں، یتیموں، مسکینوں اور مسافروں پر خرچ کرو اور جو بھلائی بھی تم کرو گے اللہ اس سے باخبر ہے

۲۱۶۔ تمہیں جنگ کا حکم دیا گیا ہے اور وہ تمہیں ناپسند ہے۔ ہوسکتا ہے کہ ایک چیز تمہیں ناپسند ہو اور وہی تمہارے لیے بہتر ہو اور ہوسکتا ہے کہ ایک چیز تمہیں پسند ہو اور وہی تمہارے لیے بری ہو۔ اللہ جانتا ہے اور تم نہیں جانتے

۲۱۷۔ لوگ پوچھتے ہیں ماہ حرام میں لڑنا کیسا ہے۔ کہو اس میں لڑنا بہت برا ہے مگر اللہ کی راہ سے لوگوں کو روکنا اور اللہ سے کفر کرنا اور اللہ والوں پر مسجد حرام کا راستہ بند کرنا اور حرم کے رہنے والوں کو وہاں سے نکالنا اللہ کے نزدیک اس سے بھی برا ہے اور فتنہ خونریزی سے شدید تر ہے اور وہ تو تم سے لڑے ہی جائیں گے حتیٰ کہ اگر ان کا بس چلے تو تمہیں اس دین سے پھیر لے جائیں تم میں سے جو کوئی اس دین سے پھرے گا اور کفر کی حالت میں مر جائے گا اس کے اعمال دنیا و آخرت دونوں میں ضائع ہو جائیں گے۔ ایسے سب لوگ جہنمی ہوں گے اور ہمیشہ جہنم ہی میں رہیں گے۔

۲۱۸۔ (بخلاف اس کے) جو لوگ ایمان لائے ہیں اور جنہوں نے اللہ کی راہ میں اپنا گھر بار چھوڑا اور جہاد کیا وہ رحمت الٰہی کے جائز امیدوار ہیں۔ اللہ ان کی لغزشوں کو معاف کرنے والا اور اپنی رحمت سے انہیں نوازنے والا ہے۔

۲۱۹۔ پوچھتے ہیں شراب اور جوئے کا کیا حکم ہے؟ کہو ان دونوں چیزوں میں بڑی خرابی ہے۔ اگرچہ ان میں لوگوں کے لیے کچھ نفع بھی ہے۔ مگر ان کا گناہ ان کے فائدہ سے بہت زیادہ ہے۔ پوچھتے ہیں ہم اللہ کی راہ میں کیا خرچ کریں؟ کہو جو تمہاری ضرورت سے زیادہ ہو۔

اس طرح اللہ تمہارے لیے صاف صاف احکام بیان کرتا ہے۔ شاید کہ تم دنیا و آخرت دونوں کی فکر کرو

۲۲۰. پوچھتے ہیں یتیموں کے ساتھ کیا معاملہ کیا جائے؟ کہو جس طرز عمل میں ان کے لیے بھلائی ہو وہی اختیار کرنا بہتر ہے۔ اگر تم اپنا اور ان کا خرچ اور رہنا سہنا مشترک رکھو تو اس میں کوئی مضائقہ نہیں۔ آخر وہ تمہارے بھائی بند ہی تو ہیں۔ برائی کرنے والے اور بھلائی کرنے والے دونوں کا حال اللہ پر روشن ہے۔ اللہ چاہتا تو اس معاملہ میں تم پر سختی کرتا، مگر وہ صاحب اختیار ہونے کے ساتھ ساتھ صاحب حکمت بھی ہے

۲۲۱. تم مشرک عورتوں سے ہرگز نکاح نہ کرنا، جب تک کہ وہ ایمان نہ لے آئیں۔ ایک مومن لونڈی، مشرک شریف زادی سے بہتر ہے۔ اگرچہ وہ تمہیں زیادہ پسند ہو۔ اور اپنی عورتوں کے نکاح مشرک مردوں سے کبھی نہ کرنا، جب تک وہ ایمان نہ لے آئیں ایک مومن غلام مشرک مرد سے بہتر ہے اگرچہ وہ تمہیں پسند ہو۔ یہ لوگ تمہیں آگ کی طرف بلاتے ہیں اور اللہ اپنے اذن سے تمہیں جنت اور مغفرت کی طرف بلاتا ہے اور وہ اپنے احکام واضح طور پر لوگوں کے سامنے بیان کرتا ہے، شاید کہ وہ نصیحت قبول کرلیں۔

۲۲۲. لوگ آپ سے پوچھتے ہیں حیض کا کیا حکم ہے کہو وہ ایک گندگی کی حالت ہے اس میں عورتوں سے الگ رہو اور ان کے قریب نہ جاؤ جب تک کہ وہ پاک صاف نہ ہو جائیں پھر جب وہ پاک ہو جائیں تو ان کے پاس جاؤ۔ اس طرح جیسا کہ اللہ نے تم کو حکم دیا ہے۔ اللہ ان لوگوں کو پسند کرتا ہے جو توبہ کریں اور پاکیزگی اختیار کریں

۲۲۳. تمہاری عورتیں تمہاری کھیتیاں ہیں، تمہیں اختیار ہے جس طرح چاہو اپنی کھیتی میں جاؤ مگر اپنے مستقبل کی فکر کرو اور اللہ کی ناراضی سے بچو، خوب جان لو کہ تمہیں ایک دن اس سے ملنا ہے اور اے نبی ﷺ جو تمہاری ہدایات کو مان لیں انہیں فلاح و سعادت کا ثمرہ سنا دو

۲۲۴. اللہ کے نام کو ایسی قسمیں کھانے کے لیے استعمال نہ کرو جس سے مقصود نیکی اور تقویٰ اور بندگان خدا کی بھلائی کے کاموں سے باز رہنا ہو۔ اللہ تمہاری ساری باتیں سن رہا ہے اور سب کچھ جانتا ہے

۲۲۵. جو بے معنی قسمیں تم بلاارادہ اٹھا لیا کرتے ہو اس پر اللہ گرفت نہیں کرتا مگر جو قسمیں سچے دل سے کھاتے ہو ان کی بازپرسی وہ ضرور کرے گا اللہ بہت درگزر کرنے والا اور بردبار ہے۔

۲۲۶. جو لوگ اپنی عورتوں سے تعلق نہ رکھنے کی قسم کھا بیٹھتے ہیں، ان کیلئے چار مہینے کی مہلت ہے اگر انہوں نے رجوع کر لیا تو اللہ معاف کرنے والا اور سب سے زیادہ رحم کرنے والا ہے

۲۲۷. اور اگر انہوں نے طلاق کی ہی ٹھان لی ہو تو جان لیں اللہ سب کچھ سنتا جانتا ہے

۲۲۸. جن عورتوں کو طلاق دی گئی ہو۔ وہ تین مرتبہ ایام ماہواری آنے تک اپنے آپ کو روکے رکھیں اور ان کے لیے یہ جائز نہیں ہے کہ اللہ نے ان کے رحم میں جو کچھ خلق کیا ہو

اسے وہ چھپائیں انہیں ہر گز ایسا نہ کرنا چاہیے اگر وہ اللہ اور روز آخرت پر ایمان رکھتی ہیں۔ اگر ان کے شوہر تعلقات درست کر لینے پر آمادہ ہوں تو وہ اس عدت کے دوران میں پھر اپنی زوجیت میں واپس لے لینے کے حق دار ہیں۔ عورتوں کے لیے بھی معروف طریقہ پر ویسے ہی حقوق ہیں جیسے مردوں کے حقوق ان پر ہیں۔ البتہ مردوں کو ان پر ایک درجہ حاصل ہے اور سب پر اللہ غالب اقتدار رکھنے والا ہے اور اللہ زبردست تدبیر والا ہے۔

۲۲۹. طلاق دو بار ہے پھر یا تو سیدھی طرح عورت کو روک لیا جائے یا بھلے طریقہ سے اس کو رخصت کر دیا جائے (اور رخصت کرتے ہوئے ایسا کرنا) تمہارے لیے جائز نہیں ہے کہ جو کچھ تم انہیں دے چکے ہو، اس میں سے کچھ واپس لے لو۔ البتہ یہ صورت مستثنیٰ ہے کہ زوجین کو اللہ کی حدود پر قائم نہ رہ سکنے کا اندیشہ ہو۔ ایسی صورت میں اگر تمہیں یہ خوف ہو کہ وہ دونوں حدود الٰہی پر قائم نہ رہ سکیں گے، تو ان دونوں کے درمیان یہ معاملہ ہو جانے میں مضائقہ نہیں کہ عورت اپنے شوہر کو کچھ معاوضہ دے کر علیحدگی حاصل کر لے۔ یہ اللہ کے مقرر کردہ حدود ہیں، ان سے تجاوز نہ کرو اور جو لوگ حدود الٰہی سے تجاوز کریں وہی ظالم ہیں۔

۲۳۰. اگر طلاق دے دی تو وہ عورت پھر اس کے لیے حلال نہ ہو گی سوائے اس کے کہ عورت کا نکاح کسی دوسرے سے ہو پھر وہ اس کو طلاق دے دے پھر اگر پہلا شوہر اور یہ عورت خیال کریں کہ حدود اللہ پر قائم رہیں گے تو وہ رجوع کر سکتے ہیں یہ اللہ کی مقرر کردہ حدود ہیں جو اللہ جاننے والے لوگوں پر واضح کر رہا ہے

۲۳۱. اور جب تم عورتوں کو طلاق دے دو اور ان کی عدت پوری ہونے کو آجائے یا تو بھلے طریقہ سے انہیں روک لو یا بھلے طریقہ سے رخصت کردو۔ محض ستانے کی خاطر انہیں نہ روکے رکھنا کہ یہ زیادتی ہوگی اور جو ایسا کرے گا وہ اصل میں اپنے اوپر ظلم کرے گا۔ اللہ کی آیات کو کھیل نہ بناؤ۔ بھول نہ جاؤ کہ اللہ نے کس بڑی نعمت سے تمہیں سرفراز کیا ہے۔ وہ تمہیں نصیحت کرتا ہے کہ جو کتاب اور حکمت اس نے تم پر نازل کی ہے اس کا احترام کرو۔ اللہ سے ڈرو اور خوب جان لو کہ اللہ تعالیٰ کو ہر بات کی خبر ہے۔

۲۳۲. جب تم اپنی عورتوں کو طلاق دے دو اور وہ اپنی عدت پوری کرلیں تو تم انہیں مت روکو کہ وہ اپنے شوہروں سے نکاح کرلیں، جبکہ وہ معروف طریقہ سے آپس میں نکاح پر راضی ہوں۔ تمہیں نصیحت کی جاتی ہے کہ ایسی حرکت ہرگز نہ کرنا، اگر تم اللہ اور روز آخر پر ایمان لانے والے ہو۔ تمہارے لیے شائستہ اور پاکیزہ طریقہ یہی ہے اللہ جانتا ہے تم نہیں جانتے

۲۳۳. جو باپ چاہتے ہوں کہ ان کی اولاد پوری مدت رضاعت تک دودھ پیئے تو مائیں اپنے بچوں کو پورے دو سال دودھ پلائیں اس صورت میں بچے کے باپ کو معروف طریقہ سے انہیں کھانا کپڑا دینا ہوگا مگر کسی پر اس کی وسعت سے بڑھ کر بوجھ نہ ڈالنا چاہیے نہ تو ماں کو اس کے بچے کی وجہ سے تکلیف میں ڈالا جائے اور نہ باپ ہی کو اس کے بچے کی وجہ سے تنگ کیا جائے۔ دودھ پلانے والی کا یہ حق (جیسا بچے کے باپ پر ہے) ویسا ہی اس کے وارث پر ہے۔ لیکن اگر دونوں (ماں، باپ) باہمی رضامندی اور مشورہ سے دودھ چھڑانا

چاہیں تو ایسا کرنے میں کوئی مضائقہ نہیں اور اگر تمہارا خیال اپنی اولاد کو (کسی غیر عورت سے) دودھ پلوانے کا ہو تو اس میں بھی کوئی حرج ہیں بشرطیکہ طریقہ پر معاوضہ طے کر لو، اللہ سے ڈرو اور جان رکھو کہ جو کچھ تم کرتے ہو سب اللہ کی نظر میں ہے

۲۳۴. تم میں سے جو لوگ فوت ہو جائیں اور ان کی بیویاں زندہ ہوں تو وہ اپنے آپ کو چار مہینے دس دن تک روکے رکھیں پھر جب ان کی عدت پوری ہو جائے تو انہیں اختیار ہے اپنی ذات کے معاملہ میں معروف طریقہ سے جو چاہیں کریں تم پر اس کی کوئی ذمہ داری نہیں۔ اللہ تم سب کے اعمال سے باخبر ہے

۲۳۵. عدت کے زمانہ میں اگر تم اشارے کنایۓ سے بات ظاہر کر دو یا دل میں چھپائے رکھو۔ دونوں جائز ہیں۔ اللہ جانتا ہے کہ ان کا خیال تو تمہارے دل میں آئے گا ہی۔ مگر دیکھو خفیہ عہدو پیمان نہ کرنا۔ اگر کوئی بات کرنی ہے تو معروف طریقہ سے کرو اور نکاح کا فیصلہ اس وقت تک نہ کرو جب تک کہ عدت پوری نہ ہو جائے۔ خوب سمجھ لو کہ اللہ تمہارے دلوں کے حال تک جانتا ہے

۲۳۶. تم پر کچھ گناہ نہیں اگر اپنی عورتوں کو طلاق دے دو قبل اس کے کہ ہاتھ لگاؤ یا مہر مقرر کرو اس صورت میں ان کو کچھ نہ کچھ دینا ضرور چاہیے خوش حال آدمی اپنی حیثیت سے اور غریب آدمی اپنی حیثیت کے مطابق معروف طریقہ سے دے یہ حق ہے نیک آدمیوں پر

۲۳۷. اور اگر تم نے ہاتھ لگانے سے پہلے طلاق دی ہو، لیکن مہر مقرر کیا جا چکا ہو تو اس صورت میں نصف مہر دینا ہوگا۔ یہ اور بات ہے کہ عورت معاف کردے یا وہ مرد،جس کے ہاتھ میں عقد نکاح ہے نرمی سے کام لے اور تم نرمی سے کام لو تو یہ تقویٰ سے زیادہ مناسبت رکھتا ہے۔ آپس کے معاملات میں فیاضی کو نہ بھولو تمہارے اعمال کو اللہ دیکھ رہا ہے

۲۳۸. اپنی نمازوں کی حفاظت کرو خصوصاً درمیان والی نماز، اللہ کے آگے اس طرح کھڑے ہو جیسے فرمانبردار غلام کھڑے ہوتے ہیں

۲۳۹. خوف کی حالت ہو تو خواہ پیدل ہو یا سوار، جس طرح ممکن ہو نماز پڑھو اور جب امن یسر آجائے تو اللہ کو اس طرح یاد کرو جو اس نے تمہیں سکھا دیا ہے جو پہلے تم نہ جانتے تھے

۲۴۰. تم میں سے جو لوگ وفات پا جائیں اور پیچھے بیویاں چھوڑ جائیں ان کو چاہیے کہ اپنی بیویوں کے حق میں یہ وصیت کر جائیں کہ ایک سال تک ان کو نان و نفقہ دیا جائے اور وہ گھر سے نہ نکالی جائیں، پھر اگر وہ خود نکل جائیں تو اپنی ذات کے معاملہ میں معروف طریقہ سے وہ جو کچھ بھی کریں تم پر اس کا کوئی حرج نہیں ہے، اللہ سب پر غالب اقتدار رکھنے والا اور حکیم و دانا ہے

۲۴۱. اسی طرح جن عورتوں کو طلاق دی گئی ہو، انہیں بھی مناسب طور پر کچھ نہ کچھ دے کر رخصت کیا جائے۔ یہ حق ہے متقی لوگوں پر

۲۴۲.　اس طرح اللہ اپنے احکام تمہیں صاف صاف بتاتا ہے۔ امید ہے کہ تم سمجھ بوجھ کر کام کرو گے

۲۴۳.　تم نے ان لوگوں کے حال پر بھی کچھ غور کیا جو موت کے ڈر سے اپنے گھر بار چھوڑ کر نکلے تھے اور ہزاروں کی تعداد میں تھے۔ اللہ نے ان سے فرمایا، مر جاؤ پھر اس نے ان کو دوبارہ زندگی بخشی اصل میں اللہ انسان پر بڑا فضل فرمانے والا ہے۔ مگر اکثر لوگ شکر ادا نہیں کرتے

۲۴۴.　مسلمانو! اللہ کی راہ میں جنگ کرو اور جان رکھو کہ اللہ سننے والا اور جاننے والا ہے۔

۲۴۵.　تم میں کون ہے جو اللہ کو قرض حسنہ دے تاکہ اللہ اسے کئی گنا بڑھا کر واپس کرے؟ گھٹانا بھی اللہ کے اختیار میں ہے اور بڑھانا بھی اور اسی کی طرف تمہیں پلٹ کر جانا ہے

۲۴۶.　پھر تم نے اس معاملہ پر بھی غور کیا، جو موسیٰ کے بعد سرداران بنی اسرائیل کو پیش آیا تھا؟ انہوں نے اپنے نبی سے کہا ہمارے لئے ایک بادشاہ مقرر کر دو تاکہ ہم اللہ کی راہ میں جنگ کریں۔ نبی نے پوچھا کہیں ایسا تو نہ ہو گا کہ تم کو لڑائی کا حکم دیا جائے اور پھر تم نہ لڑو۔ وہ کہنے لگے بھلا یہ کیسے ہو سکتا ہے کہ ہم اللہ کی راہ میں نہ لڑیں جب کہ ہمیں اپنے گھروں سے نکال دیا گیا ہے اور ہمارے بال بچے ہم سے جدا کر دیئے گئے ہیں مگر جب ان کو جنگ کا حکم دیا گیا تو ایک قلیل تعداد کے سوا وہ سب پیٹھ موڑ گئے اور اللہ ان میں سے ایک ایک ظالم کو جانتا ہے

۲۴۷. ان کے نبی نے ان سے کہا کہ اللہ نے طالوت کو تمہارے لئے بادشاہ مقرر کیا ہے۔ یہ سن کر وہ بولے ہم پر بادشاہ بننے کا وہ کیسے حق دار ہو گیا (اس کے مقابلہ میں) ہم بادشاہی کے زیادہ مستحق ہیں وہ تو کوئی بڑا مالدار آدمی نہیں ہے۔ بنی نے جواب دیا: اللہ نے تمہارے لئے اسی کو منتخب کیا ہے اور اس کو دماغی و جسمانی دونوں قسم کی اہلیت فراوانی کے ساتھ عطا فرمائی ہے اور اللہ کو اختیار ہے کہ وہ اپنا ملک جسے چاہے اسے دے، اللہ بڑی وسعت رکھتا ہے اور سب کچھ اس کے علم میں ہے

۲۴۸. اس کے ساتھ ان کے نبی نے ان کو یہ بھی بتایا کہ خدا کی طرف سے اس کے بادشاہ مقرر ہونے کی علامت یہ ہے کہ اس کے عہد میں وہ صندوق تمہیں واپس مل جائے گا جس میں تمہارے رب کی طرف سے تمہارے لئے سکون قلب کا سامان ہے، جس میں آل موسیؑ اور آل ہارونؑ کے چھوڑے ہوئے تبرکات ہیں اور جس کو اس وقت فرشتے سنبھالے ہوئے ہیں۔ اگر تم مومن ہو تو یہ تمہارے لئے بہت بڑی نشانی ہے

۲۴۹. پھر جب طالوت لشکر لے کر چلا تو اس نے کہا ایک دریا پر اللہ کی طرف سے تمہاری آزمائش ہونے والی ہے جو اس کا پانی پیئے گا وہ میرا ساتھی نہیں۔ میرا ساتھی صرف وہ ہے جو اس سے پیاس نہ بجھائے ہاں ایک آدھ چلّو کوئی پی لے۔ مگر سوائے تھوڑے لوگوں کے باقی سب نے سیر ہو کر پانی پیا پھر جب طالوت اور اس کے مومن ساتھی دریا پار کر کے آگے بڑھے تو انھوں نے (طالوت سے) کہہ دیا کہ آج ہم میں جالوت اور اس کے لشکر سے مقابلہ کرنے کی طاقت نہیں ہے۔ لیکن جو لوگ سمجھتے تھے کہ انہیں ایک دن اللہ سے ملنا ہے انھوں

نے کہا۔ بارہا ایسا ہوا ہے کہ تھوڑی تعداد کا گروہ اللہ کے حکم سے بڑی تعداد کے گروہ پر غالب آگیا ہے۔ اللہ صبر کرنے والوں کا ساتھی ہے

۲۵۰۔ اور جب وہ جالوت اور اس کے لشکروں کے مقابلہ میں نکلے تو انہوں نے دعا کی اے ہمارے رب! ہم پر صبر کا فیضان کر، ہمارے قدم جما دے اور اس کافر گروہ پر ہمیں فتح نصیب کر

۲۵۱۔ آخر کار اللہ کے اذن سے انہوں نے کافروں کو مار بھگایا اور داؤدؑ نے جالوت کو قتل کر دیا اور اللہ نے اسے سلطنت اور حکمت سے نوازا اور جن جن چیزوں کا چاہا اس کو علم دیا۔ اگر اس طرح اللہ انسانوں کے ایک گروہ کو دوسرے گروہ کے ذریعہ سے ہٹاتا نہ رہتا تو زمین کا نظام بگڑ جاتا۔ لیکن دنیا کے لوگوں پر اللہ کا بڑا فضل ہے کہ وہ اس طرح دفع فساد کرتا رہتا ہے

۲۵۲۔ یہ اللہ کی آیات ہیں جو ہم آپ کو ٹھیک ٹھیک سنا رہے ہیں اور تم یقیناً ان لوگوں میں سے ہو جو رسول بنا کر بھیجے گئے ہیں

۲۵۳۔ یہ سب رسول ہیں ہم نے ان میں سے بعض کو بعض پر فضیلت دی۔ ان میں سے کوئی وہ ہے جس سے اللہ نے کلام فرمایا اور بعض کے درجے بلند کئے اور ہم نے مریم کے بیٹے عیسیٰؑ کو کھلے معجزے دیئے اور اس کو روح القدس (جبرئیلؑ) کے ساتھ قوت دی اور اگر اللہ تعالیٰ چاہتا تو جو لوگ ان پیغمبروں کے بعد ہوئے آپس میں نہ لڑتے جب کہ ان کے پاس صاف حکم پہنچ چکے تھے لیکن انہوں نے باہم اختلاف کیا چنانچہ ان میں سے کچھ وہ ہیں جو ایمان

لائے اور کچھ وہ ہیں جنہوں نے کفر کیا۔ اور اگر اللہ چاہتا تو وہ باہم نہ لڑتے۔ لیکن اللہ جو چاہے کرتا ہے

۲۵۴۔ اے ایمان والو! اس میں سے خرچ کرو جو ہم نے تم کو دیا اس دن کے آنے سے پہلے کہ جس دن نہ خرید و فروخت ہوگی اور نہ آشنائی یا سفارش کام آئے گی اور جو کافر ہیں وہی ظالم ہیں۔

۲۵۵۔ اللہ تعالیٰ وہ زندہ و جاوید ہستی ہے (جو تمام کائنات کو سنبھالے ہوئے ہے) اس کے سوا کوئی (سچا) معبود نہیں نہ اسے اونگھ آتی ہے نہ نیند زمین و آسمان میں جو کچھ ہے اسی کا ہے۔ کون ہے جو اس کی جناب میں اس کی اجازت کے بغیر کسی کی سفارش کر سکے؟ وہ جانتا ہے جو کچھ بندوں کے سامنے ہے اور جو کچھ او جھل ہے اور اس کی معلومات میں سے کوئی چیز ان کی گرفت یا ادراک میں نہیں آ سکتی۔ سوائے اس کے کہ کسی چیز کا علم وہ خود ہی ان کو دینا چاہے۔ اس کی حکومت زمینوں اور آسمانوں پر چھائی ہوئی ہے اور ان کی نگہبانی اس کے لئے کوئی تھکا دینے والا کام نہیں۔ بس وہی ایک بزرگ و برتر ذات ہے

۲۵۶۔ دین میں کوئی جبر نہیں بیشک ہدایت گمراہی سے جدا ہو چکی ہے، جو گمراہ کرنے والوں کو نہ مانے اور اللہ پر ایمان لائے تو اس نے مضبوط حلقہ پکڑ لیا جو ٹوٹنے والا نہیں اور اللہ سب کچھ سنتا جانتا ہے

۲۵۷.   اللہ ایمانداروں کا مددگار ہے انہیں اندھیروں سے روشنی کی طرف نکالتا ہے اور جو لوگ کافر ہوئے ان کے رفیق شیطان ہیں وہ انہیں روشنی سے اندھیروں کی طرف لے جاتے ہیں ۔ یہی لوگ دوزخی ہیں، وہ ہمیشہ اسی میں رہیں گے

۲۵۸.   کیا تو نے اس شخص کو نہیں دیکھا جس نے ابراہیمؑ سے اس کے رب کی بابت جھگڑا کیا اس وجہ سے کہ اللہ تعالیٰ نے اس کو سلطنت دی تھی جب ابراہیمؑ نے کہا : میرا رب وہ ہے جو زندہ کرتا ہے اور مارتا ہے ۔ وہ بولا میں بھی زندہ کرتا ہوں اور مارتا ہوں ۔ ابراہیمؑ نے کہا بیشک اللہ سورج کو مشرق سے لاتا ہے تو تو اسے مغرب کی طرف سے نکال کر دکھا ۔ تب وہ کافر لاجواب ہو گیا اور اللہ بے انصافوں کو راہ نہیں دکھاتا

۲۵۹.   کیا تو نے نہ دیکھا اس شخص کو کہ وہ ایک شہر پر گزرا اور وہ شہر اپنی چھتوں پر گرا پڑا تھا ۔ بولا اللہ اسے کیونکر زندہ کرے گا اس کے مرنے کے بعد پھر اللہ نے اسے سو برس تک فوت کیے رکھا پھر اسے اٹھایا اور پوچھا تو یہاں کتنی دیر تک رہا؟ بولا ایک دن یا ایک دن سے کچھ کم ۔ کہا نہیں بلکہ تو سو برس تک رہا اب ذرا اپنے کھانے اور پینے کو دیکھو کہ اس میں ذرا تغیر نہیں آیا ۔ دوسری طرف ذرا اپنے گدھے کو بھی دیکھو (کہ اس کا پنجر تک بوسیدہ ہو رہا ہے) اور یہ ہم نے اس لئے کیا ہے کہ ہم تمہیں لوگوں کے لئے ایک نشانی بنا دینا چاہتے ہیں پھر (گدھے کی) ہڈیوں کی طرف دیکھو کیسے ہم انہیں ابھار کر جوڑتے ہیں اور پھر کیسے گوشت پوست اس پر چڑھاتے ہیں ۔ اس طرح جب حقیقت اس کے سامنے بالکل نمایاں ہو گئی، تو اس نے کہا میں جانتا ہوں کہ اللہ ہر چیز پر قدرت رکھتا ہے ۔

۲۶۰. اور (یاد کرو) جب ابراہیمؑ نے کہا : اے میرے رب مجھے دکھا کہ تو مردے کیسے زندہ کرتا ہے۔ فرمایا : کیا تو نے یقین نہیں کیا؟ کہا ابراہیمؑ نے کیوں نہیں لیکن (اس واسطے) چاہتا ہوں کہ میرے دل کی تسکین ہو جائے۔ تو فرمایا تم چار پرندے پکڑلو پھر ان کو اپنے ساتھ مانوس کرلو پھر پہاڑ پر ان کے جسم کا ایک ایک ٹکڑا رکھ دو پھر انہیں بلاؤ وہ تیرے پاس دوڑتے آئیں گے اور جان لو کہ اللہ تعالیٰ غالب حکمت والا ہے

۲۶۱. ان لوگوں کی مثال جو اللہ کی راہ میں اپنے مال خرچ کرتے ہیں ایسی ہے جیسے ایک دانہ ہو اس سے سات بالیاں اگیں۔ ہر بالی میں سو سو دانے ہوں اور اللہ جس کے لئے چاہے بڑھاتا ہے اور اللہ وسعت والا جاننے والا ہے۔

۲۶۲.) جو لوگ خرچ کرتے ہیں اپنا مال اللہ کی راہ میں پھر خرچ کرنے کے بعد نہ احسان جتلاتے ہیں اور نہ تکلیف میں بتلا کرتے ہیں انہیں کے لئے ان کا ثواب ان کے رب کے پاس ہے نہ ان پر کوئی خوف ہوگا اور نہ وہ غمگین ہوں گے

۲۶۳. نرم جواب دینا اور درگزر کرنا اس خیرات سے بہتر ہے۔ جس کے بعد ستایا جائے اور اللہ بے نیاز، بردبار ہے

۲۶۴. اے ایمان والو! اپنی خیرات ضائع نہ کرو احسان جتا کر اور تکلیف پہنچا کر وہ شخص جو اپنا مال لوگوں کے دکھاوے کے لئے خرچ کرتا ہے اللہ اور آخرت کے دن پر یقین نہیں رکھتا اس کی مثال ایسے ہے جیسے صاف پتھر اس پر کچھ مٹی پڑی ہے۔ پھر اس زور سے مینہ

برسا کہ اسے بالکل صاف کردیا۔ ایسے لوگوں کو اپنے کمائے کا کچھ بھی ثواب نہیں ملتا اور اللہ کافروں کو سیدھی راہ نہیں دکھاتا

۲۶۵. اور ان کی مثال جو اپنے مال خرچ کرتے ہیں اللہ کی خوشنودی حاصل کرنے کے لئے اپنی پوری خوشی کے ساتھ تو وہ ایسے ہے جیسے ٹیلے پر ایک باغ ہو اور زور کی بارش ہوئی تو وہ دوگنا پھل لایا اور اگر اس پر بارش نہ پڑتی تو پھوار ہی کافی تھی اور اللہ تمہارے کاموں کو خوب دیکھتا ہے

۲۶۶. کیا تم میں سے کوئی یہ پسند کرتا ہے کہ اس کے پاس کھجوروں اور انگوروں کا باغ ہو اس کے نیچے نہریں بہتی ہوں اور عین اس وقت ایک تیز بگولے کی زد میں آکر بھسم ہو جائے، جبکہ وہ خود بوڑھا ہو اور اس کے بچے کمسن جو ابھی کسی لائق نہ ہوں اس طرح اللہ اپنی باتیں تمہارے سامنے بیان کرتا ہے۔ شاید کہ تم غور و فکر کرو

۲۶۷. اے لوگو جو ایمان لائے ہو! جو مال تم نے کمائے ہیں اور جو کچھ ہم نے زمین میں سے تمہارے لئے نکالا ہے، اس میں سے بہتر حصہ اللہ کی راہ میں خرچ کرو ایسا نہ ہو کہ اس کی راہ میں دینے کے لئے نکمی چیز چھانٹنے لگو، حالانکہ وہی چیز اگر کوئی تمہیں دے تو تم ہرگز اسے لینا گوارہ نہ کرو گے سوائے اس کے کہ اس کو قبول کرنے میں چشم پوشی کر جاؤ۔ تمہیں جان لینا چاہیئے کہ اللہ بے پرواہ اور خوبیوں والا ہے

۲۶۸. شیطان تمہیں مفلسی سے ڈراتا ہے اور برے کام کرنے کی ترغیب دیتا ہے۔ مگر اللہ تمہیں اپنی بخشش اور فضل کی امید دلاتا ہے اللہ بڑا فراخی والا جاننے والا ہے

۲۶۹۔ جس کو چاہتا ہے حکمت عطا کرتا ہے اور جس کو حکمت دی گئی اسے بہت بڑی دولت مل گئی ان باتوں سے صرف وہی لوگ سبق لیتے ہیں جو دانشمند ہیں

۲۷۰۔ تم نے جو کچھ بھی خرچ کیا یا جو بھی نذر مانی اللہ کو اس کا علم ہے اور ظالموں کا کوئی مددگار نہیں۔

۲۷۱۔ اگر اپنے صدقات اعلانیہ دو تو یہ بھی اچھا ہے، لیکن اگر چھپا کر حاجت مندوں کو دو تو یہ تمہارے حق میں زیادہ بہتر ہے اور اللہ تمہاری بہت سی برائیاں ختم کر دے گا اور جو کچھ تم کرتے ہو اللہ کو اس کی پوری پوری خبر ہے

۲۷۲۔ ان (لوگوں) کو ہدایت بخش دینے کی ذمہ داری تم پر نہیں ہے۔ لیکن ہدایت تو اللہ ہی جسے چاہتا ہے بخش دیتا ہے اور خیرات میں جو مال تم خرچ کرتے ہو وہ تمہارے اپنے لئے بھلا ہے۔ آخر تم اسی لئے تو خرچ کرتے ہو کہ اللہ کی رضا حاصل ہو تو جو کچھ مال تم خیرات میں خرچ کرو گے اس کا پورا پورا اجر تمہیں دیا جائے گا اور تمہاری حق تلفی ہر گز نہ ہو گی

۲۷۳۔ (خاص طور پر مدد کے مستحق) وہ تنگ دست لوگ ہیں جو اللہ کے راستے میں ایسے گھر گئے ہیں کہ (اپنے ذاتی کسب معاش کے لئے) زمین میں کوئی دوڑ دھوپ نہیں کر سکتے۔ ان کی خود داری دیکھ کر ناواقف آدمی گمان کرتا ہے کہ یہ خوش حال ہیں، تم ان کے چہروں سے ان کی (اندرونی حالت) پہچان سکتے ہو۔ کہ لوگوں کے پیچھے پڑ کر نہیں مانگتے ہیں ان کی اعانت میں جو کچھ مال تم خرچ کرو گے وہ اللہ سے پوشیدہ نہ رہے گا۔

۲۷۴. جو لوگ اپنا مال دن رات خرچ کرتے ہیں ظاہر اور پوشیدہ، ان کے لئے ثواب ہے ان کے رب کے پاس نہ ان پر ڈر ہے اور نہ وہ غمگین ہوں گے

۲۷۵. جو لوگ سود کھاتے ہیں، (قیامت کے دن) اس شخص کی طرح کھڑے ہوں گے جسے شیطان نے چھو کر باؤلا کر دیا ہو۔ یہ سزا اس وجہ سے ہے کہ وہ کہتے ہیں، تجارت بھی تو آخر سود جیسی ہے۔ حالانکہ اللہ نے تجارت کو حلال کیا ہے اور سود کو حرام لہٰذا جس شخص کو اس کے رب کی طرف سے یہ نصیحت پہنچے اور آئندہ کے لئے وہ سود خوری سے باز آ جائے تو جو کچھ وہ پہلے کھا چکا وہ کھا چکا۔ اس کا معاملہ اللہ کے حوالے ہے اور جو (اس حکم کے بعد) پھر اسی حرکت کا اعادہ کرے وہ جہنمی ہے جہاں وہ ہمیشہ رہے گا

۲۷۶. اللہ سود کو مٹاتا ہے اور خیرات کو بڑھاتا ہے اور اللہ تعالیٰ کسی ناشکرے، گناہ گار کو پسند نہیں کرتا۔

۲۷۷. ہاں جو لوگ ایمان لے آئیں، نیک عمل کریں، نماز قائم کریں اور زکوٰۃ دیں ان کا اجر بیشک ان کے رب کے پاس ہے نہ انہیں خوف ہو گا اور نہ وہ غمگین ہوں گے

۲۷۸. اے لوگو! جو ایمان لائے ہو اللہ سے ڈرو اور جو کچھ تمہارا سود (لوگوں پر) باقی رہ گیا ہے اسے چھوڑ دو اگر واقعی تم ایمان لانے والے ہو۔

۲۷۹. لیکن اگر تم نے ایسا نہ کیا تو (آگاہ ہو جاؤ! کہ) اللہ اور اس کے رسول کی طرف سے تمہارے خلاف اعلان جنگ ہے۔ اور اگر تم توبہ کر لو (سود چھوڑ دو) اور اپنا اصل سرمایہ لینے کے حق دار ہو جاؤ۔ نہ تم ظلم کرو اور نہ تم پر ظلم کیا جائے گا

۲۸۰. اور اگر (تمہارا قرض دار) تنگ دست ہو، تو آسانی تک اسے مہلت دو اور اگر صدقہ کر دو تو یہ تمہارے لئے زیادہ بہتر ہے اگر تم سمجھو

۲۸۱. اس دن (کی رسوائی اور مصیبت) سے بچو جس میں تم اللہ کی طرف واپس ہو گے۔ وہاں پر ہر شخص کو اس کی کمائی ہوئی (نیکی یا بدی) کا پورا پورا بدلہ دیا جائے گا اور کسی پر ظلم ہر گز نہ ہو گا

۲۸۲. اے لوگو جو ایمان لائے ہو! جب کسی مقرر مدت کے لئے تم آپس میں قرض کا لین دین کرو تو اسے لکھ لیا کرو اور لکھنے والا فریقین کے درمیان انصاف کے ساتھ دستاویز تحریر کرے۔ جسے اللہ نے لکھنے پڑھنے کی قابلیت بخشی ہو۔ اسے لکھنے سے انکار نہ کرنا چاہیئے وہ لکھے اور املاء کرائے جس نے قرض لینا ہو اور اسے اپنے رب سے ڈرنا چاہیئے کہ جو معاملہ طے ہوا ہو اس میں کوئی کمی بیشی نہ رہے۔ لیکن اگر قرض لینے والا خود نادان یا ضعیف ہو یا املاء نہ کرا سکتا ہو تو اس کا ولی انصاف کے ساتھ املا کرائے پھر اپنے مردوں میں سے دو آدمیوں کی اس پر گواہی کرا لو اگر دو مرد نہ ہوں تو ایک مرد اور دو عورتیں ہوں جن کی گواہی تمہارے درمیان مقبول ہو اور تاکہ ایک بھول جائے تو دوسری اسے یاد دلا دے۔ گواہوں کو جب گواہ بننے کے لئے کہا جائے تو انہیں انکار نہ کرنا چاہیئے معاملہ چھوٹا ہو خواہ بڑا، میعاد کی تعیین

کے ساتھ اس کی دستاویز لکھ لینے میں تساہل نہ کرو۔ اللہ کے نزدیک یہ طریقہ تمہارے لئے زیادہ مبنی بر انصاف ہے، اس سے شہادت قائم ہونے میں زیادہ سہولت ہوتی ہے اور تمہارے شکوک و شبہات میں مبتلا ہونے کا امکان کم رہ جاتا ہے۔ ہاں جو تجارتی لین دین دست بدست تم لوگ آپس میں کرتے ہو، اس کو نہ لکھا جائے تو کوئی حرج نہیں، مگر تجارتی معاملے طے کرتے وقت گواہ کر لیا کرو، کاتب اور گواہ کو ستایا نہ جائے۔ ایسا کرو گے تو گناہ کا ارتکاب کرو گے، اللہ کے غضب سے بچو وہ تم کو صحیح طریق عمل کی تعلیم دیتا ہے اور اسے ہر چیز کا علم ہے

۲۸۳. اگر تم سفر میں ہو اور (دستاویز لکھنے کیلیئے) کوئی کاتب نہ ملے تو رہن بالقبض پر معاملہ کرو، اگر تم میں سے کوئی شخص دوسرے پر بھروسہ کرے تو جس پر بھروسہ کیا گیا ہے اسے چاہے کہ امانت ادا کرے اور اللہ یعنی اپنے رب سے ڈرے اور شہادت ہرگز نہ چھپاؤ جو شہادت چھپاتا ہے اس کا دل گناہ میں آلودہ ہے اور اللہ تمہارے اعمال سے بیخبر نہیں

۲۸۴. آسمانوں اور زمین میں جو کچھ ہے (سب) اللہ کا ہے تم اپنے دل کی باتیں خواہ ظاہر کرو یا چھپاؤ اللہ بہر حال ان کا حساب تم سے لے لے گا پھر (اسے اختیار ہے) جسے چاہے معاف کر دے اور جسے چاہے سزا دے وہ ہر چیز پر قدرت رکھتا ہے

۲۸۵. تمام رسول اس ہدایت پر ایمان لائے جو ان کے رب کی طرف سے ان پر نازل ہوئی اور جو لوگ اس رسول کے ماننے والے ہیں انہوں نے بھی اس ہدایت کو تسلیم کر لیا ہے دل سے یہ سب اللہ اور اس کے فرشتوں اور اس کی کتابوں اور اس کے رسولوں کو

مانتے ہیں اوران کا قول یہ ہے کہ تم اللہ کے رسولوں کو ایک دوسرے سے الگ نہیں کرتے، ہم نے حکم سنا اوراطاعت قبول کی، مالک ہم تجھ سے خطا بخشی کے طالب ہیں اور ہمیں تیری ہی طرف پلٹنا ہے

۲۸۶۔ اللہ کسی بھی شخص پر اس کی طاقت سے بڑھ کر بوجھ نہیں ڈالتا ہر شخص نے جو نیکی کمائی ہے۔ اس کا پھل اسی کے لئے ہے اور جو بدی سمیٹی ہے اس کا وبال اسی پر ہے۔ (ایمان والو تم یوں دعا کیا کرو) اے ہمارے رب ہم سے بھول چوک میں جو قصور ہو جائیں ان پر گرفت نہ کرنا، اے مالک! ہم پر وہ بوجھ نہ ڈالنا جو تو نے ہم سے پہلے لوگوں پر ڈالے تھے پروردگار جس بار کو اٹھانے کی طاقت ہم میں نہیں ہے، وہ ہم پر نہ رکھ۔ ہمارے ساتھ نرمی کر، ہم سے درگزر فرما، ہم پر رحم کر، تو ہمارا مولیٰ ہے اور کافروں کے مقابلہ میں ہماری مدد کر

***

۳۔ سورۃ آل عمران

۱۔ آلمٓ

۲۔ اللہ زندہ جاوید ہستی ہے جو نظام کائنات کو سنبھالے ہوئے ہے حقیقت میں اس کے سوا کوئی معبود نہیں ہے

۳۔ اس نے تم پر یہ سچی کتاب نازل کی ہے اور ان کتابوں کی تصدیق کرتی ہے جو پہلے سے آئی ہیں اس سے پہلے وہ انسانوں کی ہدایت کے لئے تورات اور انجیل نازل کر چکا ہے

۴۔ اور اس نے وہ کسوٹی تیار کی ہے (جو حق اور باطل کا فرق دکھانے والی ہے) اب جو لوگ اللہ کے فرامین کو قبول کرنے سے انکار کریں، ان کو یقیناً سخت سزا ملے گی اللہ بے پناہ طاقت کا مالک ہے اور (برائی کا) بدلہ دینے والا ہے

۵۔ زمین اور آسمان کی کوئی چیز اللہ سے پوشیدہ نہیں

۶۔ وہی تو ہے جو تمہاری ماؤں کے پیٹ میں تمہاری صورتیں جیسی چاہتا ہے بناتا ہے۔ اس زبردست، حکمت والے کے سوا اور کوئی اللہ نہیں ہے

۷۔ وہی اللہ ہے جس نے تم پر یہ کتاب نازل کی ہے (اس کتاب میں دو طرح کی آیات ہیں ایک) محکمات (واضح) جو کتاب کی اصل بنیاد ہیں اور دوسری متشابہات، پھر جن

لوگوں کے دلوں میں ٹیڑھ ہے وہ ان (متشابہ آیات) کے پیچھے پڑے رہتے ہیں اور ان کا مقصد فتنے اور تاویل کی تلاش ہوتا ہے، حالانکہ ان کا حقیقی مفہوم اللہ کے سوا کوئی نہیں جانتا اور جو لوگ علم میں پختہ ہیں، وہ کہتے ہیں کہ ہمارا ان (متشابہات) پر ایمان ہے یہ سب ہمارے رب ہی کی طرف سے ہیں اور سچ یہ ہے کہ کسی چیز سے ٹھیک سبق صرف دانش مند لوگ ہی حاصل کرتے ہیں

۸. اے پروردگار! جب تو ہمیں سیدھے رستہ پر لگا چکا ہے تو پھر کہیں ہمارے دلوں کو کجی میں بتلا نہ کردینا، ہمیں اپنے خزانہ فیض سے رحمت عطا کر کہ تو ہی اصل میں رحمت دینے والا ہے

۹. پروردگار تو یقیناً سب لوگوں کو ایک روز جمع کرنے والا ہے، جس کے آنے میں کوئی شبہہ نہیں تو ہرگز اپنے وعدہ کی خلاف ورزی نہیں کرتا

۱۰. جن لوگوں نے کفر کا رویہ اختیار کیا ہے، انہیں اللہ کے مقابلے میں نہ ان کا مال اور اولاد کچھ کام نہ دے گا وہ دوزخ کا ایندھن بن کر رہیں گے۔

۱۱. (ان کا انجام) فرعون کے ساتھیوں اور ان سے پہلے نافرمان لوگوں کا سا ہوگا کہ انہوں نے آیات الٰہی کو جھٹلایا، (نتیجہ یہ ہوا) کہ اللہ نے ان کے گناہوں پر انہیں پکڑ لیا اور حق یہ ہے کہ اللہ سخت سزا دینے والا ہے

۱۲.	پس اے محمد ﷺ جن لوگوں نے (تمہاری دعوت قبول کرنے سے) انکار کر دیا ہے، ان سے کہہ دو کہ قریب ہے (وہ وقت) جب تم مغلوب ہو جاؤ گے اور جہنم کی طرف ہانکے جاؤ گے اور جہنم بڑا ہی برا ٹھکانہ ہے

۱۳.	تمہارے لئے ان دو گروہوں میں ایک نشان عبرت تھا (جو بدر میں ایک دوسرے سے نبرد آزما ہوئے)۔ ایک گروہ اللہ کی راہ میں لڑ رہا تھا اور دوسرا گروہ کافر تھا دیکھنے والے (مؤمنین) کھلی آنکھوں کے ساتھ دیکھ رہے تھے کہ کفار دوگنا ہیں۔ مگر اللہ اپنی قدرت سے جس کو چاہتا ہے مدد دیتا ہے۔ دیکھنے والوں (گہری نظر) کے لئے اس میں بڑا سبق پوشیدہ ہے

۱۴.	لوگوں کے لئے مرغوبات نفس (یعنی انتہائی پسندیدہ چیزیں) عورتیں، اولاد، سونے چاندی کے ڈھیر، چیدہ گھوڑے، مویشی اور زرعی زمینیں خوشی دینے والی بنا دی گئی ہیں، مگر یہ سب دنیا کی چند روزہ زندگی کے سامان ہیں۔ حقیقت میں جو بہتر ٹھکانہ ہے وہ تو اللہ کے پاس ہے

۱۵.	کہو میں تمہیں بتاؤں کہ ان سے زیادہ اچھی چیز کیا ہے؟ جو لوگ تقویٰ کی روش اختیار کریں، ان کے لئے ان کے رب کے پاس باغ ہیں جن کے نیچے نہریں بہتی ہوں گی وہاں انہیں ہمیشگی کی زندگی حاصل ہوگی، پاکیزہ بیویاں (ان کی رفیق ہوں گی) اور اللہ کی رضا سے وہ سرفراز ہوں گے۔ اللہ اپنے بندوں کے رویئے پر گہری نظر رکھتا ہے۔

۱۶۔ یہ وہ لوگ ہیں جو کہتے ہیں اے ہمارے رب! ہم ایمان لائے، ہماری خطاؤں سے درگزر فرما اور ہمیں دوزخ کی آگ سے بچا لے

۱۷۔ یہ لوگ صبر کرنے والے ہیں، راست باز ہیں، فرمانبردار اور فیاض ہیں اور رات کی آخری گھڑیوں میں اللہ سے مغفرت کی دعائیں مانگا کرتے ہیں

۱۸۔ اللہ نے خود شہادت دی ہے کہ اس کے سوا کوئی الٰہ نہیں ہے اور (یہی شہادت) فرشتوں اور اہل علم نے بھی دی ہے۔ وہ انصاف پر قائم ہے۔ اس زبردست حکیم کے سوا بالکل کوئی سچا معبود نہیں ہے۔

۱۹۔ اللہ کے نزدیک دین صرف اسلام ہے۔ ان لوگوں نے جنہیں کتاب دی گئی تھی علم آ جانے کے بعد آپس میں اختلاف ایک دوسرے پر زیادتی کرنے کے لئے کیا اور جو کوئی اللہ کے احکامات و ہدایات (کی اطاعت) سے انکار کر دے، اللہ کو اس سے حساب لیتے کوئی دیر نہیں لگتی

۲۰۔ اب اگر یہ لوگ تم سے جھگڑا کریں تو ان سے کہو میں نے اور میرے پیروکاروں نے اللہ کے آگے سر تسلیم خم کر دیا ہے۔ پھر اہل کتاب اور غیر اہل کتاب سے پوچھو۔ کیا تم نے بھی اس کی اطاعت و بندگی قبول کی؟ اگر کی تو وہ راہ راست پا گئے اور اگر اس سے منہ موڑا تو تم پر صرف پیغام دینے کی ذمہ داری تھی۔ آگے اللہ خود اپنے بندوں (کے معاملات) کو دیکھنے والا ہے

۲۱. جو لوگ اللہ کے احکام و ہدایات کو ماننے سے انکار کرتے ہیں اور اس کے پیغمبروں کو ناحق قتل کرتے ہیں اور ایسے لوگوں کی جان کے درپے ہو جاتے ہیں جو خلق خدا میں انصاف کا حکم دینے کے لئے اٹھیں، ان کو دردناک عذاب کی خوشخبری سنا دو

۲۲. یہ وہ لوگ ہیں جن کے اعمال دنیا و آخرت میں ضائع ہو گئے اور ان کا مددگار کوئی نہیں ہے

۲۳. تم نے دیکھا نہیں کہ جن لوگوں کو کتاب کے علم میں سے کچھ حصہ ملا ہے، ان کا حال کیا ہے؟ انہیں جب کتاب الٰہی کی طرف بلایا جاتا ہے، تاکہ وہ ان کے درمیان فیصلہ کرے، تو ان میں سے ایک فریق اس سے پہلوتہی کرتا ہے اور اس (فیصلہ کی طرف آنے) سے منہ پھیرنے والے ہیں

۲۴. ان کا یہ طرز عمل اس وجہ سے ہے کہ وہ کہتے ہیں: آتش دوزخ تو ہمیں چھوئے گی بھی نہیں اور اگر دوزخ کی سزا ہمیں ملے گی بھی تو بس چند روز۔ ان کے خود بنائے ہوئے عقیدوں نے انہیں اپنے دین کے معاملہ میں بڑی غلط فہمیوں میں ڈال رکھا ہے

۲۵. مگر ان پر کیا گزرے گی جب ہم انہیں اس روز جمع کریں گے جس کا آنا یقینی ہے اس روز ہر شخص کو اس کی کمائی کا بدلہ پورا پورا دے دیا جائے گا اور کسی پر ظلم نہ ہو گا

۲۶.	کہہ دیجئے: اے سلطنت کے مالک! تو جسے چاہے، حکومت دے اور جس سے چاہے چھین لے، جسے چاہے عزت دے اور جسے چاہے ذلیل کر دے۔ بھلائی تیرے اختیار میں ہے، بیشک تو ہر چیز پر قادر ہے۔

۲۷.	رات کو دن میں پروتا ہوا لے آتا ہے اور دن کو رات میں، جاندار میں سے بے جان کو نکالتا ہے اور بے جان میں سے جاندار کو اور جسے چاہتا ہے بے حساب رزق دیتا ہے

۲۸.	مومنین اہل ایمان کو چھوڑ کر کافروں کو اپنا رفیق اور دوست ہرگز نہ بنائیں، جو ایسا کرے گا اس سے اللہ کا کوئی تعلق نہیں۔ ہاں (یہ معاف) ہے کہ تم ان (کے ظلم) سے بچنے کے لئے (بظاہر ایسا طرز عمل اختیار کر جاؤ) اللہ تمہیں اپنے آپ سے ڈراتا ہے اور تمہیں اسی کی طرف پلٹ کر جانا ہے

۲۹.	اے نبی! لوگوں کو خبردار کر دو کہ تمہارے دلوں میں جو کچھ ہے اسے خواہ تم چھپاؤ یا ظاہر کر دو، اللہ بہر حال اسے جانتا ہے، زمین و آسمان کی کوئی چیز اس کے علم سے باہر نہیں ہے اور اس کا اقتدار ہر چیز پر حاوی ہے

۳۰.	وہ دن آنے والا ہے جب ہر نفس اچھے عمل کو اور اپنے برے عمل کو سامنے پائے گا (اس روز) آدمی یہ تمنا کرے گا کہ کاش ابھی یہ دن اس سے بہت دور ہوتا اللہ تعالیٰ تمہیں اپنے آپ سے ڈراتا ہے اور وہ اپنے بندوں سے بڑی شفقت کرتا ہے

۳۱۔ اے نبی لوگوں سے کہہ دو کہ اگر تم حقیقت میں اللہ سے محبت رکھتے ہو، تو میری پیروی اختیار کرو، اللہ تم سے محبت کرے گا اور تمہاری خطاؤں سے درگزر کرے گا، وہ بڑا معاف کرنے والا اور رحیم ہے

۳۲۔ ان سے کہو کہ اللہ اور رسول کی اطاعت قبول کر لو، پھر اگر وہ منہ پھیر بیٹھیں تو یقین رکھو کہ اللہ (اس طرح) انکار کرنے والوں سے محبت نہیں کرتا

۳۳۔ اللہ نے آدمؑ، نوحؑ، آل ابراہیمؑ اور آل عمران کو تمام دنیا والوں سے (اپنی رسالت کے لئے) منتخب کیا تھا۔

۳۴۔ جو ایک دوسرے کی نسل سے پیدا ہوئے تھے اللہ سب کچھ سنتا اور جانتا ہے

۳۵۔ جب عمران کی عورت کہہ رہی تھی کہ اے میرے پروردگار میں اس (بچہ) کو جو میرے پیٹ میں ہے، تیری نذر کرتی ہوں، وہ تیرے ہی لئے وقف ہوگا۔ میری اس پیشکش کو قبول فرما، تو سننے اور جاننے والا ہے۔

۳۶۔ پھر جب وہ بچی اس کے ہاں پیدا ہوئی تو اس نے کہا مالک! میرے ہاں تو لڑکی پیدا ہو گئی ہے۔ حالانکہ جو کچھ اس نے جنا تھا، اللہ کو اس کی خبر تھی اور لڑکا لڑکی کی طرح نہیں ہوتا۔ میں نے اس کا نام مریم رکھ دیا ہے۔ اور میں اسے اور اس کی آئندہ نسل کو شیطان مردود کے فتنہ سے تیری پناہ میں دیتی ہوں

۳۷. آخر کار اس کے رب نے اس لڑکی کو بخوشی قبول کر لیا، اور اس کی بہت اچھی پرورش کی اور زکریاؑ کو اس کا سرپرست بنا دیا۔ زکریاؑ جب کبھی اس کے پاس محراب میں جاتے تو اس کے پاس کچھ نہ کچھ کھانے پینے کا سامان پاتے، وہ کہتے اے مریم! یہ تیرے پاس کہاں سے آیا؟ وہ جواب دیتی، یہ اللہ کی طرف سے آیا ہے، اللہ جسے چاہتا ہے بے حساب رزق دیتا ہے

۳۸. یہ حال دیکھ کر زکریاؑ نے اپنے رب کو پکارا کہا اے رب! اپنی قدرت سے مجھے نیک اولاد عطا کر۔ تو ہی دعا سننے والا ہے۔

۳۹. (جواب میں) فرشتوں نے آواز دی جب کہ وہ محراب میں کھڑے نماز پڑھ رہے تھے کہ اللہ تمہیں یحییٰ (بچے) کی خوشخبری دیتا ہے وہ اللہ کی طرف سے ایک فرمان کی تصدیق کرنے والا بن کر آئے گا اس میں سرداری اور بزرگی کی شان ہوگی۔ کمال درجہ کا ضابط ہوگا۔ نبوت سے سرفراز ہوگا اور صالحین میں شمار کیا جائے گا

۴۰. کہا اے میرے رب! میرے ہاں لڑکا کیسے ہوگا جب کہ میں بوڑھا ہو چکا ہوں اور میری بیوی بانجھ ہے۔ فرمایا (فرشتے نے) اسی طرح اللہ جو چاہے کرتا ہے

۴۱. کہا اے میرے رب! میرے لئے کوئی نشانی مقرر کر دے۔ فرمایا تیرے لئے نشانی یہ ہے کہ تین دن تک تو لوگوں سے بات نہ کرے گا مگر اشارے سے اپنے رب کو بہت یاد کر اور صبح و شام اس کی تسبیح کر

۴۲. اور (یاد کرو) جب (مریم سے) فرشتوں نے آکر کہا اے مریم! اللہ نے تجھے برگزیدہ کیا اور پاکیزگی عطا کی اور تمام دنیا کی عورتوں میں سے تجھ کو چن لیا

۴۳. اے مریم! اپنے رب کی تابع فرمان بن کر رہ اس کے آگے سر بسجود ہو اور جو بندے اس کے حضور جھکنے والے ہیں ان کے ساتھ تو بھی جھک جا

۴۴. (اے محمد صلی اللہ علیہ وآلہٖ وسلم) یہ غیب کی خبریں ہیں جو ہم آپ کو وحی کے ذریعہ سے بتا رہے ہیں، ورنہ تم اس وقت وہاں موجود نہ تھے جب (ہیکل کے خادم) یہ فیصلہ کرنے کے لئے کہ مریم کا سرپرست کون ہو، اپنے اپنے قلم پھینک رہے تھے اور نہ تم اس وقت حاضر تھے جب ان کے درمیان جھگڑا برپا تھا

۴۵. اور جب فرشتوں نے کہا: اے مریم! اللہ تجھے اپنے ایک کلمے کی خوشخبری دیتا ہے اس کا نام مسیح عیسیٰؑ ابن مریم ہوگا، دنیا و آخرت میں معزز ہوگا اور (اللہ کے) مقرب بندوں میں شمار کیا جائے گا

۴۶. لوگوں سے گہوارے میں بھی کلام کرے گا اور بڑی عمر کو پہنچ کر بھی۔ اور وہ ایک مرد صالح ہوگا۔

۴۷. (یہ سن کر) مریم نے کہا: اے رب! میرے ہاں بچہ کیسے ہوگا، حالانکہ مجھے تو کسی شخص نے ہاتھ تک نہیں لگایا؟ جواب ملا ایسا ہی ہوگا اللہ جو چاہتا ہے پیدا کرتا ہے وہ جب کسی کام کے کرنے کا فیصلہ فرماتا ہے تو بس کہتا ہے کہ ہو جا اور وہ ہو جاتا ہے

۴۸. اور اللہ اسے کتاب و حکمت کی تعلیم دے گا، تورات اور انجیل کا علم سکھائے گا

۴۹. اور بنی اسرائیل کی طرف اپنا رسول مقرر کرے گا۔ اور (جب وہ بنی اسرائیل کی طرف آئے تو اس نے کہا) میں تمہارے رب کی طرف سے نشانی لے کر آیا ہوں۔ میں (تمہارے سامنے) مٹی سے پرندے کی صورت کا ایک مجسمہ بناتا ہوں اور اس میں پھونک مارتا ہوں، وہ اللہ کے حکم سے پرندہ بن جاتا ہے۔ میں اللہ کے حکم سے مادرزاد اندھے اور کوڑھی کو اچھا کرتا ہوں اور مردے کو زندہ کرتا ہوں۔ میں تمہیں بتاتا ہوں کہ تم کیا کھاتے ہو اور کیا اپنے گھروں میں ذخیرہ کر کے رکھتے ہو، اس میں تمہارے لئے کافی نشانی ہے اگر تم ایمان لانے والے ہو

۵۰. اور اپنے سے پہلی کتاب تورات کو سچا بتاتا ہوں اور اس لئے کہ تم پر بعض وہ چیزیں حلال کر دوں گا جو تم پر حرام تھیں اور تمہارے پاس تمہارے رب کی نشانیاں لے کر آیا ہوں سو اللہ سے ڈرو اور میرا کہا مانو۔

۵۱. بیشک اللہ میرا اور تمہارا رب ہے سو اس کی بندگی کرو یہی سیدھی راہ ہے

۵۲. جب عیسیٰ نے محسوس کیا کہ بنی اسرائیل کفر و انکار پر آمادہ ہیں تو اس نے کہا کون اللہ کی راہ میں میرا مددگار ہوگا حواریوں نے جواب دیا ہم اللہ کے مددگار ہیں، ہم اللہ پر ایمان لائے۔ گواہ رہو کہ ہم مسلمان ہیں

۵۳.　　اے ہمارے مالک! جو فرمان تونے نازل کیا ہے ہم نے اسے مان لیا اور رسول کی پیروی قبول کی، ہمارا نام گواہی دینے والوں میں لکھ دے

۵۴.　　ان کافروں نے مکر کیا اور اللہ نے بھی تدبیر کی اور اللہ سب سے بڑھ کر تدبیر کرنے کرنے والا ہے

۵۵.　　جب اللہ نے کہا : اے عیسیٰ! میں تجھے واپس لے لوں گا اور تجھ کو اپنی طرف اٹھا لوں گا اور جنھوں نے تیرا انکار کیا ہے ان سے تجھے پاک کردوں گا اور تیری پیروی کرنے والوں کو قیامت تک ان لوگوں پر بالادست رکھوں گا جنھوں نے تیرا انکار کیا ہے، پھر تم سب کو آخر کار میرے پاس آنا ہے، اس وقت میں ان باتوں کا فیصلہ کردوں گا جن میں تمہارے درمیان اختلاف ہوتا رہا ہے

۵۶.　　جن لوگوں نے کفر کی روش اختیار کی ہے انہیں دنیا و آخرت میں سخت سزا دوں گا اور وہ کوئی مددگار نہ پائیں گے۔

۵۷.　　اور جنھوں نے ایمان اور نیک عملی کا رویہ اختیار کیا ہے انہیں ان کے اجر پورے پورے دے دیئے جائیں گے اور خوب جان لے کہ ظالموں سے اللہ ہرگز محبت نہیں کرتا

۵۸.　　یہ آیتیں (اور حقیقی بیان یعنی حکمت بھری نصیحتیں) ہم تجھے پڑھ کر سناتے ہیں

۵۹.　　بیشک عیسیٰؑ کی مثال اللہ کے نزدیک آدم کی سی ہے۔ اسے مٹی سے بنایا پھر اسے کہا ہو جا وہ ہو گیا

۶۰۔	حق تیرے رب کی طرف سے ہے پھر آپ شک وشبہ کرنے والوں میں نہ رہو

۶۱۔	یہ علم آجانے کے بعد اب اگر کوئی اس معاملہ میں تم سے جھگڑا کرے تو (اے محمدﷺ) اس سے کہو کہ آؤ ہم اور تم خود اور اپنے بیٹوں اور اپنی عورتوں کو بلالیں اور اللہ سے دعا کریں کہ جو جھوٹا ہو اس پر اللہ کی لعنت ہو۔

۶۲۔	یہ بالکل صحیح واقعات ہیں اور حقیقت یہ ہے کہ اللہ کے سوا کوئی عبادت کے لائق نہیں اور وہ اللہ ہی کی ہستی ہے۔ جس کی طاقت سب سے بالا اور جس کی حکمت نظام عالم میں کارفرما ہے

۶۳۔	پس اگر یہ لوگ منہ موڑیں (تو ان کا مفسد ہونا ظاہر ہو جائے گا) اور اللہ تو مفسدوں کے حال سے واقف ہی ہے

۶۴۔	کہہ دیجئے : اے اہل کتاب! آؤ ایک ایسی بات کی طرف جو ہمارے اور تمہارے درمیان یکساں ہے، یہ کہ ہم اللہ کے سوا کسی کی بندگی نہ کریں، اس کے ساتھ کسی کو شریک نہ ٹھہرائیں اور ہم میں سے کوئی اللہ کے سوا کسی کو اپنا رب نہ بنائے۔ اس دعوت سے اگر وہ منہ موڑیں تو صاف کہہ دو کہ گواہ رہو، ہم تو مسلمان ہیں

۶۵۔	اے اہل کتاب! تم ابراہیمؑ کے بارے میں ہم سے کیوں جھگڑا کرتے ہو؟ تورات اور انجیل تو حضرت ابراہیمؑ کے بعد ہی نازل ہوئی ہیں پھر کیا تم (اتنی سی) بات بھی نہیں سمجھتے۔

٦٦. خبردار! تم لوگ جن چیزوں کا علم رکھتے تھے ان میں تو خوب بحثیں کر چکے، اب ان (معاملات) میں کیوں بحث کرنے لگے ہو جن کا تمہارے پاس کچھ بھی علم نہیں، اللہ جانتا ہے اور تم نہیں جانتے۔

٦٧. ابراہیمؑ نہ یہودی تھے نہ عیسائی، بلکہ وہ تو ایک مسلم یکسو تھے اور وہ ہرگز مشرکوں میں سے نہ تھے۔

٦٨. ابراہیمؑ کے سب سے زیادہ قریب وہ لوگ ہیں جنہوں نے اس کی پیروی کی اور پھر یہ نبی اور اس کے ماننے والے (اس نسبت کے زیادہ حق دار ہیں) اللہ صرف انہی کا حامی و مددگار ہے جو ایمان رکھتے ہیں

٦٩. اہل کتاب میں سے ایک گروہ چاہتا ہے کہ کسی طرح تمہیں راہ سے ہٹا دے، حالانکہ وہ اپنے سوا کسی کو گمراہی میں نہیں ڈال رہے ہیں مگر انہیں اس کا شعور نہیں

٧٠. اے اہل کتاب! کیوں اللہ کی آیات کا انکار کرتے ہو؟ حالانکہ تم خود ان کا مشاہدہ کر رہے ہو۔

٧١. اے اہل کتاب کیوں حق کو باطل کا رنگ چڑھا کر مشتبہ بناتے ہو؟ کیوں حق کو جان بوجھ کر چھپاتے ہو؟

۷۲۔ اہل کتاب میں سے ایک گروہ کہتا ہے کہ اس نبی کے ماننے والوں پر جو کچھ نازل ہوا ہے۔ اس پر صبح ایمان لاؤ اور شام کو اس سے انکار کر دو، شاید اس ترکیب سے یہ لوگ اپنے ایمان سے پھر جائیں ؟

۷۳۔ یہ لوگ آپس میں کہتے ہیں کہ اپنے مذہب والے کے سوا کسی کی بات نہ مانو، (اے نبی ﷺ) ان سے کہہ دو! اصل ہدایت تو اللہ کی ہدایت ہے اور کہتے ہیں یا اس کی بات مانو جن کو وہی کچھ دے دیا جائے جو کبھی تم کو دیا گیا تھا یا یہ کہ دوسروں کو تمہارے رب کے حضور پیش کرنے کے لئے تمہارے خلاف قوی حجت مل جائے ۔ (اے نبی ﷺ) ان سے کہو کہ فضل تو اللہ کے اختیار میں ہے ، جسے چاہے عطا فرمائے وہ وسیع النظر، سب کچھ جانتا ہے

۷۴۔ اپنی رحمت کے لئے جس کو چاہتا ہے مخصوص کر لیتا ہے اور اللہ بہت فضل والا ہے

۷۵۔ اہل کتاب میں سے کوئی تو ایسا ہے کہ اگر تم اس کے اعتبار پر مال و دولت کا ایک ڈھیر بھی دے دو تو وہ تمہارا مال تمہیں ادا کر دے گا اور کسی کا حال یہ ہے کہ اگر تم ایک دینار کے معاملہ میں بھی اس پر بھروسہ کرو تو وہ ادا نہ کرے گا۔ سوائے اس کے کہ تم اس کے سر پر سوار ہو جاؤ (یہ ان کی اس اخلاقی حالت کا سبب) اس لیے ہے کہ وہ کہتے ہیں کہ امیوں (غیر یہودی) کے معاملہ میں ہم پر کوئی مواخذہ نہیں ہے اور یہ بات وہ محض جھوٹ گھڑ کر اللہ کی طرف منسوب کرتے ہیں، حالانکہ انہیں معلوم ہے کہ اللہ نے ایسی کوئی بات نہیں فرمائی۔

۷۶. ایسا ہر گز نہیں ہو گا بلکہ جو بھی اپنے عہد کو پورا کرے گا اور برائی سے بچ کر رہے گا، بیشک اللہ متقیوں کو پسند کرتا ہے

۷۷. رہے وہ لوگ جو اللہ کے عہد اور اپنی قسموں کو تھوڑی قیمت پر بیچ دیتے ہیں تو ان کے لئے آخرت میں کوئی حصہ نہیں، اللہ قیامت کے روز نہ ان سے بات کرے گا نہ ان کی طرف دیکھے گا اور نہ انہیں پاک کرے گا۔ بلکہ ان کے لئے تو سخت دردناک سزا ہے۔

۷۸. اور ان میں سے کچھ لوگ ایسے ہیں جو کتاب پڑھتے ہوئے (اس طرح) زبان کا الٹ پھیر کرتے ہیں تاکہ تم سمجھو (جو کچھ وہ پڑھ رہے ہیں) وہ کتاب ہی کی عبارت ہے حالانکہ وہ کتاب کی عبارت نہیں ہوتی، وہ کہتے ہیں کہ (جو کچھ ہم پڑھ رہے ہیں) یہ اللہ کی طرف سے ہے، حالانکہ وہ اللہ کی طرف سے نہیں ہوتا، وہ جان بوجھ کر جھوٹ بات اللہ کی طرف منسوب کر دیتے ہیں

۷۹. کسی انسان کا یہ کام نہیں ہے کہ اللہ تو اس کو کتاب، حکم اور نبوت عطا فرمائے اور وہ لوگوں سے کہے کہ اللہ کی بجائے تم میرے بندے بن جاؤ لیکن (وہ تو یہی کہے گا کہ) تم سچے رب والے بن جاؤ۔ (جیسا کہ اس کتاب کی تعلیم کا تقاضہ ہے) جب تم پڑھتے اور پڑھاتے ہو

۸۰. وہ تم سے ہر گز یہ نہ کہے گا کہ فرشتوں کو یا پیغمبروں کو اپنا رب بنا لو۔ کیا (یہ ممکن ہے کہ) ایک نبی تمہیں کفر کا حکم دے؟ جب کہ تم مسلم ہو

۸۱. اور جس وقت اللہ نے عہد لیا نبیوں سے کہ جو کچھ میں تمہیں کتاب اور حکمت سے دوں (اس پر عمل کرنا) پھر اگر کوئی (دوسرا) رسول تمہارے پاس اسی دین کی تصدیق کرتا ہوا آئے جو پہلے سے تمہارے پاس موجود ہے، تو تم کو اس پر ایمان لانا ہوگا اور اس کی مدد کرنا ہوگی (یہ ارشاد فرما کر) اللہ نے پوچھا: کیا تم اس کا اقرار کرتے ہو اور اس پر میری طرف سے عہد کی بھاری ذمہ داری اٹھاتے ہو؟ انہوں نے کہا ہاں، ہم اقرار کرتے ہیں۔ اللہ نے فرمایا اچھا تو گواہ رہو اور میں بھی تمہارے ساتھ گواہ ہوں

۸۲. اس کے بعد جو (اپنے عہد سے) پھر جائے وہی فاسق ہے

۸۳. اب کیا یہ لوگ اللہ (کی اطاعت) کا طریقہ چھوڑ کر کوئی اور طریقہ چاہتے ہیں؟ حالانکہ آسمان و زمین کی ساری چیزیں چار و ناچار اللہ ہی کی تابع فرمان ہیں اور اسی کی طرف سب کو پلٹنا ہے

۸۴. (اے نبی ﷺ) کہو کہ ہم اللہ کو مانتے ہیں، اس تعلیم کو مانتے ہیں جو ہم پر نازل کی گئی ہے، ان تعلیمات کو بھی مانتے ہیں جو ابراہیمؑ، اسماعیلؑ، اسحٰقؑ، یعقوبؑ اور اولاد یعقوبؑ پر نازل ہوئی تھیں، اور (ان ہدایات پر بھی) ایمان رکھتے ہیں جو موسیٰؑ اور عیسیٰؑ اور دوسرے پیغمبروں کو ان کے رب کی طرف سے دی گئیں، ہم ان کے درمیان فرق نہیں کرتے اور ہم اللہ کے تابع فرمان ہیں

۸۵. اس فرمانبرداری کے سوا جو شخص کوئی اور طریقہ اختیار کرنا چاہے اس کا وہ طریقہ ہرگز قبول نہ کیا جائے گا اور آخرت میں وہ ناکام و نامراد رہے گا

۸۶. کیسے ہو سکتا ہے کہ اللہ ان لوگوں کو ہدایت بخشے جنہوں نے نعمت ایمان پا لینے کے بعد پھر کفر اختیار کیا۔ حالانکہ وہ خود اس بات پر گواہی دے چکے ہیں کہ یہ رسول حق پر ہے اور ان کے پاس روشن نشانیاں بھی آ چکی ہیں اللہ ظالموں کو ہدایت نہیں دیا کرتا۔

۸۷. ان کے ظلم کا ٹھیک بدلہ یہی ہے کہ ان پر اللہ، فرشتوں اور انسانوں کی لعنت ہے

۸۸. اسی حالت میں وہ ہمیشہ رہیں گے نہ ان کی سزا میں کمی ہوگی اور نہ انہیں مہلت دی جائے گی

۸۹. سوائے ان لوگوں کے جو اس کے بعد توبہ کر کے اپنے طرز عمل کی اصلاح کر لیں اللہ بخشنے والا، رحم فرمانے والا ہے

۹۰. مگر جن لوگوں نے ایمان لانے کے بعد کفر اختیار کیا، پھر اپنے کفر میں بڑھتے چلے گئے ان کی توبہ بھی قبول نہ ہوگی، ایسے لوگ تو پکے گمراہ ہیں۔

۹۱. یقین رکھو جن لوگوں نے کفر اختیار کیا اور کفر ہی کی حالت میں جان دی ان میں سے کوئی اگر اپنے آپ کو سزا سے بچانے کیلئے زمین بھر سونا بھی فدیہ میں دے تو قبول نہ ہوگا ایسے لوگوں کے لیے دردناک سزا تیار ہے او وہ اپنا کوئی مددگار نہ پائیں گے

۹۲. تم نیکی کو نہیں پہنچ سکتے جب تک کہ تم وہ چیزیں (اللہ کی راہ میں) خرچ نہ کرو جنہیں تم عزیز رکھتے ہو اور جو کچھ تم خرچ کرو گے اللہ اس سے بیخبر نہ ہوگا۔

۹۳. کھانے کی یہ ساری چیزیں (جو شریعت محمدی ﷺ میں حلال ہیں) بنی اسرائیل کے لیے بھی حلال تھیں، البتہ بعض چیزیں ایسی تھیں جنہیں تورات کے نازل کیے جانے سے پہلے اسرائیل نے خود اپنے اوپر حرام کرلیا تھا۔ ان سے کہو، اگر تم سچے ہو تو لاؤ تورات پیش کرو اس کی کوئی عبارت پڑھو

۹۴. اس کے بعد بھی جو لوگ اپنی جھوٹی گھڑی ہوئی باتیں اللہ کی طرف منسوب کرتے رہیں وہی در حقیقت ظالم ہیں۔

۹۵. کہو اللہ نے جو کچھ فرمایا ہے سچ فرمایا ہے تم کو یکسو ہو کر ابراہیمؑ کے طریقے کی پیروی کرنی چاہیے اور ابراہیمؑ شرک کرنے والوں میں سے نہ تھے

۹۶. بیشک سب سے پہلا گھر جو لوگوں کے لیے بنایا گیا وہ ہے جو مکہ میں ہے۔ (سب کے لیے) برکت والا اور سب جہان والوں کے لیے مرکز ہدایت بنایا گیا۔

۹۷. اس میں کھلی نشانیاں ہیں، ابراہیمؑ کا مقام عبادت ہے اور اس کا حال یہ ہے کہ جو اس میں داخل ہوا، امن میں آگیا۔ لوگوں پر اللہ کا یہ حق ہے کہ جو اس تک پہنچنے کی استطاعت رکھتا ہو وہ اس کا حج کرے اور جو کوئی اس حکم (کی پیروی) سے انکار کرے تو اسے معلوم ہونا چاہیے کہ اللہ تمام دنیا والوں سے بے نیاز ہے

۹۸. کہو اے اہل کتاب! تم کیوں اللہ کی باتیں ماننے سے انکار کرتے ہو؟ جو حرکتیں تم کر رہے ہو اللہ اس پر گواہ ہے۔

۹۹. کہو اے اہل کتاب! یہ تمہاری کیا روش ہے؟ کہ جو اللہ کی بات مانتا ہے اسے بھی تم اللہ کے راستے سے روکتے ہو اور چاہتے ہو کہ وہ ٹیڑھی راہ چلے، حالانکہ تم خود گواہ ہو۔ تمہاری حرکتوں سے اللہ غافل نہیں

۱۰۰. اے لوگو! جو ایمان لائے ہو، اگر تم نے اہل کتاب میں سے ایک گروہ کی بات مانی تو یہ تمہیں تمہارے ایمان سے پھر (دوبارہ) کفر کی طرف پھیر لے جائیں گے

۱۰۱. تمہارے لیے کفر کی طرف جانے کا اب کیسا موقع باقی ہے جب کہ تمہیں اللہ کی آیات سنائی جا رہی ہیں اور تمہارے درمیان اس کا رسول موجود ہے؟ جو اللہ کا دامن مضبوطی سے تھامے گا (اللہ کی طرف سے) اسے سیدھے راستے کی طرف ہدایت دی جائے گی

۱۰۲. اے لوگو! جو ایمان لائے ہو، اللہ سے ڈرو جیسا کہ اس سے ڈرنے کا حق ہے۔ تم کو موت نہ آئے مگر اس حال میں کہ تم مسلم ہو

۱۰۳. سب مل کر اللہ کی رسی کو مضبوطی سے تھام لو اور تفرقہ میں نہ پڑو۔ اللہ کے اس احسان کو یاد رکھو جو اس نے تم پر کیا ہے۔ تم ایک دوسرے کے دشمن تھے اس نے تمہارے دل جوڑ دیئے اور اس کے فضل و کرم سے تم بھائی بھائی بن گئے۔ تم آگ کے ایک گڑھے کے کنارے پر کھڑے تھے، اللہ نے تمہیں اس سے بچا لیا۔ اس طرح اللہ اپنی نشانیاں تمہارے سامنے بیان کرتا ہے۔ تاکہ تم ہدایت پا سکو

۱۰۴. تم میں کچھ لوگ تو ایسے ضرور ہونے چاہئیں جو نیکی کی طرف بلائیں، بھلائی کا حکم دیں اور برائی سے روکتے رہیں (جو لوگ یہ کام کریں گے) وہی فلاح پائیں گے

۱۰۵. کہیں تم ان لوگوں کی طرح نہ ہو جانا جو فرقوں میں بٹ گئے اور کھلی کھلی واضح ہدایات پانے کے بعد پھر اختلافات میں مبتلا ہوئے (جنھوں نے یہ روش اختیار کی) ان کے لیے بہت بڑا عذاب ہے

۱۰۶. جس دن کچھ چہرے سفید ہوں گے اور کچھ لوگوں کا منہ کالا ہوگا، جن کا منہ کالا ہوگا (ان سے کہا جائے گا) نعمت ایمان پانے کے بعد بھی تم نے کافرانہ رویہ اختیار کیا؟ اچھا تو اب اس کفران نعمت کے بدلہ میں عذاب کا مزہ چکھو

۱۰۷. رہے وہ لوگ جن کے چہرے روشن ہوں گے تو ان کو اللہ کے دامن رحمت میں جگہ ملے گی اور ہمیشہ وہ اسی حالت میں رہیں گے

۱۰۸. یہ اللہ کے ارشادات ہیں جو ہم تمہیں ٹھیک ٹھیک سنا رہے ہیں۔ کیونکہ اللہ دنیا والوں پر ظلم کرنے کا کوئی ارادہ نہیں رکھتا

۱۰۹. زمین و آسمان کی ساری چیزوں کا مالک اللہ ہے اور سارے معاملات اللہ ہی کے حضور پیش ہوتے ہیں

۱۱۰. (اب دنیا میں) وہ بہترین گروہ تم ہو جسے انسانوں (کی ہدایت اور اصلاح) کے لیے (میدان میں) لایا گیا ہے۔ تم نیکی کا حکم دیتے ہو اور برائی سے روکتے ہو اور اللہ پر ایمان

رکھتے ہو۔ یہ اہل کتاب ایمان لاتے تو انھی کے حق میں بہتر تھا اگرچہ ان میں سے کچھ لوگ ایمان دار بھی پائے جاتے ہیں۔ مگران کے اکثر افراد نافرمان ہیں۔

۱۱۱. یہ تمہارا کچھ بگاڑ نہیں سکتے، زیادہ سے زیادہ بس کچھ ستا سکتے ہیں۔ اگر یہ تم سے لڑیں گے تو مقابلہ میں پیٹھ دکھائیں گے (پھر ایسے بے بس ہوں گے کہ کہیں سے) ان کو مدد نہ ملے گی

۱۱۲. یہ جہاں بھی پائے گئے ہیں ان پر ذلت کی مار ہی پڑی، کہیں اللہ کے ذمہ یا انسانوں کے ذمہ میں پناہ مل گئی تو یہ اور بات ہے۔ یہ اللہ کے غضب میں گھر چکے ہیں، ان پر محتاجی مسلط کر دی گئی ہے اور یہ سب کچھ صرف اس وجہ سے ہوا ہے کہ یہ اللہ کی آیات سے کفر کرتے رہے اور انھوں نے پیغمبروں کو ناحق قتل کیا یہ ان کی نافرمانیوں اور زیادتیوں کا انجام ہے

۱۱۳. مگر سارے اہل کتاب یکساں نہیں ہیں۔ ان میں کچھ لوگ ایسے بھی ہیں جو راہ راست پر قائم ہیں، راتوں کو اللہ کی آیات پڑھتے ہیں اور اس کے آگے سجدے کرتے ہیں۔

۱۱۴. اللہ اور روز آخرت پر ایمان رکھتے ہیں، نیکی کا حکم دیتے ہیں، برائیوں سے روکتے ہیں اور بھلائی کے کاموں میں سرگرم رہتے ہیں۔ یہ صالحؒ لوگ ہیں

۱۱۵. اور جو نیکی بھی یہ کریں گے اس کی ناقدری نہ کی جائے گی اللہ پرہیزگار لوگوں کو خوب جانتا ہے

۱۱۶. رہے وہ لوگ جنھوں نے کفر کا رویہ اختیار کیا تو اللہ کے سامنے ان کو نہ ان کا مال کچھ کام دے گا نہ اولاد۔ وہ تو آگ میں جانے والے لوگ ہیں اور آگ ہی میں ہمیشہ رہیں گے

۱۱۷. جو کچھ وہ اپنی اس دنیا کی زندگی میں خرچ کر رہے ہیں۔ اس کی مثال اس ہوا کی سی ہے جس میں پالا ہو اور وہ ان لوگوں کی کھیتی پر چلے جنھوں نے اپنے اوپر ظلم کیا ہے اور اسے برباد کر کے رکھ دے۔ اللہ نے ان پر ظلم نہیں کیا بلکہ یہ خود اپنے اوپر ظلم کر رہے ہیں

۱۱۸. اے لوگو! جو ایمان لائے ہو، اپنی جماعت کے لوگوں کے سوا دوسروں کو اپنا راز دار نہ بناؤ۔ وہ تمہاری خرابی کے کسی موقعہ سے فائدہ اٹھانے سے نہیں چوکتے، تمہیں جس چیز سے نقصان پہنچے وہی ان کو محبوب ہے۔ ان کے دل کا بغض ان کے منہ سے ظاہر ہو چکا ہے اور جو کچھ وہ اپنے سینوں میں چھپائے ہوئے ہیں وہ اس سے شدید تر ہے۔ ہم نے تمہیں صاف صاف ہدایات دے دی ہیں اگر تم عقل رکھتے ہو

۱۱۹. تم ان سے محبت رکھتے ہو مگر وہ تم سے محبت نہیں رکھتے، حالانکہ تم تمام کتب آسمانی کو مانتے ہو جب وہ تم سے ملتے ہیں تو کہتے ہیں کہ ہم نے بھی مان لیا ہے مگر جب جدا ہوتے ہیں تو تمہارے خلاف ان کے غیض و غضب کا یہ حال ہوتا ہے کہ اپنی انگلیاں چبانے لگتے ہیں۔ ان سے کہہ دو اپنے غصہ میں آپ جل مرو، اللہ دلوں کے چھپے ہوئے راز تک جانتا ہے

۱۲۰. تمہارا بھلا ہوتا ہے تو ان کو برا معلوم ہوتا ہے اور تم پر کوئی مصیبت آتی ہے تو وہ خوش ہوتے ہیں مگر ان کی کوئی تدبیر تمہارے لیے نقصان دہ نہیں ہو سکتی بشرطیکہ تم صبر سے کام لو اور اللہ سے ڈرتے رہو۔ جو کچھ یہ کر رہے ہیں اللہ اس پر حاوی ہے

۱۲۱. اے پیغمبر (مسلمانوں کے سامنے اس موقع کا ذکر کرو) جب تم صبح سویرے اپنے گھر سے نکلے تھے اور (احد کے میدان میں) مسلمانوں کو جنگ کے لیے جا بجا مامور کر رہے تھے۔ اللہ ساری باتیں سنتا ہے اور وہ نہایت باخبر ہے۔

۱۲۲. یاد کرو) جب تم میں سے دو گروہ بزدلی دکھانے پر آمادہ ہو گئے تھے، حالانکہ اللہ ان کی مدد پر موجود تھا اور مومنوں کو اللہ ہی پر بھروسہ رکھنا چاہیے

۱۲۳. آخر اس سے پہلے جنگ بدر میں اللہ تمہاری مدد کر چکا ہے، حالانکہ اس وقت تم بہت کمزور تھے، لہٰذا تم کو چاہیے کہ اللہ کی ناشکری سے بچو، امید ہے کہ اب تم شکر گزار بنو گے

۱۲۴. یاد کرو جب تم مومنوں سے کہہ رہے تھے کیا تمہارے لیے یہ بات کافی نہیں کہ اللہ تین ہزار فرشتے اتار کر تمہاری مدد کرے؟

۱۲۵. بیشک اگر تم صبر کرو اور اللہ سے ڈرتے رہو تو جس آن دشمن تمہارے اوپر چڑھ آئیں گے اسی آن تمہارا رب پانچ ہزار صاحب نشان فرشتوں سے تمہاری مدد کرے گا

۱۲۶۔ یہ بات اللہ نے تمہیں اس لیے بتا دی ہے کہ تم خوش ہو جاؤ اور تمہارے دل مطمئن ہو جائیں فتح و نصرت جو کچھ بھی ہے اللہ کی طرف سے ہے جو بڑی قوت والا دانا اور بینا ہے۔

۱۲۷۔ اور یہ مدد وہ تمہیں اس لیے دے گا) تاکہ کفر کی راہ چلنے والوں کا ایک بازو کاٹ دے، یا ان کو ایسی ذلیل شکست دے کہ وہ نامرادی کے ساتھ پسپا ہو جائیں

۱۲۸۔ (اے پیغمبر ﷺ) فیصلہ کے اختیارات میں تمہارا کوئی حصہ نہیں، اللہ کو اختیار ہے چاہے انہیں معاف کرے، چاہے سزا دے، کیونکہ وہ ظالم ہیں۔

۱۲۹۔ زمین و آسمان میں جو کچھ ہے اللہ کے لیے ہے، جس کو چاہے بخش دے اور جس کو چاہے عذاب دے، وہ معاف کرنے والا، رحم والا ہے

۱۳۰۔ اے ایمان والو! یہ بڑھتا اور چڑھتا سود کھانا چھوڑ دو اور اللہ سے ڈرو، تاکہ تم فلاح پاؤ۔

۱۳۱۔ اس آگ سے بچو جو کافروں کے لیے تیار کی گئی ہے

۱۳۲۔ اور اللہ کی اور رسول کی اطاعت کرو تاکہ تم پر رحم کیا جائے گا

۱۳۳۔ دوڑ کر چلو (اس راہ پر) جو تمہارے رب کی بخشش اور جنت کی طرف جاتی ہے جس کی وسعت زمین اور آسمانوں جیسی ہے جو پرہیزگاروں کے لیے تیار کی گئی ہے

۱۳۴ .	وہ (ان لوگوں کے لیے بنائی گئی ہے) جو ہر حال میں اپنے مال خرچ کرتے ہیں، خواہ بدحال ہوں یا خوش حال، جو غصہ کو پی جاتے ہیں اور دوسروں کے قصور معاف کر دیتے ہیں، ایسے نیک لوگ اللہ کو بہت پسند ہیں۔

۱۳۵ .	اور جن کا حال یہ ہے کہ) اگر کبھی کوئی فحش کام ان سے سرزد ہو جاتا ہے یا کسی گناہ کا ارتکاب کر کے وہ اپنے اوپر ظلم کر بیٹھتے ہیں تو معاً انہیں یاد آ جاتا ہے اور اللہ سے وہ اپنے قصوروں کی معافی مانگتے ہیں، کیونکہ اللہ کے سوا اور کون ہے جو گناہ معاف کر سکتا ہے اور وہ دیدہ دانستہ اپنے کیئے پر اصرار نہیں کرتے۔

۱۳۶ .	ایسے لوگوں کی جزا ان کے رب کے پاس یہ ہے کہ وہ ان کو معاف کر دے گا اور ایسے باغوں میں انہیں داخل کرے گا جن کے نیچے نہریں بہتی ہوں گی اور وہاں وہ ہمیشہ رہیں گے۔ کیسا اچھا بدلہ ہے نیک عمل کرنے والوں کے لئے

۱۳۷ .	تم سے پہلے بہت سے دور گزر چکے ہیں، زمین میں چل پھر کر دیکھ لو کہ ان لوگوں کا کیا انجام ہوا؟ جنھوں نے اللہ کو جھٹلایا

۱۳۸ .	یہ لوگوں کے لیے صاف تنبیہ ہے اور جو اللہ سے ڈرتے ہیں ان کے لیے ہدایت اور نصیحت ہے

۱۳۹ .	دل شکستہ نہ ہو، غم نہ کرو، تم ہی غالب رہو گے اگر تم مومن ہو

۱۴۰.	اس وقت اگر تمہیں زخم لگے ہیں تو اس سے پہلے ایسے ہی زخم تمہارے مخالف فریق کو بھی لگ چکے ہیں یہ تو زمانے کے نشیب و فراز ہیں جنہیں ہم لوگوں کے درمیان گردش دیتے رہتے ہیں تم پر یہ وقت اس لیے لایا گیا کہ اللہ دیکھنا چاہتا تھا کہ تم میں سچے مومن کون ہیں؟ اور تم میں سے کچھ لوگوں کو درجہ شہادت دینا چاہتا تھا، کیونکہ ظالم لوگ اللہ کو پسند نہیں ہیں

۱۴۱.	اور وہ اس آزمائش کے ذریعے سے مومنوں کو الگ چھانٹ کر کافروں کی سرکوبی کر دینا چاہتا تھا

۱۴۲.	کیا تم نے یہ سمجھ رکھا ہے کہ یونہی جنت میں چلے جاؤ گے، حالانکہ اللہ نے ابھی یہ تو دیکھا ہی نہیں کہ تم میں کون وہ لوگ ہیں جو اس کی راہ میں جہاد کرنے والے اور (اس کی خاطر) صبر کرنے والے ہیں

۱۴۳.	تم تو موت کی تمنائیں کر رہے تھے مگر یہ اس وقت کی بات تھی جب موت سامنے نہ آئی تھی لو، اب وہ تمہارے سامنے آگئی اور تم نے اسے آنکھوں سے دیکھ لیا

۱۴۴.	محمد ﷺ اس کے سوا کچھ نہیں کہ بس ایک رسول ہیں، ان سے پہلے اور رسول بھی گزر چکے ہیں، پھر کیا اگر وہ مر جائیں یا قتل کر دیئے جائیں تو تم لوگ الٹے پاؤں پھر جاؤ گے؟ یاد رکھو جو الٹا پھرے گا وہ اللہ کا کچھ نقصان نہ کرے گا، البتہ جو اللہ کے شکر گزار بندے بن کر رہیں گے انہیں وہ اس کی جزا دے گا

۱۴۵۔ کوئی ذی روح اللہ کے اذن کے بغیر نہیں مر سکتا۔ موت کا وقت تو لکھا ہوا ہے جو شخص ثواب دنیا کے لیے کام کرے گا اس کو ہم دنیا ہی میں سے دیں گے اور جو ثواب آخرت کے ارادہ سے کام کرے گا ہم اس کو آخرت میں اجر دیں گے اور شکر کرنے والوں کو ہم ان کی جزا ضرور عطا کریں گے

۱۴۶۔ اس سے پہلے کتنے ہی نبی ایسے گزر چکے ہیں جن کے ساتھ مل کر بہت سے اللہ والوں نے جہاد کیا۔ اللہ کی راہ میں جو مصیبتیں ان پر پڑیں ان سے وہ دل شکستہ نہیں ہوئے، انہوں نے کمزوری نہیں دکھائی، وہ سرنگوں نہیں ہوئے۔ ایسے ہی صابروں کو اللہ رب العزت پسند کرتا ہے

۱۴۷۔ ان کی دعا بس یہ تھی کہ اے ہمارے رب! ہماری غلطیوں اور کوتاہیوں سے در گزر فرما، ہمارے کام میں تیرے حدود سے جو کچھ تجاوز ہو گیا اسے معاف کر دے، ہمارے قدم جما دے اور کافروں کے مقابلہ میں ہماری مدد کر

۱۴۸۔ آخر کار اللہ نے ان کو دنیا کا ثواب بھی دیا اور اس سے بہتر ثواب آخرت میں بھی عطا کیا۔ اللہ کو ایسے ہی نیک عمل لوگ پسند ہیں

۱۴۹۔ اے لوگو! جو ایمان لائے ہو، اگر تم ان لوگوں کی بات مانو گے جنہوں نے کفر کی راہ اختیار کی تو وہ تم کو الٹا پھیر لے جائیں گے اور تم نقصان اٹھانے والوں میں سے ہو جاؤ گے

۱۵۰۔ حقیقت یہ ہے کہ اللہ تمہارا حامی و مددگار ہے اور وہ بہترین مدد کرنے والا ہے

۱۵۱. عنقریب وہ وقت آنے والا ہے جب ہم منکرین حق کے دلوں میں رعب بٹھا دیں گے، اس لیے کہ انہوں نے اللہ کے ساتھ ان کو شریک ٹھہرایا ہے جن کے شریک ہونے پر اللہ نے کوئی سند نازل نہیں کی۔ ان کا آخری ٹھکانہ جہنم ہے اور بہت ہی بری ہے وہ قیام گاہ جو ان ظالموں کو نصیب ہوگی

۱۵۲. اللہ نے (تائید و نصرت) کا جو وعدہ تم سے کیا تھا وہ تو اس نے پورا کر دیا۔ جب (ابتدا میں) اس کے حکم سے ہی تم ان کو قتل کر رہے تھے۔ مگر جب تم نے کمزوری دکھائی اور اپنے کام میں باہم اختلاف کیا اور جونہی وہ چیز اللہ نے تمہیں دکھائی جس کی محبت میں تم گرفتار تھے (مال غنیمت) تم (اپنے امیر کے حکم کی) خلاف ورزی کر بیٹھے، اس لیے کہ تم میں سے کچھ لوگ دنیا کے طالب تھے اور کچھ آخرت کی خواہش رکھتے تھے، تب اللہ نے تمہیں کافروں کے مقابلہ میں پسپا کر دیا، تاکہ تمہاری آزمائش کرے اور حق یہ ہے کہ اللہ نے پھر بھی تمہیں معاف ہی کر دیا، کیونکہ مومنوں پر اللہ بڑے فضل والا ہے

۱۵۳. یاد کرو جب تم بھاگے چلے جا رہے تھے، کسی کی طرف پلٹ کر دیکھنے تک کا ہوش تمہیں نہ تھا اور رسول ﷺ تمہارے پیچھے سے تمہیں بلا رہے تھے اس وقت (تمہاری اس روش کا بدلہ اللہ نے تمہیں یہ دیا) کہ تم کو رنج پر رنج دیئے تاکہ آئندہ کے لیے تمہیں یہ سبق ملے کہ جو کچھ تمہارے ہاتھ سے جائے یا جو مصیبت تم پر نازل ہو اس پر تم غمزدہ نہ ہو۔ اللہ تمہارے سب اعمال سے باخبر ہے

۱۵۴۔ اس غم کے بعد پھر اللہ نے تم میں سے کچھ لوگوں پر ایسی اطمینان کی سی حالت والی اونگھ طاری کردی۔ مگر ایک دوسرا گروہ جس کے لیے ساری اہمیت بس اپنی جان ہی کی تھی، اللہ کے متعلق طرح طرح کے جاہلانہ گمان کرنے لگا جو سراسر خلاف حق تھے۔ یہ لوگ اب کہتے ہیں کہ اس کام کے چلانے میں ہمارا بھی کوئی حصہ ہے۔ ان سے کہو (کسی کا کوئی حصہ نہیں) اس کام کے سارے اختیارات اللہ کے ہاتھ میں ہیں (دراصل) یہ لوگ اپنے دلوں میں جو بات چھپائے ہوئے ہیں اسے تم پر ظاہر نہیں کرتے کہ اگر (قیادت کے) اختیارات میں ہمارا کچھ حصہ ہوتا تو یہاں ہم نہ مارے جاتے، (ان سے) کہہ دو کہ اگر تم اپنے گھروں میں بھی ہوتے تو جن لوگوں کی موت لکھی ہوئی تھی وہ خود اپنی قتل گاہوں کی طرف نکل آتے۔ اور یہ معاملہ جو پیش آیا یہ تو اس لیے تھا کہ جو کچھ تمہارے سینوں میں پوشیدہ ہے اللہ اسے آزمالے اور جو کھوٹ تمہارے دلوں میں ہے اسے چھانٹ دے، اللہ دلوں کا حال خوب جانتا ہے

۱۵۵۔ تم میں سے جو لوگ مقابلہ سے پیٹھ پھیر گئے تھے ان کی اس لغزش کا سبب یہ تھا کہ ان کی بعض کمزوریوں کی وجہ سے شیطان نے ان کے قدم ڈگمگا دیئے تھے۔ اللہ نے انہیں معاف کردیا، اللہ بہت درگزر کرنے والا اور بردبار ہے

۱۵۶۔ اے ایمان والو! کافروں کی طرح نہ ہو جانا جن کے عزیز و اقارب اگر کبھی سفر پر جاتے ہیں یا جنگ میں شریک ہوتے ہیں (اور وہاں کسی حادثہ سے دو چار ہو جاتے ہیں) تو وہ کہتے ہیں کہ اگر وہ ہمارے پاس ہوتے تو نہ مارے جاتے اور نہ قتل ہوتے۔ اللہ تعالیٰ اس

قسم کی باتوں کو ان کے دلوں میں حسرت واندوہ کا سبب بنا دیتا ہے ، ورنہ دراصل مارنے اور جلانے والا تو اللہ ہی ہے ۔ اور جو تم عمل کرررہے ہو اللہ انہیں خوب دیکھتا ہے

۱۵۷ .	اگر تم اللہ کی راہ میں مارے جاؤ یا خود مر جاؤ تو اللہ کی جو رحمت اور بخشش تمہارے حصہ میں آئے گی وہ ان ساری چیزوں سے زیادہ بہتر ہے جنہیں یہ لوگ جمع کرتے ہیں

۱۵۸ .	اور خواہ تم مرو یا مارے جاؤ بہر حال تم سب کو پلٹ کر جانا اللہ ہی کی طرف ہے

۱۵۹ .	اے پیغمبر صلی اللہ علیہ وآلہ وسلم ! یہ اللہ کی بڑی رحمت ہے کہ آپ ان لوگوں کے لیے بڑے نرم مزاج واقع ہوئے ہیں ، ورنہ اگر آپ تند خو ہوتے تو یہ سب آپ کے پاس سے دور ہو جاتے ۔ ان کے قصور معاف کردیں اور ان کے لیے مغفرت کی دعا کریں اور کاموں میں ان سے مشورہ کریں پھر جب آپ کسی کام کا پکا ارادہ کرلیں تو پھر اللہ پر بھروسہ رکھیں ۔ اللہ کو وہ لوگ پسند ہیں جو اس کے بھروسہ پر کام کرتے ہیں

۱۶۰ .	اگر اللہ تمہاری مدد پر ہو تو کوئی طاقت تم پر غالب آنے والی نہیں اور وہ تمہیں چھوڑ دے تو اس کے بعد کون ہے جو تمہاری مدد کرے ؟ پس جو سچے مومن ہیں ان کو اللہ ہی پر بھروسہ رکھنا چاہیئے

۱۶۱ .	کسی نبی کا یہ کام نہیں ہو سکتا کہ وہ خیانت کر جائے ۔ جو کوئی خیانت کرے تو وہ اپنی خیانت سمیت قیامت کے روز حاضر ہو گا ، پھر ہر شخص کو اس کی کمائی کا پورا پورا بدلہ مل جائے گا اور کسی پر کچھ ظلم نہ ہو گا

۱۶۲۔ بھلا یہ کیسے ہو سکتا ہے کہ جو شخص ہمیشہ اللہ کی رضا پر چلنے والا ہو وہ اس شخص جیسے کام کرے جو اللہ کے غضب میں گھر گیا ہو اور جس کا آخری ٹھکانہ جہنم ہو جو بد ترین ٹھکانہ ہے

۱۶۳۔ اللہ کے نزدیک ان کے مختلف درجات ہیں اور اللہ سب کے اعمال پر نظر رکھتا ہے۔

۱۶۴۔ درحقیقت تو اہل ایمان پر اللہ تعالیٰ نے یہ بہت بڑا احسان کیا ہے کہ ان کے درمیان خود انہی میں سے ایک ایسا پیغمبر مبعوث کیا جو اس کی آیات انہیں پڑھ پڑھ کر سناتا ہے اور ان کو کتاب اور دانائی کی تعلیم دیتا ہے بیشک اس سے پہلے یہ لوگ صریح گمراہی میں پڑے ہوئے تھے

۱۶۵۔ اور یہ تمہارا کیا حال ہے؟ کہ جب تم پر مصیبت آ پڑی تو تم کہنے لگے یہ کہاں سے آئی، حالانکہ (جنگ بدر میں) اس سے دگنی مصیبت تمہارے ہاتھوں (دشمن پر) پڑ چکی ہے۔ (اے نبی ﷺ) ان سے کہو، یہ مصیبت تمہاری اپنی لائی ہوئی ہے، بیشک اللہ ہر چیز پر قادر ہے

۱۶۶۔ جو نقصان لڑائی کے دن تمہیں پہنچا وہ اللہ کی اجازت سے تھا اور اس لیے تھا کہ اللہ دیکھ لے (تم میں سے) مومن کون ہے؟

۱۶۷۔ اور منافقوں کو بھی (وہ منافق) کہ جب ان سے کہا گیا کہ آؤ اللہ کی راہ میں جنگ کرو یا کم از کم (اپنے شہر کی) حفاظت ہی کرو تو کہنے لگے اگر ہمیں علم ہوتا کہ آج جنگ ہوگی تو ہم

ضرور تمہارے ساتھ چلتے۔ یہ بات جب وہ کہہ رہے تھے اس وقت وہ ایمان کی بہ نسبت کفر سے زیادہ قریب تھے۔ وہ اپنی زبانوں سے وہ باتیں کہتے ہیں جو ان کے دلوں میں نہیں ہوتیں اور جو کچھ وہ دلوں میں چھپاتے ہیں اللہ اسے خوب جانتا ہے

۱۶۸۔ یہ وہی لوگ ہیں جو خود تو بیٹھے رہے اور ان کے جو بھائی بند (لڑنے گئے اور مارے گئے) ان کے متعلق انہوں نے کہہ دیا کہ اگر وہ ہماری بات مان لیتے تو نہ مارے جاتے۔ ان سے کہو اگر تم اپنے قول میں سچے ہو تو خود تمہاری موت (جب آئے) تو اسے ٹال کر دکھا دینا

۱۶۹۔ جو لوگ اللہ کی راہ میں قتل ہوئے انہیں مردہ نہ سمجھو، وہ تو حقیقت میں زندہ ہیں، اپنے رب کے پاس رزق پا رہے ہیں

۱۷۰۔ جو کچھ اللہ نے اپنے فضل سے انہیں دیا ہے اس پر خوش و خرم ہیں اور مطمئن کہ جو اہل ایمان ان کے پیچھے دنیا میں رہ گئے ہیں اور ابھی وہاں نہیں پہنچے ہیں ان پر نہ کوئی خوف ہو گا اور نہ وہ غمزدہ ہوں گے۔

۱۷۱۔ وہ اللہ کے انعام اور اس کے فضل پر شاداں و فرحاں ہیں اور ان کو معلوم ہو چکا ہے کہ اللہ مومنوں کے اجر کو ضائع نہیں کرتا

۱۷۲۔ جن لوگوں نے اللہ اور رسول کا حکم مانا اس کے بعد کہ انہیں زخم پہنچ چکے تھے جو ان میں سے نیک اور پرہیزگار ہیں ان کے لیے بڑا ثواب ہے

۱۷۳.   اور وہ جن لوگوں نے کہا کہ تمہارے خلاف بڑی فوجیں جمع ہوئی ہیں، تم ان سے ڈرو، تو یہ سن کر ان کا ایمان اور بڑھ گیا اور انہوں نے جواب دیا ہمارے لیے اللہ کافی ہے اور وہی بہترین کارساز ہے

۱۷۴.   تو وہ اللہ کی طرف سے عظیم نعمت اور فضل کے ساتھ لوٹے، انھیں کوئی برائی نہیں پہنچی اور انہوں نے اللہ کی رضا کی پیروی کی اور اللہ بہت بڑے فضل والا ہے

۱۷۵.   (اب تمہیں معلوم ہو گیا کہ) وہ اصل میں شیطان تھا جو اپنے دوستوں سے خواہ مخواہ ڈرا رہا تھا۔ لہٰذا آئندہ تم انسانوں سے نہ ڈرنا مجھ سے ڈرنا اگر تم حقیقت میں ایمان والے ہو

۱۷۶.   (اے پیغمبر ﷺ!) جو لوگ آج کفر کی راہ میں بڑی دوڑ دھوپ کر رہے ہیں ان کی سرگرمیاں تمہیں رنجیدہ نہ کریں، یہ اللہ کا کچھ بھی نہ بگاڑ سکیں گے۔ اللہ کا ارادہ یہ ہے کہ ان کے لیے آخرت میں کوئی حصہ نہ رکھے اور ان کے لیے بہت بڑا عذاب ہے

۱۷۷.   جو لوگ ایمان کو چھوڑ کر کفر کے خریدار بنے ہیں وہ یقیناً اللہ کا کوئی نقصان نہیں کر رہے، ان کے لیے دردناک عذاب تیار ہے

۱۷۸.   یہ ڈھیل جو ہم انہیں دے رہے ہیں اس کو یہ کافر اپنے حق میں بہتری نہ سمجھیں، ہم تو انہیں اس لیے ڈھیل دے رہے ہیں کہ یہ خوب گناہ سمیٹ لیں پھر ان کے لیے سخت ذلیل کرنے والا عذاب ہے۔

۱۷۹. اللہ مومنوں کو اس حالت میں ہر گز نہ رہنے دے گا جس حال میں تم اس وقت ہو۔ وہ پاک کو ناپاک سے الگ کر کے رہے گا۔ مگر اللہ کا یہ طریقہ نہیں ہے کہ تم کو غیب پر مطلع کر دے، غیب کی باتیں بتانے کے لیے تو وہ اپنے رسولوں میں سے جس کو چاہتا ہے منتخب کر لیتا ہے، لہٰذا (امور غیب کے بارے میں) اللہ اور اس کے رسول ﷺ پر ایمان رکھو۔ اگر تم ایمان اور خوف خدا یا اللہ کے تقویٰ کی روش پر چلو گے تو تم کو بڑا اجر ملے گا

۱۸۰. جن لوگوں کو اللہ نے اپنے فضل سے نوازا ہے اور پھر وہ بخل سے کام لیتے ہیں وہ اس خیال میں نہ رہیں کہ یہ بخیلی ان کے لیے اچھی ہے۔ بلکہ یہ ان کے حق میں نہایت بری ہے۔ جو کچھ وہ اپنی کنجوسی سے جمع کر رہے ہیں وہی قیامت کے روز ان کے گلے کا طوق بن جائے گا۔ زمین اور آسمانوں کی میراث اللہ ہی کے لیے ہے اور تم جو کچھ کرتے ہو اللہ اس سے باخبر ہے

۱۸۱. اللہ نے ان لوگوں کا قول سنا جو کہتے ہیں کہ اللہ فقیر ہے اور ہم غنی۔ ان کی یہ باتیں بھی ہم لکھ لیں گے اور اس سے پہلے جو وہ پیغمبروں کو ناحق قتل کرتے رہے ہیں وہ بھی ان کے نامۂ اعمال میں ثبت ہے۔ (جب فیصلہ کا دن آئے گا اس وقت) ہم ان سے کہیں گے کہ لو، اب عذاب جہنم کا مزہ چکھو

۱۸۲. یہ تمہارے اپنے ہاتھ کی کمائی ہے، اللہ اپنے بندوں پر ظلم نہیں کرتا

۱۸۳. جنھوں نے کہا بیشک اللہ نے ہمیں تاکیدی حکم دیا ہے کہ ہم کسی رسول کی بات کا یقین نہ کریں، یہاں تک کہ وہ ہمارے پاس ایسی قربانی لائے جسے آگ کھا جائے، کہہ دے

بیشک مجھ سے پہلے کئی رسول تمہارے پاس واضح دلیلیں لے کر آئے اور وہ چیز لے کر بھی جو تم نے کہی ہے، پھر تم نے انھیں کیوں قتل کیا، اگر تم سچے تھے

۱۸۴. اب (اے نبی صلی اللہ علیہ وآلہٖ وسلم اگر یہ لوگ آپ کو جھٹلاتے ہیں تو بہت سے رسول آپ سے پہلے جھٹلائے جا چکے ہیں جو کھلی کھلی نشانیاں، صحیفے اور روشنی بخشنے والی کتابیں لائے تھے

۱۸۵. آخر کار ہر شخص کو مرنا ہے اور تم سب اپنے پورے پورے اجر قیامت کے روز پانے والے ہو۔ کامیاب دراصل وہ ہے جو وہاں آتش دوزخ سے بچ جائے اور جنت میں داخل کر دیا جائے۔ رہی یہ دنیا، تو یہ محض ایک ظاہر پر فریب چیز ہے

۱۸۶. مسلمانو! تمہیں جان اور مال دونوں کی آزمائشیں پیش آ کر رہیں گی اور تم اہل کتاب اور مشرکین سے بہت سی تکلیف دہ باتیں سنو گے اگر ان سب حالات میں تم صبر اور تقویٰ کی روش پر قائم رہو گے تو یہ بڑے حوصلہ کا کام ہے

۱۸۷. ان اہل کتاب کو وہ عہد بھی یاد دلاؤ جو اللہ نے ان سے لیا تھا کہ تم ہی کتاب کی تعلیمات کو لوگوں میں پھیلانے والے ہو گے، انہیں پوشیدہ نہیں رکھنا ہو گا مگر انہوں نے کتاب کو پس پشت ڈال دیا اور تھوڑی قیمت پر اسے بیچ ڈالا۔ کتنی بری ہے وہ قیمت جو لے رہے ہیں

۱۸۸.	تم ان لوگوں کو عذاب سے محفوظ نہ سمجھو جو اپنے کرتوتوں پر خوش ہیں اور چاہتے ہیں کہ ایسے کاموں پر ان کی تعریف کی جائے جو فی الواقع انہوں نے نہیں کیے ہیں حقیقت میں ان کے لیے دردناک عذاب تیار ہے۔

۱۸۹.	زمین اور آسمان کا مالک اللہ ہے اور اس کی قدرت سب پر حاوی ہے

۱۹۰.	زمین اور آسمانوں کی پیدائش میں، رات اور دن کے باری باری آنے میں، ان ہوش مند لوگوں کے لیے بہت نشانیاں ہیں

۱۹۱.	جو اٹھتے، بیٹھتے اور لیٹتے ہر حال میں اللہ کو یاد کرتے ہیں۔ زمین و آسمان کی پیدائش میں غور و فکر کرتے ہیں۔ وہ بے اختیار بول اٹھتے ہیں پروردگار! یہ سب کچھ تو نے فضول اور بے مقصد نہیں بنایا، تو پاک ہے اس سے کہ عبث (غیر ضروری) کام کرے پس اے رب ہمیں دوزخ کے عذاب سے بچالے

۱۹۲.	اے ہمارے رب! جسے تو نے دوزخ میں داخل کر دیا اسے درحقیقت بڑی ذلت و رسوائی میں ڈال دیا اور پھر ایسے ظالموں کا کوئی مددگار نہ ہوگا

۱۹۳.	اے ہمارے رب! ہم نے ایک پکارنے والے کو سنا جو ایمان کی طرف بلاتا تھا کہ اپنے رب کو مانو ہم نے اس کی دعوت قبول کر لی، پس اے ہمارے پروردگار! ہمارے گناہ معاف فرما ہماری برائیاں دور فرما اور ہمارا خاتمہ نیک لوگوں کے ساتھ کر

۱۹۴. اے ہمارے رب! جو وعدے تو نے اپنے رسولوں کے ذریعے سے کیے ہیں ان کو ہمارے ساتھ پورا کر اور قیامت کے دن ہمیں رسوائی میں نہ ڈال، بیشک تو اپنے وعدے کے خلاف کرنے والا نہیں ہے

۱۹۵. جواب میں ان کے رب نے فرمایا: میں تم میں سے کسی کا عمل ضائع کرنے والا نہیں ہوں۔ خواہ مرد ہو یا عورت تم سب ایک دوسرے کے ہم جنس ہو، لہٰذا جن لوگوں نے میری خاطر اپنے وطن چھوڑے اور جو میری راہ میں اپنے گھروں سے نکالے گئے اور ستائے گئے اور میرے راستے میں جہاد کیا اور مارے گئے میں ان کے سب قصور معاف کر دوں گا اور انہیں ایسے باغوں میں داخل کروں گا جن کے نیچے نہریں بہتی ہوں گی۔ یہ ان کا اجر ہے اللہ کے ہاں اور بہترین جزا اللہ ہی کے پاس ہے

۱۹۶. (اے نبی ﷺ!) دنیا کے ملکوں میں اللہ کے نافرمان لوگوں کی چلت پھرت تمہیں کسی دھوکہ میں نہ ڈال دے۔

۱۹۷. یہ محض چند روزہ زندگی کا تھوڑا سا لطف ہے، پھر یہ سب جہنم میں جائیں گے جو بد ترین ٹھکانہ ہے

۱۹۸. برعکس اس کے جو لوگ اپنے رب سے ڈرتے ہوئے زندگی بسر کرتے ہیں ان کے لیے ایسے باغات ہیں جن کے نیچے نہریں بہتی ہیں، ان باغات میں وہ ہمیشہ رہیں گے، اللہ کی طرف سے یہ ان کیلیئے بہترین زندگی کے سامان ہوں گے اور جو کچھ اللہ کے پاس ہے نیک لوگوں کیلیئے وہی سب سے بہتر ہے

۱۹۹۔   اہل کتاب میں سے بھی کچھ لوگ ایسے ہیں جو اللہ کو ایک مانتے ہیں، اس کتاب پر ایمان لاتے ہیں جو تمہاری طرف بھیجی گئی ہے اور اس پر بھی ایمان لاتے ہیں جو اس سے پہلے خود ان کی طرف بھیجی گئی تھی، اللہ کے آگے جھکے ہوئے ہیں اور اللہ کی آیات کو تھوڑی سی قیمت پر بیچ نہیں دیتے۔ ان کا اجر ان کے رب کے پاس ہے اور اللہ جلد حساب لینے والا ہے

۲۰۰۔   اے لوگو جو ایمان لائے ہو! صبر کرو اور مقابلے میں جمے رہو اور مورچوں میں ڈٹے رہو اور اللہ سے ڈرو، تاکہ تم کامیاب ہو جاؤ

۴۔ سورۃ النساء

۱.	لوگو! اپنے رب سے ڈرو جس نے تمہیں ایک جان سے پیدا کیا اور اسی جان سے اس کا جوڑا بنایا اور ان دونوں سے بہت مرد اور عورتیں دنیا میں پھیلا دیئے۔ اس اللہ سے ڈرو جس کا واسطہ دے کر تم ایک دوسرے سے اپنے حقوق مانگتے ہو اور رشتے باندھتے ہو۔ رشتہ اور قرابت کے تعلقات کو بگاڑنے سے پرہیز کرو، یقین جانو کہ اللہ تم پر نگرانی کر رہا ہے

۲.	یتیموں کے مال ان کے حوالے کر دو اپنے برے مال کو ان کے اچھے مال سے نہ بدلو اور نہ ان کے مال کو اپنے مال کے ساتھ ملا کر کھا جاؤ۔ بیشک یہ بہت بڑا گناہ ہے

۳.	اور اگر تم یتیموں کے ساتھ بے انصافی کرنے سے ڈرتے ہو تو جو عورتیں تم کو پسند آئیں ان میں سے دو دو، تین تین، چار چار سے نکاح کر لو۔ لیکن اگر تمہیں اندیشہ ہو کہ ان کے ساتھ انصاف نہ کر سکو گے تو پھر ایک ہی بیوی کرو یا وہ کنیزیں ہیں جو تمہارے قبضہ میں آئی ہیں، بے انصافی سے بچنے کے لیے یہ زیادہ بہتر ہے

۴.	اور عورتوں کے مہر خوش دلی کے ساتھ ادا کرو، البتہ اگر وہ خود اپنی خوشی سے مہر کا کوئی حصہ تمہیں معاف کر دیں تو اسے تم مزے سے کھا سکتے ہو

۵. اور بے سمجھوں کو اپنے مال نہ دو، جو اللہ نے تمہارے قائم رہنے کا ذریعہ بنائے ہیں اور انھیں ان میں سے کھانے کے لیے دو اور انھیں پہننے کے لیے دو اور ان سے اچھی بات کہو

۶. اور یتیموں کی پرورش کرتے رہو یہاں تک کہ وہ نکاح کے قابل عمر کو پہنچ جائیں، پھر اگر تم ان کے اندر اہلیت پاؤ تو ان کے مال ان کے حوالے کر دو۔ ایسا کبھی نہ کرنا کہ ضرورت سے زیادہ اور جلدی جلدی مال کھا جاؤ کہ وہ بڑے ہو کر اپنا مال واپس لے لیں گے۔ یتیم کا سرپرست اگر مال دار ہو تو وہ پرہیز گاری سے کام لے اور اگر غریب ہو تو بہتر طریقے سے کھائے، پھر جب ان کے مال ان کے حوالے کرنے لگو تو لوگوں کو اس پر گواہ بنا لو، اور حساب لینے کے لیے اللہ کافی ہے

۷. مردوں کے لیے اس مال میں حصہ ہے جو ماں باپ اور رشتہ داروں نے چھوڑا ہو اور عورتوں کے لیے بھی اس مال میں حصہ ہے جو ماں باپ اور رشتہ داروں نے چھوڑا ہو، خواہ تھوڑا ہو، خواہ بہت اور یہ حصہ (اللہ کی طرف سے) مقرر ہے

۸. اور جب تقسیم کے موقعہ پر کنبہ کے لوگ یتیم اور مسکین آئیں تو اس مال میں سے ان کو بھی کچھ دو اور ان کے ساتھ اچھے طریقے سے بات کرو

۹. لوگوں کو اس بات کا خیال کر کے ڈرنا چاہیے کہ اگر وہ خود اپنے پیچھے بے بس اولاد چھوڑتے تو مرتے وقت انہیں اپنے بچوں کے حق میں کیسے کیسے اندیشے ہوتے۔ پس چاہیئے کہ وہ اللہ کا خوف کریں اور سچی اور سیدھی بات کریں۔

۱۰۔ جو لوگ ظلم کے ساتھ یتیموں کے مال کھاتے ہیں۔ در حقیقت وہ اپنے پیٹ آگ سے بھرتے ہیں اور وہ ضرور جہنم کی آگ میں جھونکے جائیں گے

۱۱۔ تمہاری اولاد کے بارے میں اللہ تمہیں تاکیداً حکم دیتا ہے کہ مرد کا حصہ دو عورتوں کے برابر ہے، اگر (میت کی وارث) دو سے زائد لڑکیاں ہوں تو انہیں ترکہ کا دو تہائی دیا جائے اور اگر ایک ہی لڑکی وارث ہو تو آدھا ترکہ (چھوڑا ہوا مال) اس کا ہے۔ اگر میت کی اولاد ہو تو اس کے والدین میں سے ہر ایک کو ترکے کا چھٹا حصہ ملنا چاہیے اور اگر وہ صاحب اولاد نہ ہو تو والدین ہی اس کے وارث ہوں تو ماں کو تیسرا حصہ دیا جائے گا اور اگر میت کے بھائی بہن بھی ہوں تو ماں چھٹے حصہ کی حق دار ہوگی۔ یہ سب حصے اس وقت نکالے جائیں گے، جبکہ وصیت جو میت نے کی ہو پوری کر دی جائے اور قرض جو اس پر ہو ادا کر دیا جائے۔ تم نہیں جانتے کہ تمہارے ماں باپ اور تمہاری اولاد میں سے کون بلحاظ نفع تم سے قریب تر ہے۔ یہ حصے اللہ نے مقرر کر دیئے ہیں اور اللہ یقیناً سب حقیقتوں سے واقف اور حکمت والا ہے

۱۲۔ اور تمہاری بیویوں نے جو چھوڑا ہو اس کا آدھا حصہ تمہیں ملے گا اگر وہ بے اولاد ہوں ورنہ اولاد ہونے کی صورت میں ترکے کا ایک چوتھائی حصہ تمہارا ہے، جب کہ وصیت جو انہوں نے کی ہو پوری کر دی جائے اور قرض جو انہوں نے چھوڑا ہو ادا کر دیا جائے اور وہ تمہارے ترکہ میں سے چوتھائی کی حق دار ہوں گی اگر تم بے اولاد ہو ورنہ اولاد ہونے کی صورت میں ان کا حصہ آٹھواں ہوگا، وصیت پوری کرنے کے بعد اور قرض جو تم نے چھوڑا

ہوادا کرنے کے بعد۔ اگر میت کلالہ ہواور اس کا ایک بھائی یا ایک بہن موجود ہو تو بھائی اور بہن ہر ایک کو چھٹا حصہ ملے گا اور اگر بھائی بہن ایک سے زیادہ ہوں تو کل ترکہ کے ایک تہائی میں وہ سب شریک ہوں گے، جبکہ وصیت پوری کردی جائے اور قرض جو میت نے چھوڑا ہوادا کردیا جائے (شرط یہ ہے کہ) وہ ضرر رساں نہ ہو۔ یہ حکم ہے اللہ کی طرف سے اور اللہ سب کچھ جاننے والا اور بردبار ہے

۱۳۔ یہ (تمام احکام) اللہ کی (مقرر کردہ) حدیں ہیں اور جو شخص اللہ اور اس کے رسول کی فرمانبرداری کرے گا، اللہ اس کو جنت میں داخل کرے گا جس میں نہریں بہہ رہی ہیں، وہ ان میں ہمیشہ رہیں گے اور یہ بڑی کامیابی ہے

۱۴۔ اور جو اللہ اور اس کے رسول کی نافرمانی کرے گا اور اس کی حدود سے نکل جائے گا، اس کو اللہ دوزخ میں ڈالے گا، جہاں وہ ہمیشہ رہے گا اور اس کو ذلت کا عذاب ہوگا

۱۵۔ تمہاری عورتوں میں سے جو بدکاری کریں ان پر اپنے میں سے چار آدمیوں کی گواہی لو اور اگر چار آدمی گواہی دے دیں تو ان کو گھروں میں بند رکھو یہاں تک کہ انہیں موت آجائے یا اللہ ان کے لیے کوئی راستہ نکال دے۔

۱۶۔ اور وہ دونوں جو تم میں سے اس کا ارتکاب کریں سوان دونوں کو ایذا دو، پھر اگر دونوں توبہ کرلیں توان سے خیال ہٹالو، بیشک اللہ ہمیشہ سے بے حد توبہ قبول کرنے والا، نہایت مہربان ہے

۱۷۔ ہاں یہ جان لو کہ اللہ پر توبہ کی قبولیت کا حق انہی لوگوں کے لیے ہے جو نادانی کی وجہ سے کوئی برا فعل کر گزرتے ہیں اور اس کے بعد جلد ہی توبہ کر لیتے ہیں۔ ایسے لوگوں پر اللہ اپنی نظر عنایت سے پھر متوجہ ہو جاتا ہے اور اللہ ساری باتوں کی خبر رکھنے والا اور حکیم و دانا ہے

۱۸۔ اور توبہ ان لوگوں کے لیے نہیں ہے جو برے کام کرتے چلے جاتے ہیں یہاں تک کہ جب ان میں سے کسی کی موت کا وقت آجاتا ہے اس وقت وہ کہتا ہے کہ میں نے اب توبہ کی اور اسی طرح توبہ ان کے لیے بھی نہیں ہے جو مرتے دم تک کافر رہیں۔ ایسے لوگوں کے لیے تو ہم نے دردناک سزا تیار کر رکھی ہے

۱۹۔ اے ایمان والو! تمہارے لیے یہ حلال نہیں ہے کہ زبردستی عورتوں کے وارث بن بیٹھو اور نہ یہ حلال ہے کہ انہیں تنگ کر کے اس مہر کا کچھ حصہ اڑا لینے کی کوشش کرو جو تم انہیں دے چکے ہو۔ ہاں اگر وہ کسی صریح بدچلنی کی مرتکب ہوں تو (پھر تمہیں تنگ کرنے کا حق ہے) ان کے ساتھ بھلے طریقے سے زندگی بسر کرو، اگر وہ تمہیں ناپسند ہوں تو ہو سکتا ہے ایک چیز تمہیں پسند نہ ہو مگر اللہ نے اسی میں بہت سی بھلائی رکھ دی ہو

۲۰۔ اور اگر تم ایک بیوی کی جگہ دوسری بیوی لے آنے کا ارادہ کر ہی لو تو خواہ تم نے اسے ڈھیر سا مال ہی کیوں نہ دے دیا ہو، اس میں سے کچھ واپس نہ لینا۔ کیا تم اسے بہتان لگا کر اور صریح گناہ کر کے واپس لو گے؟

۲۱۔ اور آخر تم اسے کس طرح واپس لو گے جب کہ تم ایک دوسرے سے لطف اندوز ہو چکے ہو اور وہ تم سے پختہ عہد لے چکی ہیں

۲۲. اور جن عورتوں سے تمہارے باپ نکاح کر چکے ہوں ان سے ہرگز نکاح نہ کرو، مگر جو پہلے ہو چکا سو ہو چکا۔ در حقیقت یہ ایک بے حیائی کا فعل، ناپسندیدہ اور برا چلن ہے

۲۳. تم پر حرام کی گئیں تمہاری مائیں، بیٹیاں، بہنیں، پھوپھیاں، خالائیں، بھتیجیاں، بھانجیاں اور تمہاری وہ مائیں جنہوں نے تم کو دودھ پلایا ہو اور تمہاری دودھ شریک بہنیں اور تمہاری بیویوں کی مائیں اور تمہاری بیویوں کی بیٹیاں جنہوں نے تمہاری گودوں میں پرورش پائی ہو۔ ان بیویوں کی لڑکیاں جن سے تمہارا نکاح ہو چکا ہو اور اکٹھے رہ چکے ہوں ورنہ اگر تعلق زن و شوہر نہ ہوا ہو تو پھر تم پر کوئی مؤاخذہ نہیں ہے اور تمہارے ان بیٹوں کی بیویاں جو تمہاری صلب سے ہوں اور یہ بھی تم پر حرام کیا گیا ہے کہ ایک نکاح میں دو بہنوں کو جمع کرو مگر جو پہلے ہو گیا سو ہو گیا، اللہ بخشنے والا اور رحم کرنے والا ہے

۲۴. اور وہ عورتیں بھی تم پر حرام ہیں جو کسی دوسرے کے نکاح میں ہوں، البتہ ایسی عورتیں اس سے مستثنیٰ ہیں جو (جنگ میں) تمہارے ہاتھ آئیں، یہ اللہ کا قانون ہے جس کی پابندی تم پر لازم کر دی گئی ہے۔ ان کے ماسوا جتنی عورتیں ہیں انہیں اپنے اموال کے ذریعے سے حاصل کرنا تمہارے لئے حلال کر دیا گیا ہے، بشرطیکہ حصار نکاح میں ان کو محفوظ کرو، نہ یہ کہ آزاد شہوت رانی کرنے لگو پھر جو ازدواجی زندگی کا لطف تم ان سے اٹھاؤ اس کے بدلے ان کے مہر بطور فرض کے ادا کرو، البتہ مہر کی قرارداد ہو جانے کے بعد آپس کی رضامندی سے تمہارے درمیان اگر کوئی سمجھوتہ ہو جائے تو اس میں کوئی حرج نہیں، یقیناً اللہ علیم اور دانا ہے

۲۵. اور جو شخص تم میں سے اتنی قدرت نہ رکھتا ہو کہ آزاد عورتوں سے نکاح کر سکے اسے چاہیے کہ تمہاری ان مومنہ لونڈیوں میں سے کسی کے ساتھ نکاح کرے جو تمہارے قبضہ میں ہوں۔ اللہ تمہارے ایمانوں کا حال خوب جانتا ہے، تم سب ایک ہی گروہ کے لوگ ہو، لہذا ان کے سرپرستوں کی اجازت سے ان کے ساتھ نکاح کرلو اور معروف طریقہ سے ان کے مہر ادا کردو تاکہ وہ حصار نکاح میں محفوظ ہو کر رہیں، آزاد شہوت رانی نہ کرتی پھریں اور نہ چوری چھپے آشنائیاں کریں، پھر جب وہ حصار نکاح میں محفوظ ہو جائیں اور اس کے بعد کسی بدچلنی کی مرتکب ہوں تو ان پر اس سزا کی بہ نسبت آدھی سزا ہے جو آزاد عورتوں کے لئے مقرر ہے۔ یہ سہولت تم میں سے ان لوگوں کے لئے پیدا کی گئی ہے جن کو شادی نہ کرنے سے گناہ میں پڑ جانے کا اندیشہ ہو۔ لیکن اگر تم صبر کرو تو یہ تمہارے لیے بہتر ہے، اللہ بخشنے والا اور رحم فرمانے والا ہے۔

۲۶. اللہ چاہتا ہے کہ تم پر ان طریقوں کو واضح کرے اور انہی طریقوں پر تمہیں چلائے جن کی پیروی تم سے پہلے گزرے ہوئے (صلحا) کرتے تھے۔ وہ اپنی رحمت کے ساتھ تمہاری طرف متوجہ ہونا چاہتا ہے، وہ علیم بھی ہے اور دانا بھی

۲۷. ہاں، اللہ تم پر رحمت کے ساتھ توجہ کرنا چاہتا ہے مگر جو لوگ خود اپنی خواہشات نفس کی پیروی کرتے ہیں وہ چاہتے ہیں کہ تم راہ راست سے ہٹ کر دور نکل جاؤ

۲۸. اللہ تم پر سے پابندیوں کو ہلکا کرنا چاہتا ہے کیونکہ انسان کمزور پیدا کیا گیا ہے

۲۹. اے لوگو! جو ایمان لائے ہو، آپس میں ایک دوسرے کے مال باطل طریقوں سے نہ کھاؤ، آپس کی رضامندی سے لین دین ہونا چاہیے اور اپنے آپ کو قتل نہ کرو۔ یقین مانو کہ اللہ تمہارے ساتھ انتہائی مہربان ہے۔

۳۰. جو شخص ظلم و زیادتی کے ساتھ ایسا کرے گا اس کو ہم ضرور آگ میں جھونکیں گے اور یہ اللہ پر (نہایت) آسان ہے

۳۱. اگر تم ان بڑے بڑے گناہوں سے پرہیز کرتے رہو جن سے تمہیں منع کیا جا رہا ہے تو تمہاری (چھوٹی موٹی) برائیوں کو ہم تمہارے حساب سے ساقط کر دیں گے اور تم کو عزت کی جگہ داخل کریں گے

۳۲. اور جو کچھ اللہ نے تم میں سے کسی کو دوسروں کے مقابلہ میں زیادہ دیا ہے اس کی تمنا نہ کرو جو کچھ مردوں نے کمایا ہے اس کے مطابق ان کا حصہ ہے اور جو کچھ عورتوں نے کمایا ہے اس کے مطابق ان کا حصہ ہے۔ ہاں، اللہ سے اس کے فضل کی دعا مانگتے رہو، یقیناً اللہ ہر چیز کا علم رکھتا ہے

۳۳. اور ہم نے ہر اس ترکے کے حق دار مقرر کر دیئے ہیں جو والدین اور رشتہ دار چھوڑیں۔ اب رہے وہ لوگ جن سے تمہارے عہد و پیمان ہوں تو ان کا حصہ انہیں دو، یقیناً اللہ ہر چیز پر نگران ہے

۳۴۔ مرد عورتوں پر برتر ہیں، اس بنا پر کہ اللہ نے ان میں سے ایک کو دوسرے پر فضیلت دی ہے (قوام یا قیم ہیں۔) اور اس بنا پر کہ مرد اپنا مال خرچ کرتے ہیں، پس جو صالح عورتیں ہیں وہ فرمانبردار ہوتی ہیں اور مردوں کے پیچھے اللہ کی حفاظت و نگرانی میں ان کے حقوق کی حفاظت کرتی ہیں اور جن عورتوں سے تمہیں سرکشی کا اندیشہ ہو انہیں سمجھاؤ، بستروں میں ان سے علیحدہ رہو اور مارو، پھر اگر وہ تمہاری مطیع ہو جائیں تو خواہ مخواہ ان پر دست درازی کے بہانے تلاش نہ کرو، یقین رکھو کہ اللہ بہت مرتبے والا اور بالاتر ہے۔

۳۵۔ اگر تم لوگوں کو میاں بیوی کے تعلقات بگڑ جانے کا اندیشہ ہو تو ایک انصاف کرنے والا مرد کے رشتہ داروں میں سے اور ایک عورت کے رشتہ داروں میں سے مقرر کرو، اگر وہ دونوں اصلاح کرنا چاہیں گے تو اللہ ان کے درمیان صلح کی صورت نکال دے گا، اللہ سب کچھ جانتا ہے اور خبر رکھنے والا ہے

۳۶۔ اور تم سب اللہ کی بندگی کرو، اس کے ساتھ کسی کو شریک نہ بناؤ، ماں باپ کے ساتھ نیک برتاؤ کرو، قرابت داروں، یتیموں اور مسکینوں کے ساتھ حسن سلوک سے پیش آؤ اور پڑوسی رشتہ دار سے، اجنبی ہمسایہ سے، پہلو کے ساتھی اور مسافر سے اور ان لونڈی، غلاموں سے جو تمہارے قبضہ میں ہوں، (نوکروں سے) احسان کا معاملہ رکھو، یقین جانو اللہ کسی ایسے شخص کو پسند نہیں کرتا جو مغرور اور خود پسند ہو۔

۳۷.	اور ایسے لوگ بھی اللہ کو پسند نہیں ہیں) جو کنجوسی کرتے ہیں اور دوسروں کو بھی کنجوسی کی ہدایت کرتے ہیں اور جو کچھ اللہ نے اپنے فضل سے ان کو دیا ہے اسے چھپاتے ہیں۔ ایسے کافر لوگوں کے لیے ہم نے رسوا کن عذاب مہیا کر رکھا ہے۔

۳۸.	اور وہ لوگ بھی (اللہ کو ناپسند ہیں) جو اپنے مال صرف لوگوں کو دکھانے کے لیے خرچ کرتے ہیں اور در حقیقت نہ وہ اللہ پر ایمان رکھتے ہیں نہ روز آخر پر۔ سچ یہ ہے کہ شیطان جس کا رفیق ہوا اسے بہت ہی بری رفاقت میسر آئی

۳۹.	آخر ان لوگوں پر کیا آفت آجاتی اگر یہ اللہ اور روز آخر پر ایمان رکھتے اور جو کچھ اللہ نے انہیں دیا ہے اس میں سے خرچ کرتے اور اللہ تعالیٰ انہیں خوب جاننے والا ہے

۴۰.	اللہ کسی پر ذرہ برابر بھی ظلم نہیں کرتا۔ اگر کوئی ایک نیکی کرے تو اللہ اسے دوچند کرتا ہے اور پھر اپنی طرف سے بڑا اجر عطا فرماتا ہے

۴۱.	پھر سوچو کہ اس وقت کیا ہوگا جب ہم ہر امت میں سے ایک گواہ لائیں گے اور ان لوگوں پر آپ ﷺ کو گواہ کی حیثیت سے کھڑا کریں گے

۴۲.	اس وقت وہ سب لوگ جنھوں نے کفر کیا اور رسول ﷺ کی بات نہ مانی تمنا کریں گے کہ کاش زمین پھٹ جائے اور وہ اس میں سما جائیں۔ وہاں یہ اپنی کوئی بات اللہ سے نہ چھپا سکیں گے

۴۳۔ اے لوگو! جو ایمان لائے ہو، جب تم نشے کی حالت میں ہو تو نماز کے قریب نہ جاؤ، (نماز اس وقت پڑھنی چاہیے) جب تم جانو کہ کیا کہہ رہے ہو اور اسی طرح جنابت کی حالت میں بھی نماز کے قریب نہ جاؤ جب تک کہ غسل نہ کر لو، الا یہ کہ راستہ سے گزرتے ہو اور اگر کبھی ایسا ہو کہ تم بیمار ہو، یا سفر میں ہو، یا تم میں سے کوئی شخص رفع حاجت کر کے آئے یا تم نے عورتوں سے لمس کیا ہو اور پھر پانی نہ ملے تو پھر پاک مٹی سے کام لو اور اس سے اپنے چہرے اور ہاتھوں پر مسح کر لو، بیشک اللہ نرمی سے کام لینے والا اور بخشش فرمانے والا ہے۔

۴۴۔ کیا آپ نے ان لوگوں کو نہیں دیکھا؟ جنہیں کتاب کا کچھ حصہ دیا گیا وہ خود ضلالت کے خریدار بنے ہوئے ہیں اور چاہتے ہیں کہ تم بھی راستے سے گمراہ ہو جاؤ

۴۵۔ اللہ تمہارے دشمنوں کو خوب جانتا ہے اور تمہاری حمایت و مددگاری کیلئے اللہ ہی کافی ہے

۴۶۔ جو لوگ یہودی بن گئے ہیں ان میں کچھ لوگ ہیں جو الفاظ کو ان کے محل سے پھیر دیتے ہیں اور دین حق کے خلاف طعنہ زنی کرنے کے لیے اپنی زبانوں کو توڑ موڑ کر کہتے ہیں سَمِعْنَا (ہم نے سن لیا) وَعَصَيْنَا (ہم نے قبول نہیں کیا) اور اِسْمَعْ غَيْرَ مُسْمَعٍ (تم ہماری بات سنو اور اللہ کرے تمہاری بات نہ سنی جائے) اور رَاعِنَا (گالی کے طور پر) حالانکہ اگر وہ کہتے ہم نے سنا اور ہم نے مان لیا تو یہ انہی کے لیے بہتر تھا اور زیادہ راست بازی کا طریقہ تھا مگر ان

پر توان کی باطل پرستی کی بدولت اللہ کی پھٹکار پڑی ہوئی ہے، اس لیے وہ کم ہی ایمان لاتے ہیں۔

۴۷. اے اہل کتاب! مان لو اس کتاب کو جو ہم نے اب نازل کی ہے اور جو اس کتاب کی تصدیق و تائید کرتی ہے جو تمہارے پاس پہلے سے موجود تھی۔ اس پر ایمان لے آؤ قبل اس کے کہ ہم چہرے بگاڑ کر پیچھے پھیر دیں یا ان کو اسی طرح لعنت زدہ کر دیں جس طرح سبت والوں کے ساتھ ہم نے کیا تھا اور (یاد رکھو کہ) اللہ کا حکم نافذ ہو کر رہتا ہے

۴۸. اللہ بس شرک کو ہی معاف نہیں کرتا، اس کے ماسوا دوسرے جس قدر گناہ ہیں وہ جس کے لیے چاہتا ہے معاف کر دیتا ہے۔ اللہ کے ساتھ جس نے کسی اور کو شریک ٹھہرایا اس نے تو بہت ہی بڑا جھوٹ باندھا اور بڑے سخت گناہ کی بات کی

۴۹. آپ نے ان لوگوں کو بھی دیکھا جو اپنی پاکیزگی نفس کا دم بھرتے ہیں؟ حالانکہ پاکیزگی تو اللہ ہی جسے چاہے دیتا ہے اور (انہیں جو پاکیزگی نہیں ملتی تو در حقیقت) ان پر ذرہ برابر بھی ظلم نہیں کیا جاتا

۵۰. دیکھو تو سہی، یہ اللہ پر بھی افترا گھڑنے سے نہیں چوکتے اور ان کے صریحاً گناہ گار ہونے کے لیے یہی ایک گناہ کافی ہے

۵۱.	کیا آپ نے ان لوگوں کو نہیں دیکھا؟ جنہیں کتاب کے علم میں سے کچھ حصہ دیا گیا ہے اور ان کا حال یہ ہے کہ جِبْتِ (بے فائدہ چیز) اور طاغوت کو مانتے ہیں اور کافروں کے متعلق کہتے ہیں کہ مومنوں سے تو یہی زیادہ ہدایت یافتہ ہیں

۵۲.	ایسے ہی لوگ ہیں جن پر اللہ نے لعنت کی ہے اور جس پر اللہ لعنت کر دے پھر آپ اس کا کوئی مددگار نہیں پائیں گے

۵۳.	کیا حکومت میں ان کا کوئی حصہ ہے؟ اگر ایسا ہوتا تو یہ دوسروں کو پھوٹی کوڑی تک نہ دیتے

۵۴.	پھر کیا یہ دوسروں سے اس لیے حسد کرتے ہیں کہ اللہ نے انہیں اپنے فضل سے نواز دیا؟ اگر یہ بات ہے تو انہیں معلوم ہو کہ ہم نے تو ابراہیمؑ کی اولاد کو کتاب اور حکمت عطا کی اور ملک عظیم بخش دیا

۵۵.	مگر ان میں سے کوئی اس پر ایمان لایا اور کوئی اس سے منہ موڑ گیا اور (منہ موڑنے والوں کے لیے تو بس) جہنم کی بھڑکتی ہوئی آگ ہی کافی ہے

۵۶.	جن لوگوں نے ہماری آیات کو ماننے سے انکار کر دیا انہیں ہم ضرور آگ میں جھونکیں گے اور جب ان کے بدن کی کھال گل جائے گی تو ہم اس کی جگہ دوسری کھال پیدا کر دیں گے تاکہ وہ خوب عذاب کا مزہ چکھیں یقیناً اللہ زبردست اور بڑی حکمت والا ہے

۵۷.   اور جن لوگوں نے ہماری آیات کو مان لیا اور نیک عمل کئے ان کو ہم ایسے باغات میں داخل کریں گے جن کے نیچے نہریں بہتی ہوں گی، جہاں وہ ہمیشہ ہمیشہ رہیں گے اور ان کو پاکیزہ بیویاں ملیں گی اور انہیں ہم گھنی چھاؤں میں رکھیں گے

۵۸.   مسلمانو! اللہ تمہیں حکم دیتا ہے کہ امانتیں اہل امانت کے سپرد کرو، اور جب لوگوں کے درمیان فیصلہ کرو تو عدل کے ساتھ کرو، اللہ تم کو نہایت عمدہ نصیحت کرتا ہے اور یقیناً اللہ سب کچھ سنتا اور دیکھتا ہے

۵۹.   اے ایمان والو! اطاعت کرو اللہ کی اور اطاعت کرو رسول کی اور ان لوگوں کی جو تم میں سے صاحب امر ہوں، پھر اگر تمہارے درمیان کسی بات میں جھگڑا ہو جائے تو اسے اللہ اور رسول کی طرف پھیر دو، اگر تم واقعی اللہ اور روز آخر پر ایمان رکھتے ہو۔ یہی ایک صحیح طریق کار ہے اور انجام کے اعتبار سے بھی بہتر ہے۔

۶۰.   اے نبی ﷺ! آپ نے ان لوگوں کو نہیں دیکھا جو دعویٰ تو کرتے ہیں کہ ہم ایمان لائے ہیں اس کتاب پر جو آپ کی طرف نازل کی گئی ہے اور ان کتابوں پر جو آپ سے پہلے نازل کی گئی تھیں، مگر چاہتے ہیں کہ اپنے معاملات کا فیصلہ کرانے کے لیے طاغوت (شیطان) کی طرف رجوع کریں، حالانکہ انہیں طاغوت سے کفر کرنے کا حکم دیا گیا تھا۔ شیطان انہیں بھٹکا کر بہت دور لے جانا چاہتا ہے

۶۱. اور جب ان سے کہا جاتا ہے کہ آؤ اس چیز کی طرف جو اللہ نے نازل کی ہے۔ اور آؤ رسول ﷺ کی طرف تو ان منافقوں کو آپ دیکھتے ہیں کہ وہ آپ کی طرف آنے سے گریز کرتے ہیں۔

۶۲. پھر اس وقت کیا ہوتا ہے؟ جب ان کے اپنے ہاتھوں کی لائی ہوئی مصیبت ان پر آ پڑتی ہے، اس وقت یہ آپ کے پاس قسمیں کھاتے ہوئے آتے ہیں اور کہتے ہیں کہ اللہ کی قسم! ہم تو بھلائی چاہتے تھے۔ ہماری نیت تو یہ تھی کہ کسی طرح آپس میں صلح ہو جائے

۶۳. اللہ جانتا ہے جو کچھ ان کے دلوں میں ہے، آپ ان سے اعراض کیجئے، انہیں نصیحت کیجئے اور ایسی بات کہیں کہ جو ان کے دلوں میں اتر جائے

۶۴. (انہیں بتائیں کہ) ہم نے جو رسول بھی بھیجا ہے اسی لیے بھیجا ہے کہ اللہ کے حکم کی بنا پر اس کی اطاعت کی جائے۔ اگر انہوں نے یہ طریقہ اختیار کیا ہوتا کہ جب یہ اپنے آپ پر ظلم کر بیٹھے تھے تو آپ کے پاس آ جاتے اور اللہ سے معافی مانگتے اور رسول بھی ان کے لیے معافی کی درخواست کرتا تو یقیناً اللہ کو بخشنے والا اور رحم کرنے والا پاتے

۶۵. نہیں اے نبی ﷺ! آپ کے رب کی قسم یہ کبھی مومن نہیں ہو سکتے جب تک کہ اپنے باہمی اختلافات میں یہ آپ کو اپنا فیصلہ کرنے والا نہ مان لیں، پھر جو کچھ آپ فیصلہ کریں اس پر اپنے دلوں میں بھی کوئی تنگی محسوس نہ کریں، بلکہ خوشی سے مان لیں۔

٦٦.	اگر ہم نے ان کو حکم دیا ہوتا کہ اپنے آپ کو قتل کرو یا اپنے گھروں سے نکل جاؤ تو ان میں سے کم ہی آدمی اس پر عمل کرتے، حالانکہ جو نصیحت انہیں کی جاتی ہے اگر یہ اس پر عمل کرتے تو یہ ان کے لیے زیادہ بہتری اور زیادہ ثابت قدمی کا موجب ہوتا

٦٧.	اور جب یہ ایسا کرتے تو ہم انہیں اپنی طرف سے بہت بڑا اجر دیتے

٦٨.	اور انہیں سیدھا راستہ دکھا دیتے

٦٩.	جو اللہ اور رسول کی اطاعت کرے گا وہ ان لوگوں کے ساتھ ہوگا جن پر اللہ نے انعام فرمایا ہے، یعنی انبیاء، صدیقین، شہداء اور صالحین۔ کیسے اچھے ہیں یہ رفیق جو کسی کو یسر آئیں

٧٠.	یہ حقیقی فضل ہے جو اللہ کی طرف سے ملتا ہے اور (حقیقت جاننے کے لیے بس) اللہ کا علم ہی کافی ہے۔

٧١.	اے ایمان والو! اپنے بچاؤ کا سامان ہر وقت تیار رکھو، پھر جیسا موقع ہو الگ الگ دستوں کی شکل میں نکلو یا اکٹھے ہو کر

٧٢.	ہاں، تم میں کوئی کوئی آدمی ایسا بھی ہے جو لڑائی سے جی چراتا ہے، اگر تم پر کوئی مصیبت آئے تو کہتا ہے کہ اللہ نے مجھ پر بڑا فضل کیا کہ میں ان لوگوں کے ساتھ نہ گیا

۷۳.	اور اگر اللہ کی طرف سے تم پر فضل ہو تو اس طرح کہتا ہے کہ گویا تمہارے اور اس کے درمیان محبت کا تو کوئی تعلق تھا ہی نہیں کہ کاش میں بھی ان کے ساتھ ہوتا تو بڑا کام بن جاتا

۷۴.	اللہ کی راہ میں لڑنا چاہیے ان لوگوں کو جو آخرت کے بدلے دنیا کی زندگی کو فروخت کر دیں، پھر جو اللہ کی راہ میں لڑے گا اور مارا جائے گا یا غالب رہے گا اسے ضرور ہم اجر عظیم عطا کریں گے

۷۵.	تمھیں کیا ہو گیا ہے ؟ کہ تم اللہ کی راہ میں ان بے بس مردوں، عورتوں اور بچوں کی خاطر نہ لڑو جو کمزور پا کر دبا لیے گئے ہیں اور فریاد کر رہے ہیں کہ اے اللہ! ہم کو اس بستی سے نکال جس کے باشندے ظالم ہیں اور اپنی طرف سے ہمارا کوئی حامی و مددگار پیدا کر دے

۷۶.	جن لوگوں نے ایمان کا راستہ اختیار کیا ہے، وہ اللہ کی راہ میں لڑتے ہیں اور جنھوں نے کفر کا راستہ اختیار کیا ہے، وہ طاغوت کی راہ میں لڑتے ہیں، پس شیطان کے ساتھیوں سے لڑو اور یقین جانو کہ شیطان کی چالیں حقیقت میں نہایت کمزور ہیں

۷۷.	آپ نے ان لوگوں کو بھی دیکھا جن کو کہا گیا تھا کہ اپنے ہاتھ روکے رکھو نماز قائم کرو اور زکوٰۃ دو۔ اب جو انہیں لڑائی کا حکم دیا گیا تو ان میں سے ایک فریق کا یہ حال ہے کہ لوگوں سے ایسے ڈر رہے ہیں جیسا اللہ سے ڈرنا چاہیے یا کچھ اس سے بھی بڑھ کر۔ کہتے ہیں اے رب ہمارے یہ ہم پر لڑائی کا حکم کیوں لکھ دیا؟ کیوں نہ ہمیں کچھ اور مہلت دی؟ ان سے

کہو، دنیا کا سرمایہ زندگی تھوڑا ہے اور آخرت ایک متقی انسان کے لیے زیادہ بہتر ہے اور تم پر ایک ذرہ برابر بھی ظلم نہ کیا جائے گا

۷۸۔ رہی موت تو جہاں بھی تم ہو وہ بہر حال تمہیں آ کر رہے گی خواہ تم کیسی ہی مضبوط عمارتوں میں ہو۔ اگر انہیں کوئی فائدہ پہنچتا ہے تو کہتے ہیں یہ اللہ کی طرف سے ہے اور اگر کوئی نقصان پہنچتا ہے تو کہتے ہیں یہ تمہاری بدولت ہے۔ کہو، سب کچھ اللہ ہی کی طرف سے ہے۔ آخر ان لوگوں کو کیا ہو گیا ہے؟ کہ کوئی بات ان کی سمجھ میں نہیں آتی

۷۹۔ آپ کو جو بھلائی بھی حاصل ہوتی ہے اللہ کی طرف سے ہوتی ہے اور جو مصیبت آپ پر آتی ہے وہ آپ کے اپنے نفس کی طرف سے ہے۔ ہم نے آپ کو تمام لوگوں تک پیغام پہچانے والا بنا کر بھیجا ہے اور اللہ تعالیٰ گواہ کافی ہے

۸۰۔ جس نے رسول کی اطاعت کی اس نے دراصل اللہ کی اطاعت کی اور جو منہ موڑ گیا تو بہر حال ہم نے آپ کو ان لوگوں پر پاسبان بنا کر تو نہیں بھیجا ہے

۸۱۔ وہ (آپ سے تو) کہتے ہیں کہ ہم فرمانبردار ہیں۔ مگر جب آپ کے پاس سے نکلتے ہیں تو ان میں سے ایک گروہ راتوں کو جمع ہو کر آپ کی باتوں کے خلاف مشورے کرتا ہے۔ اللہ ان کی یہ ساری سرگوشیاں لکھ رہا ہے آپ ان کی پرواہ نہ کریں اور اللہ پر بھروسہ رکھیں، وہی بھروسے کے لیے کافی ہے

۸۲. کیا یہ لوگ قرآن پر غور نہیں کرتے؟ اگر یہ اللہ کے سوا کسی اور کی طرف سے ہوتا تو وہ اس میں بہت سے اختلاف پاتے

۸۳. یہ لوگ جہاں بھی کوئی اطمینان بخش یا خوفناک خبر سن پاتے ہیں تو اسے پھیلا دیتے ہیں، حالانکہ اگر یہ اسے رسول ﷺ اور اپنی جماعت کے ذمہ دار اصحاب تک پہنچائیں تو وہ ایسے لوگوں کے علم میں آجائے جو ان کے درمیان اس بات کی صلاحیت رکھتے ہیں کہ اس سے صحیح نتیجہ اخذ کر سکیں۔ تم لوگوں پر اللہ کی مہربانی اور رحمت نہ ہوتی تو (تمہاری کمزوریاں ایسی تھیں کہ) سوائے چند کے تم سب شیطان کے پیچھے لگ گئے ہوتے

۸۴. پس آپ ﷺ اللہ کی راہ میں لڑو، تم اپنی ذات کے سوا کسی اور کے ذمہ دار نہیں، البتہ اہل ایمان کو لڑنے کے لیے ابھارو، بعید نہیں کہ اللہ کافروں کا زور توڑ دے، اللہ کا زور سب سے زیادہ زبردست اور اس کی سزا سب سے زیادہ سخت ہے

۸۵. جو بھلائی کی سفارش کرے گا وہ اس میں سے حصہ پائے گا اور جو برائی کی سفارش کرے گا وہ اس میں سے حصہ پائے گا اور اللہ ہر چیز پر نظر رکھنے والا ہے

۸۶. اور جب کوئی شخص تمہیں سلام کرے تو اس کو اس سے بہتر طریقہ سے جواب دو یا کم از کم اسی طرح، اللہ ہر چیز کا حساب لینے والا ہے

۸۷۔ اللہ وہ ہے جس کے سوا کوئی الٰہ نہیں ہے، وہ تم سب کو اس قیامت کے دن جمع کرے گا جس کے آنے میں کوئی شبہ نہیں، اور اللہ کی بات سے بڑھ کر سچی بات اور کس کی ہو سکتی ہے؟

۸۸۔ پھر یہ تمہیں کیا ہو گیا؟ کہ منافقین کے بارے میں تمہارے دو گروہ بن گئے ہیں، حالانکہ جو برائیاں انہوں نے کمائی ہیں ان کی بدولت اللہ انہیں الٹا پھیر چکا ہے۔ کیا تم چاہتے ہو کہ جسے اللہ نے ہدایت نہیں بخشی اسے تم ہدایت بخش دو؟ حالانکہ جسے اللہ نے راستہ سے ہٹا دیا، اس کے لیے آپ کوئی راستہ نہیں پا سکتے۔

۸۹۔ وہ تو یہ چاہتے ہیں کہ جس طرح وہ خود کافر ہیں اسی طرح تم بھی کافر ہو جاؤ، تاکہ تم اور وہ سب یکساں ہو جائیں، لہٰذا ان میں سے کسی کو اپنا دوست نہ بناؤ۔ جب تک کہ وہ اللہ کی راہ میں ہجرت کر کے نہ آ جائیں اور اگر وہ ہجرت سے باز رہیں تو جہاں پاؤ انہیں پکڑو اور قتل کرو اور ان میں سے کسی کو اپنا دوست اور مددگار نہ بناؤ۔

۹۰۔ البتہ وہ منافق اس حکم سے مستثنیٰ ہیں جو کسی ایسی قوم سے جا ملیں جس کے ساتھ تمہارا معاہدہ ہے۔ اسی طرح وہ منافق بھی مستثنیٰ ہیں جو تمہارے پاس آتے ہیں اور لڑائی سے دل برداشتہ ہیں، نہ تم سے لڑنا چاہتے ہیں نہ اپنی قوم سے۔ اللہ چاہتا تو ان کو تم پر مسلط کر دیتا اور وہ بھی تم سے لڑتے، لہٰذا اگر وہ تم سے کنارہ کش ہو جائیں اور لڑنے سے باز رہیں اور تمہاری طرف صلح کا ہاتھ بڑھائیں تو اللہ نے تمہارے لیے ان پر دست درازی کی کوئی سبیل نہیں رکھی۔

۹۱.	ایک اور قسم کے منافق تمہیں ایسے ملیں گے جو چاہتے ہیں کہ تم سے بھی امن میں رہیں اور اپنی قوم سے بھی، مگر جب کبھی فتنہ کا موقعہ پائیں گے اس میں کود پڑیں گے ایسے لوگ اگر تمہارے مقابلہ سے باز نہ رہیں اور صلح و سلامتی تمہارے آگے پیش نہ کریں اور اپنے ہاتھ نہ روکیں تو جہاں وہ ملیں انہیں پکڑو اور مارو، ان پر ہاتھ اٹھانے کے لیے ہم نے تمہیں کھلی حجت دے دی ہے

۹۲.	کسی مومن کے یہ لائق نہیں ہے کہ دوسرے مومن کو قتل کرے، سوائے اس کے کہ غلطی سے ایسا ہو جائے اور جو شخص کسی مومن کو غلطی سے قتل کر دے تو اس کا کفارہ یہ ہے کہ ایک مومن کو غلامی سے آزاد کرے اور مقتول کے وارثوں کو خون بہا دے مگر یہ کہ وہ خون بہا معاف کر دیں۔ لیکن اگر وہ مسلمان مقتول کسی ایسی قوم سے تھا جس سے تمہاری دشمنی ہو تو اس کا کفارہ ایک مومن غلام آزاد کرنا ہے اور اگر وہ کسی ایسی قوم کا فرد تھا جس سے تمہارا معاہدہ ہو تو اس کے وارثوں کو خون بہا دیا جائے گا اور ایک مومن غلام کو آزاد کرنا ہوگا، پھر جو غلام نہ پائے وہ پے در پے دو مہینوں کے روزے رکھے یہ اس گناہ پر اللہ سے توبہ کرنے کا طریقہ ہے اور اللہ علیم و دانا ہے

۹۳.	رہا وہ شخص جو کسی مومن کو جان بوجھ کر قتل کرے تو اس کی جزا جہنم ہے جس میں وہ ہمیشہ رہے گا اس پر اللہ کا غضب اور اللہ کی لعنت ہے اور اللہ نے اس کے لیے سخت عذاب مہیا کر رکھا ہے

۹۴. اے ایمان والو! جب تم اللہ کی راہ میں (جہاد کے لیے) سفر کرو تو (دوست دشمن) کی تحقیق کر لیا کرو اور جو تمہاری طرف سلام سے تقدیم کرے اسے فوراً نہ کہہ دو کہ تو مومن نہیں ہے۔ اگر تم دنیوی فائدے چاہتے ہو تو اللہ کے پاس تمہارے لیے بہت سے اموال غنیمت ہیں آخر اسی حالت میں تم خود بھی تو بتلا رہ چکے ہو، پھر اللہ نے تم پر احسان کیا، لہٰذا تحقیق سے کام لو جو کچھ تم کرتے ہو اللہ اس سے باخبر ہے

۹۵. مسلمانوں میں سے جو لوگ کسی معذوری کے بغیر گھر بیٹھے رہتے ہیں اور وہ جو اللہ کی راہ میں جان و مال سے جہاد کرتے ہیں دونوں کی حیثیت برابر نہیں ہے۔ اللہ نے بیٹھنے والوں کی بہ نسبت جان و مال سے جہاد کرنے والوں کا درجہ بڑا رکھا ہے۔ اگرچہ ہر ایک کے لیے اللہ نے بھلائی ہی کا وعدہ فرمایا ہے مگر اللہ کے ہاں مجاہدوں کی خدمات کا معاوضہ بیٹھنے والوں سے بہت زیادہ ہے

۹۶. ان کے لیے اللہ کی طرف سے بڑے درجے ہیں مغفرت اور رحمت ہے اور اللہ بڑا معاف کرنے والا، رحم فرمانے والا ہے

۹۷. جو لوگ اپنے نفس پر ظلم کرتے رہے جب فرشتے ان کی روحیں قبض کرنے آتے ہیں تو ان سے پوچھتے ہیں کہ تم کس حال میں تھے؟ وہ کہتے ہیں کہ ہم زمین میں کمزور اور مجبور تھے۔ فرشتے کہتے ہیں اللہ کی زمین وسیع نہ تھی کہ تم اس میں ہجرت کرتے؟ یہ وہ لوگ ہیں جن کا ٹھکانا جہنم ہے

۹۸. ہاں، جو مرد، عورتیں اور بچے واقعی بے بس ہیں اور نکلنے کا کوئی ذریعہ اور راستہ نہیں پاتے

۹۹. بعید نہیں کہ اللہ انہیں معاف کردے اللہ بڑا معاف کرنے والا ہے اور در گزر کرنے والا ہے

۱۰۰. جو کوئی اللہ کی راہ میں ہجرت کرے گا وہ زمین میں پناہ لینے کیلیئے بہت جگہ اور بسر اوقات کے لیے بڑی گنجائش پائے گا اور جو اپنے گھر سے اللہ اور رسول کی طرف ہجرت کے لیے نکلے، پھر راستہ ہی میں اسے موت آجائے اس کا اجر اللہ کے ذمہ واجب ہو گیا، اللہ بہت بخشنے والا اور رحیم ہے

۱۰۱. اور جب تم سفر کیلیئے نکلو تو کوئی حرج نہیں اگر نماز میں اختصار کرلو۔ جب کہ تمہیں اندیشہ ہو کہ کافر تمہیں ستائیں گے یقیناً کافر تمہارے کھلم کھلا دشمن ہیں

۱۰۲. اور اے نبی ﷺ! جب آپ مسلمانوں کے درمیان ہوں اور (حالت جنگ میں) انہیں نماز پڑھانے کھڑے ہوں تو چاہیئے کہ ان میں سے ایک گروہ آپ کے ساتھ کھڑا ہو اور اسلحہ لیے رہے۔ پھر جب وہ سجدہ کرلیں تو پیچھے چلے جائیں اور دوسرا گروہ جس نے نماز ابھی نہیں پڑھی آکر تمہارے ساتھ پڑھے اور وہ اپنا بچاؤ پکڑیں اور اپنا اسلحہ لیے رہیں، کیونکہ کفار اس تاک میں ہیں کہ تم اپنے ہتھیاروں اور اپنے سامان کی طرف سے ذرا غافل ہو تو وہ تم پر یکبارگی ٹوٹ پڑیں، البتہ اگر تم بارش کی وجہ سے تکلیف محسوس کرو یا بیمار ہو تو اسلحہ رکھ

دینے میں مضائقہ نہیں مگر پھر بھی چوکنے رہو۔ یقین رکھو کہ اللہ نے کافروں کے لیے رسوا کن عذاب مہیا کر رکھا ہے

۱۰۳۔ پھر جب نماز سے فارغ ہو جاؤ تو کھڑے، بیٹھے اور لیٹے ہر حال میں اللہ کو یاد کرتے رہو اور جب اطمینان نصیب ہو جائے تو پوری نماز پڑھو۔ نماز در حقیقت (ایسا فرض ہے جو) پابندی وقت کے ساتھ اہل ایمان پر لازم کیا گیا ہے

۱۰۴۔ اس گروہ کے تعاقب میں کمزوری نہ دکھاؤ، اگر تمہیں تکلیف پہنچی ہے تو تمہاری طرح وہ بھی غموں سے دوچار ہوئے ہیں اور تم اللہ سے اس چیز کے امیدوار ہو جس کے وہ امیدوار نہیں ہیں۔ اللہ سب کچھ جانتا ہے اور وہ جاننے والا اور دانا ہے

۱۰۵۔ (اے نبی ﷺ!) ہم نے یہ کتاب حق کے ساتھ آپ کی طرف نازل کی ہے تاکہ جو بصیرت اللہ نے آپ کو دی ہے اس کے مطابق لوگوں کے درمیان فیصلہ کر سکیں اور آپ بددیانت لوگوں کی طرف سے جھگڑنے والے نہ بنیں

۱۰۶۔ اور اللہ سے بخشش کی درخواست کریں، وہ بڑا درگزر فرمانے والا، رحیم ہے

۱۰۷۔ جو لوگ اپنے نفس سے خیانت کرتے ہیں آپ ان کی حمایت نہ کریں۔ اللہ کو ایسا شخص پسند نہیں ہے جو خیانت کار اور معصیت پیشہ ہو

۱۰۸. یہ لوگ انسانوں سے اپنی حرکات چھپا سکتے ہیں مگر اللہ سے نہیں چھپا سکتے وہ تو اس وقت بھی ان کے ساتھ ہوتا ہے جب یہ راتوں کو چھپ کر اس کی مرضی کے خلاف مشورے کرتے ہیں۔ ان کے سارے اعمال پر اللہ محیط ہے

۱۰۹. ہاں، تم لوگوں نے ان مجرموں کی طرف سے دنیا کی زندگی میں تو جھگڑا کر لیا، مگر قیامت کے روز ان کی طرف سے کون جھگڑا کرے گا؟ آخر وہاں کون ان کا وکیل ہوگا؟

۱۱۰. اگر کوئی شخص برا فعل کر گزرے یا اپنے نفس پر ظلم کر جائے اس کے بعد اللہ سے درگزر کی درخواست کرے تو اللہ کو درگزر کرنے والا اور رحیم پائے گا

۱۱۱. مگر جو برائی کما لے تو اس کی یہ کمائی اسی کے لیے وبال ہوگی، اللہ کو سب باتوں کی خبر ہے اور وہ علم رکھنے والا اور دانا ہے

۱۱۲. پھر جس نے کوئی خطا یا گناہ کر کے اس کا الزام کسی بے گناہ پر تھوپ دیا اس نے تو بڑے بہتان اور صریح گناہ کا بار سمیٹ لیا

۱۱۳. (اے نبی صلی اللہ علیہ وآلہ وسلم!) اگر اللہ کا فضل آپ پر نہ ہوتا اور اس کی رحمت آپ کے شامل حال نہ ہوتی تو ان میں سے ایک گروہ نے تو آپ کو بہکانے کا فیصلہ کر ہی لیا تھا، حالانکہ وہ خود بہک گئے ہیں اور وہ آپ کا کوئی نقصان نہیں کر سکتے۔ اللہ نے تم پر کتاب اور حکمت نازل کی ہے اور آپ کو وہ کچھ سکھایا ہے جو آپ کو معلوم نہ تھا اور اللہ کا آپ پر بہت بڑا فضل ہے

۱۱۴. لوگوں کی خفیہ سرگوشیوں میں اکثر کوئی بھلائی نہیں ہوتی۔ ہاں، اگر کوئی پوشیدہ طور پر صدقہ وخیرات کی تلقین کرے، یا کسی نیک کام کے لیے، یا لوگوں کے معاملات میں اصلاح کرنے کے لیے کسی سے کچھ کہے تو یہ البتہ بھلی بات ہے اور جو کوئی اللہ کی رضا جوئی کے لیے ایسا کرے گا اسے ہم بڑا اجر عطا کریں گے۔

۱۱۵. اور جو شخص رسول کی مخالفت پر کمر بستہ ہو اور اہل ایمان کی روش کے سوا کسی اور روش پر چلے جبکہ اس پر راہ راست واضح ہو چکی ہو تو اس کو ہم اسی طرف چلائیں گے جدھر وہ خود پھر گیا اور اسے جہنم میں جھونکیں گے جو بدترین جائے قرار ہے

۱۱۶. اللہ کے ہاں صرف شرک کی ہی بخشش نہیں ہے، اس کے سوا اور سب کچھ معاف ہو سکتا ہے جسے وہ معاف کرنا چاہے۔ جس نے اللہ کے ساتھ کسی کو شریک ٹھہرایا وہ تو گمراہی میں بہت دور نکل گیا

۱۱۷. وہ اللہ کو چھوڑ کر دیویوں کو پکارتے ہیں۔ حقیقت میں وہ اس باغی شیطان کو پکار رہے ہیں

۱۱۸. جس کو اللہ نے لعنت زدہ کیا ہے۔ (وہ شیطان) جس نے اللہ سے کہا تھا کہ میں تیرے بندوں میں سے ایک مقرر حصہ لے کر رہوں گا

۱۱۹. میں انہیں بہکاؤں گا، میں انہیں آرزوؤں میں الجھاؤں گا، میں انہیں حکم دوں گا اور وہ میرے حکم سے جانوروں کے کان پھاڑیں گے اور میں انہیں حکم دوں گا اور وہ میرے

حکم سے اللہ کی پیدا کردہ چیزوں میں ردو بدل کریں گے۔ جس نے اللہ کی بجائے شیطان کو اپنا ولی و سرپرست بنا لیا وہ صریح نقصان میں پڑ گیا

۱۲۰۔   وہ ان لوگوں سے وعدے کرتا ہے اور انہیں امیدیں دلاتا ہے ، مگر شیطان کے سارے وعدے سوائے فریب کے اور کچھ نہیں ہیں

۱۲۱۔   ان لوگوں کا ٹھکانہ جہنم ہے یہ اس سے نجات کی کوئی صورت نہ پائیں گے

۱۲۲۔   اور وہ لوگ جو ایمان لے آئیں اور نیک عمل کریں تو انہیں ہم ایسے باغوں میں داخل کریں گے جن کے نیچے نہریں بہتی ہوں گی اور وہ وہاں ہمیشہ ہمیشہ رہیں گے۔ یہ اللہ کا سچا وعدہ ہے اور اللہ سے بڑھ کر کون اپنی بات میں سچا ہو گا ؟

۱۲۳۔   انجام کار نہ تمہاری آرزوؤں پر موقوف ہے نہ اہل کتاب کی آرزوؤں پر جو بھی برائی کرے گا اس کا پھل پائے گا اور اللہ کے مقابلے میں اپنے لیے کوئی حامی و مددگار نہ پا سکے گا

۱۲۴۔   جو نیک عمل کرے گا، خواہ مرد ہو، خواہ عورت ، بشر طیکہ ہو وہ مومن تو ایسے ہی لوگ جنت میں داخل ہوں گے اور ان کی ذرہ برابر بھی حق تلفی نہ ہونے پائے گی

۱۲۵۔   اس شخص سے بہتر اور کس کا طریق زندگی ہو سکتا ہے ؟ جس نے اللہ کے آگے سر تسلیم خم کر دیا اور اپنا رویہ نیک رکھا اور یکسو ہو کر ابراہیمؑ کے طریقے کی پیروی کی، اس ابراہیمؑ کے طریقے کی جسے اللہ نے اپنا دوست مخلص بنا لیا تھا

۱۲۶. آسمانوں اور زمین میں جو کچھ ہے اللہ کا ہے اور اللہ ہر چیز پر محیط ہے

۱۲۷. لوگ آپ سے عورتوں کے معاملہ میں فتویٰ پوچھتے ہیں۔ کہو اللہ ان کے معاملہ میں فتویٰ دیتا ہے اور ساتھ ہی وہ احکام بھی یاد دلاتا ہے جو پہلے سے تم کو اس کتاب میں سنائے جا رہے ہیں، یعنی وہ احکام جو ان یتیم لڑکیوں کے متعلق ہیں جن کا حق تم ادا نہیں کرتے اور جن سے نکاح کرنے سے تم رغبت رکھتے ہو اور وہ احکام جو ان بچوں کے متعلق ہیں جو کمزور ہیں۔ اللہ تمہیں ہدایت کرتا ہے کہ یتیموں کے ساتھ انصاف پر قائم رہو اور جو بھلائی تم کرو گے اللہ اسے خوب جانتا ہے

۱۲۸. جب کسی عورت کو اپنے خاوند سے بدسلوکی یا بے رخی کا خطرہ ہو تو کوئی مضائقہ نہیں اگر میاں اور بیوی آپس میں صلح کر لیں۔ نفس تنگ دلی کی طرف جلدی مائل ہو جاتے ہیں لیکن اگر تم لوگ احسان سے پیش آؤ اور تقویٰ سے کام لو تو یقین رکھو تم جو عمل کرو اللہ اس سے باخبر ہے

۱۲۹. بیویوں کے درمیان پورا پورا عدل کرنا تمہارے بس میں نہیں ہے۔ تم چاہو بھی تو اس پر قادر نہیں ہو سکتے، لہٰذا ایک بیوی کی طرف اس طرح نہ جھک جاؤ کہ دوسری کو لٹکتا چھوڑ دو۔ اگر تم اپنا طرز عمل درست رکھو اور اللہ سے ڈرتے رہو تو اللہ معاف کرنے والا، رحم فرمانے والا ہے

۱۳۰۔ لیکن اگر میاں بیوی ایک دوسرے سے الگ ہی ہو جائیں تو اللہ اپنی وسیع قدرت سے ہر ایک کو دوسرے کی محتاجی سے بے نیاز کرے گا۔ اللہ کا دامن بہت کشادہ ہے اور اللہ بڑی وسعت والا اور دانا ہے

۱۳۱۔ آسمانوں اور زمین میں جو کچھ ہے سب اللہ ہی کا ہے۔ تم سے پہلے جن کو ہم نے کتاب دی تھی انہیں بھی یہی ہدایت کی تھی اور اب تم کو بھی یہی ہدایت کرتے ہیں کہ اللہ سے ڈرتے رہو۔ لیکن اگر تم کفر کرو گے آسمان و زمین کی ساری چیزوں کا مالک اللہ ہی ہے اور وہ بے نیاز، ہر تعریف کا مستحق ہے

۱۳۲۔ جو کچھ آسمانوں اور جو زمین میں ہے اللہ ہی کے لیے ہے ان سب چیزوں کا جو آسمانوں میں ہیں اور جو زمین میں ہیں اور کارسازی کے لیے بس وہی کافی ہے

۱۳۳۔ اگر وہ چاہے تو تم لوگوں کو ہٹا کر تمہاری جگہ دوسروں کو لے آئے اور وہ اس کی پوری قدرت رکھتا ہے

۱۳۴۔ جو شخص صرف ثواب دنیا کا طالب ہو (اسے معلوم ہونا چاہیے کہ) اللہ کے پاس ثواب دنیا بھی ہے اور ثواب آخرت بھی اور اللہ سمیع و بصیر ہے

۱۳۵۔ اے ایمان والو! اللہ کی خاطر انصاف کرتے ہوئے گواہی دیا کرو اگرچہ گواہی کی زد خود تمہاری اپنی ذات پر یا تمہارے والدین اور رشتہ داروں پر ہی کیوں نہ پڑتی ہو۔ اور اگر کوئی فریق مالدار ہو یا غریب، اللہ تم سے زیادہ ان کا خیر خواہ ہے، لہٰذا اپنے نفس کی خواہش کی

پیروی میں عدل سے باز نہ رہواور اگر تم نے لگی لپٹی بات کہی یا سچائی سے پہلو بچایا تو جان رکھو کہ جو کچھ تم کرتے ہو اللہ کو اس کی خبر ہے

۱۳۶ . اے ایمان والو! ایمان لاؤ اللہ پر اور اس کے رسول پر اور اس کتاب پر جو اللہ نے اپنے رسول پر نازل کی ہے اور ہر اس کتاب پر جو اس سے پہلے وہ نازل کر چکا ہے۔ جس نے اللہ اور اس کے ملائکہ اور اس کی کتابوں اور اس کے رسولوں اور روز آخرت سے کفر کیا وہ گمراہی میں بھٹک کر بہت دور نکل گیا

۱۳۷ . رہے وہ لوگ جو ایمان لائے، پھر کفر کیا، پھر ایمان لائے، پھر کفر کیا، پھر اپنے کفر میں بڑھتے چلے گئے، تو اللہ ہرگز ان کو معاف کرے گا اور نہ کبھی ان کو راہ راست دکھائے گا

۱۳۸ . اور جو منافق اہل ایمان کو چھوڑ کر کافروں کو اپنا رفیق بناتے ہیں انہیں یہ خوشخبری سنا دو کہ ان کے لیے دردناک عذاب تیار ہے

۱۳۹ . کیا یہ لوگ عزت کی طلب میں ان کے پاس جاتے ہیں؟ حالانکہ عزت تو ساری کی ساری اللہ ہی کے لیے ہے

۱۴۰ . اللہ اس کتاب میں تم پر پہلے ہی حکم نازل کر چکا ہے کہ جہاں تم سنو کہ اللہ کی آیات کے خلاف کفر بکا جا رہا ہے اور انہیں مذاق کا نشانہ بنایا جا رہا ہے وہاں نہ بیٹھو جب تک کہ لوگ کسی دوسری بات میں نہ لگ جائیں۔ (اب اگر تم ایسا کرتے ہو) تو تم بھی انہی کی طرح ہو۔ یقین جانو کہ اللہ منافقوں اور کافروں کو جہنم میں ایک جگہ جمع کرنے والا ہے

۱۴۱.	یہ منافق تمہارے معاملہ میں انتظار کر رہے ہیں اگر اللہ کی طرف سے فتح تمہاری ہوئی تو آ کر کہیں گے کیا ہم تمہارے ساتھ نہ تھے؟ اگر کفار کا پلہ بھاری رہا تو ان سے کہیں گے کہ کیا ہم تمہارے خلاف لڑنے پر قادر نہ تھے۔ اور پھر بھی ہم نے تم کو مسلمانوں سے بچا لیا؟ بس اللہ ہی تمہارے اور ان کے معاملہ کا فیصلہ قیامت کے روز کرے گا اور اللہ نے کفار کے لیے مسلمانوں پر غالب آنے کی ہرگز کوئی سبیل نہیں رکھی

۱۴۲.	یقیناً منافق اللہ کے ساتھ دھوکہ بازی کر رہے ہیں، حالانکہ در حقیقت اللہ ہی نے انہیں دھوکہ میں ڈال رکھا ہے جب یہ نماز کے لیے اٹھتے ہیں تو کسمساتے (سست، ڈھیلے) ہوئے صرف لوگوں کو دکھانے کے لیے اٹھتے ہیں اور اللہ کو کم ہی یاد کرتے ہیں

۱۴۳.	کفر و ایمان کے درمیان ڈانواڈول ہیں نہ پورے اس طرف ہیں نہ پورے اس طرف، جسے اللہ نے انہیں بھٹکا دیا ہو اس کے لیے تم کوئی راستہ نہیں پا سکتے

۱۴۴.	اے ایمان والو! مومنوں کو چھوڑ کر کفار کو اپنے دوست نہ بناؤ۔ کیا تم چاہتے ہو کہ اللہ کو اپنے خلاف صریح حجت دے دو

۱۴۵.	یقین جانو کہ منافق جہنم کے سب سے نچلے طبقے میں جائیں گے اور تم کسی کو ان کا مددگار نہ پاؤ گے

۱۴۶.	البتہ ان میں سے جو تائب ہوجائیں اور اپنے طرز عمل کی اصلاح کرلیں اور اللہ کا دامن تھام لیں اور اپنے دین کو اللہ کے لیے خالص کردیں۔ ایسے لوگ مومنوں کے ساتھ ہیں اور اللہ مومنوں کو ضرور اجر عظیم عطا فرمائے گا

۱۴۷.	اللہ تمہیں خواہ مخواہ سزا دے کر کیا کرے گا اگر تم شکر گزار بندے بنے رہو اور ایمان کی روش پر چلتے رہو۔ اللہ بڑا قدردان اور سب کے حال سے واقف ہے

۱۴۸.	اللہ اس کو پسند نہیں کرتا کہ آدمی بد گوئی پر زبان کھولے، سوائے اس کے کہ کسی پر ظلم کیا گیا ہو اور اللہ سب کچھ سننے والا اور جاننے والا ہے

۱۴۹.	(مظلوم ہونے کی صورت میں اگرچہ بد گوئی کا حق تم کو ہے) لیکن اگر تم ظاہر و باطن میں بھلائی ہی کیے جاؤ، یا کم از کم برائی سے درگزر کرو (تو اللہ کی صفت بھی یہی ہے کہ) یقیناً اللہ تعالیٰ بڑا معاف کرنے والا ہے، (حالانکہ وہ سزا دینے پر) پوری قدرت رکھتا ہے

۱۵۰.	جو لوگ اللہ اور اس کے رسولوں کے ساتھ کفر کرتے ہیں، وہ چاہتے ہیں کہ اللہ اور اس کے رسولوں کے درمیان تفریق کریں اور کہتے ہیں کہ ہم کسی کو مانیں گے اور کسی کو نہ مانیں گے اور کفر و ایمان کے بیچ میں ایک راہ نکالنے کا ارادہ رکھتے ہیں

۱۵۱.	وہ سب پکے کافر ہیں اور ایسے کافروں کے لیے ہم نے رسوا کن عذاب تیار کر رکھا ہے

۱۵۲۔ جو لوگ اللہ اور اس کے رسولوں پر ایمان لائے اور ان میں سے کسی میں فرق نہ کیا، اللہ ان کو ان کے ثواب جلد دے گا۔ اور اللہ تعالیٰ بخشنے والا، مہربان ہے

۱۵۳۔ اہل کتاب آج اگر تم سے مطالبہ کر رہے ہیں کہ تم آسمان سے کوئی کتاب ان پر نازل کراؤ تو اس سے کہیں بڑا مطالبہ یہ موسیٰ سے کر چکے ہیں۔ اس سے تو انہوں نے کہا تھا کہ ہمیں اللہ دکھا دو اور اسی سرکشی کی وجہ سے یکایک ان پر بجلی ٹوٹ پڑی تھی، پھر انہوں نے بچھڑے کو اپنا معبود بنا لیا، حالانکہ یہ کھلی کھلی نشانیاں دیکھ چکے تھے۔ اس پر بھی ہم نے ان سے درگزر کیا۔ ہم نے موسیٰ کو صریح دلیل عطا فرمائی

۱۵۴۔ اور ہم نے ان پر طور (پہاڑ) کو اٹھا کر ان سے پختہ عہد لیا۔ ہم نے ان کو حکم دیا کہ دروازے میں سجدہ کرتے ہوئے داخل ہوں۔ ہم نے ان سے کہا کہ ہفتے کے دن میں حد سے تجاوز نہ کرنا اور اس پر ان سے پکا وعدہ لیا۔

۱۵۵۔ آخرکار ان کی عہد شکنی کی، اللہ کی آیات کو جھٹلانے اور (متعدد) پیغمبروں کو بغیر وجہ کے قتل کرنے کی وجہ سے (ان کی یہ سزا تھی) اور یہاں تک کہا کہ ہمارے دل غلافوں میں محفوظ ہیں، حالانکہ ان کی باطل پرستی کی وجہ سے اللہ نے ان کے دلوں پر مہر لگا دی ہے، اسی لیے ان میں سے بہت کم لوگ ایمان لاتے ہیں

۱۵۶۔ اپنے کفر میں یہ لوگ اتنے بڑھ گئے کہ انہوں نے حضرت مریم پر سخت بہتان لگایا

۱۵۷۔ اور ان کا یہ کہنا کہ ہم نے مسیح، عیسیٰ بن مریم، رسول اللہ کو قتل کر دیا، حالانکہ اصل میں نہ انہوں نے اس کو قتل کیا اور نہ سولی پر چڑھایا۔ بلکہ یہ معاملہ ان کے لیے مشتبہ کر دیا گیا اور جن لوگوں نے اس بارے میں اختلاف کیا ہے وہ بھی دراصل شک میں مبتلا ہیں، ان کے پاس اس معاملہ میں کوئی علم نہیں ہے صرف گمان کی ہی پیروی ہے۔ انہوں نے یقیناً اسے قتل نہیں کیا

۱۵۸۔ بلکہ اللہ نے اس کو اپنی طرف اٹھا لیا، اللہ زبردست طاقت رکھنے والا، حکیم ہے۔

۱۵۹۔ اور اہل کتاب میں سے کوئی ایسا نہ ہو گا جو اس کی موت سے پہلے اس پر ایمان نہ لے آئے گا اور قیامت کے روز وہ ان پر گواہی دے گا

۱۶۰۔ غرض ان یہودی بن جانے والوں کے اسی ظالمانہ رویہ کی بنا پر اور اس لیے کہ یہ ہمیشہ اللہ کے راستے سے روکتے ہیں۔

۱۶۱۔ اور سود لیتے ہیں جس سے انہیں منع کیا گیا تھا اور لوگوں کے مال ناجائز طریقوں سے کھاتے ہیں ہم نے بہت سی وہ پاک چیزیں ان پر حرام کر دیں جو پہلے ان کے لیے حلال تھیں اور جو لوگ ان میں سے کافر ہیں ان کے لیے ہم نے دردناک عذاب تیار کر رکھا ہے۔

۱۶۲۔ مگر ان میں جو لوگ پختہ علم رکھتے ہیں اور ایماندار ہیں۔ وہ سب اس تعلیم پر ایمان لاتے ہیں جو آپ کی طرف نازل کی گئی ہے اور جو آپ سے پہلے نازل کی گئی تھی اس طرح

کے ایمان لانے والے ، نماز وزکوٰۃ کی پابندی کرنے والے ، اللہ اور روز آخرت پر سچا عقیدہ رکھنے والے لوگوں کو ہم ضرور اجر عظیم عطا کریں گے

۱۶۳۔ (اے محمد صلی اللہ علیہ وآلہ وسلم!) ہم نے تمہاری طرف اسی طرح وحی بھیجی ہے جس طرح نوحؑ اور اس کے بعد کے پیغمبروں کی طرف بھیجی تھی۔ ہم نے ابراہیمؑ، اسماعیلؑ، اسحٰق، یعقوبؑ اور اولاد یعقوب، یونسؑ، ہارون، اور سلیمانؑ کی طرف وحی بھیجی اور ہم نے داؤدؑ کو زبور دی۔

۱۶۴۔ ہم نے ان رسولوں پر بھی وحی نازل کی جن کا ذکر ہم اس سے پہلے تم سے کر چکے ہیں اور ان رسولوں پر بھی جن کا ذکر تم سے نہیں کیا اور اللہ نے موسیٰؑ سے اس طرح گفتگو کی جس طرح گفتگو کی جاتی ہے

۱۶۵۔ یہ سارے رسول خوش خبری دینے والے اور ڈرانے والے بنا کر بھیجے گئے تھے۔ تاکہ ان کو بھیج کر لوگوں کے پاس اللہ کے مقابلہ میں کوئی حجت نہ رہے اور اللہ بہر حال غالب رہنے والا اور حکیم و دانا ہے

۱۶۶۔ مگر اللہ گواہی دیتا ہے کہ جو کچھ اس نے تم پر نازل کیا ہے اپنے علم سے نازل کیا ہے اور اس پر فرشتے بھی گواہ ہیں اگرچہ اللہ کا گواہ ہونا ہی کافی ہے

۱۶۷۔ جو لوگ اس کو ماننے سے خود انکار کرتے ہیں اور دوسروں کو اللہ کے راستے سے روکتے ہیں۔ وہ یقیناً گمراہی میں بہت دور نکل گئے ہیں

۱۶۸۔ اس طرح جن لوگوں نے کفر و نافرمانی کا طریقہ اختیار کیا اور ظلم و ستم پر اتر آئے اللہ ان کو ہرگز معاف نہ کرے گا اور انہیں کوئی راستہ نہ دکھائے گا

۱۶۹۔ سوائے جہنم کے راستہ کے اس میں وہ ہمیشہ رہیں گے اور اللہ کے لیے یہ کوئی مشکل کام نہیں ہے

۱۷۰۔ لوگو! یہ رسول تمہارے پاس تمہارے رب کی طرف سے حق لے کر آگیا ہے، ایمان لے آؤ، تمہارے لیے یہی بہتر ہے اور اگر انکار کرتے ہو تو جان لو کہ آسمان اور زمین میں جو کچھ ہے سب اللہ کا ہے اور اللہ علیم بھی ہے اور حکیم بھی

۱۷۱۔ اے اہل کتاب! اپنے دین میں حد سے نہ نکلو اور اللہ کی طرف سوائے سچ کے اور کوئی بات نہ کہو۔ مسیح عیسیٰؑ بن مریم اور کچھ نہ تھے سوائے اس کے کہ اللہ کے رسول تھے اور ایک فرمان تھا جو اللہ نے مریم کی طرف بھیجا اور ایک روح تھی اللہ کی طرف سے۔ پس تم اللہ اور اس کے رسولوں پر ایمان لاؤ۔ اور یہ نہ کہو کہ اللہ تین ہیں۔ باز آجاؤ یہ تمہارے لیے ہی بہتر ہے۔ بیشک اللہ تو صرف ایک اللہ ہی ہے وہ اس سے بے نیاز ہے کہ کوئی اس کا بیٹا ہو۔ زمین و آسمان کی ساری چیزیں اس کی ملکیت میں ہیں اور ان کی خبر گیری کے لیے بس وہی کافی ہے

۱۷۲۔ مسیح نے کبھی اس بات کو عار نہیں سمجھا کہ وہ اللہ کا ایک بندہ ہو اور نہ مقرب ترین فرشتے اس کو اپنے لیے عار سمجھتے ہیں۔ اگر کوئی اللہ کی بندگی کو اپنے لیے عار سمجھتا ہے اور تکبر کرتا ہے تو ایک وقت آئے گا جب اللہ سب کو گھیر کر اپنے سامنے حاضر کرے گا۔

۱۷۳۔ اس وقت وہ لوگ جنہوں نے ایمان لاکر نیک طرز عمل اختیار کیا ہے اپنے اجر پورے پورے پائیں گے اور اللہ اپنے فضل سے ان کو مزید اجر دے گا۔ اور جن لوگوں نے بندگی کو عار سمجھا اور تکبر کیا ان کو اللہ دردناک سزا دے گا۔ اور اللہ کے سوا (جن جن کی سرپرستی ومددگاری پر وہ بھروسہ رکھتے ہیں ان میں سے) کسی کو بھی اپنے لیے حمایتی اور مددگار نہ پائیں گے

۱۷۴۔ لوگو! تمہارے رب کی طرف سے تمہارے پاس روشن دلیل آگئی ہے اور ہم نے تمہاری طرف ایسی روشنی بھیج دی ہے جو تمہیں صاف صاف راستہ دکھانے والی ہے۔

۱۷۵۔ اب جو لوگ اللہ کی بات مان لیں گے اور اس کی پناہ ڈھونڈیں گے اللہ ان کو اپنی رحمت اور فضل وکرم میں چھپالے گا اور اپنی طرف آنے کا سیدھا راستہ ان کو دکھا دے گا

۱۷۶۔ لوگ آپ سے کلالہ کے معاملہ میں فتویٰ پوچھتے ہیں۔ کہو اللہ تمہیں فتویٰ دیتا ہے۔ اگر کوئی شخص بے اولاد مر جائے اور اس کی ایک بہن ہو تو وہ اس کے ترکہ میں سے نصف پائے گی اور اگر بہن بے اولاد مرے تو بھائی اس کا وارث ہوگا۔ اگر میت کی وارث دو بہنیں ہوں تو وہ ترکہ میں سے دو تہائی کی وارث ہوں گی۔ اور اگر کئی بھائی بہنیں ہوں تو مرد کے لیے دو عورتوں کی مثل حصہ ہوگا۔ اللہ تمہارے لیے احکام کی وضاحت کرتا ہے۔ تاکہ تم بھٹکتے نہ پھرو اور اللہ ہر چیز کا علم رکھتا ہے

۵۔ سورۃ مائدہ

۱۔ اے ایمان والو! وعدے پورے کرو۔ تمہارے لیے چوپائے حلال کئے گئے ہیں سوائے ان کے جن کے نام تمہیں سنائے جائیں گے۔ احرام کی حالت میں شکار جائز نہیں۔ یقیناً جو چاہے اللہ حکم کرتا ہے

۲۔ اے ایمان والو! اللہ کی نشانیوں کی بے حرمتی نہ کرو، نہ ادب والے مہینوں کی، نہ حرم میں قربان ہونے والے اور پٹے پہنائے گئے جانوروں کی جو کعبہ کو جا رہے ہوں اور نہ ان لوگوں کی جو بیت اللہ کے ارادہ سے اپنے رب کے فضل اور اس کی رضا حاصل کرنے کے لیے جا رہے ہوں۔ ہاں! جب تم احرام اتار ڈالو تو شکار کر سکتے ہو۔ جن لوگوں نے تمہیں مسجد حرام سے روکا تھا ان کی دشمنی تمہیں اس بات پر آمادہ نہ کرے کہ تم حد سے گزر جاؤ نیکی اور پرہیزگاری میں ایک دوسرے کی مدد کرتے رہو مگر گناہ اور ظلم و زیادتی میں مدد نہ کرو اور اللہ سے ڈرتے رہو، بیشک اللہ تعالیٰ سخت سزا دینے والا ہے

۳.	تم پر حرام کیا گیا مردار، خون، سؤر کا گوشت، وہ جانور جو اللہ کے سوا کسی اور کے نام پر مشہور کیا گیا ہو، جو گلا گھٹ کر مر گیا، چوٹ کھا کر یا بلندی سے گر کر مر گیا، یا ٹکر کھا کر مرا ہو، یا جسے درندے نے پھاڑا ہو۔ سوائے اس کے جسے تم نے زندہ پا کر ذبح کر لیا ہو، اور وہ کسی آستانے پر ذبح کیا گیا ہو، حرام ہے اور یہ بھی تمہارے لیے ناجائز ہے کہ پانسوں (فال نکالنے) کے ذریعے سے اپنی قسمت معلوم کرو۔ یہ تمام کام گناہ ہیں۔ آج کافروں کو تمہارے دین کی طرف سے پوری مایوسی ہو چکی ہے، لہٰذا تم ان سے نہ ڈرو اور مجھ سے ڈرو۔ آج میں نے تمہارے دین کو تمہارے لیے مکمل کر دیا ہے اور اپنی نعمت تم پر مکمل کر دی ہے اور تمہارے لیے اسلام کے دین ہونے پر راضی ہو گیا (لہٰذا حرام و حلال کی پابندی کرو،) البتہ جو شخص بھوک سے مجبور ہو کر کوئی چیز کھا لے، بغیر اس کے کہ گناہ کا خیال اس کے دل میں ہو۔ تو بیشک اللہ معاف کرنے والا اور رحم کرنے والا ہے

۴.	لوگ پوچھتے ہیں کہ ان کے لیے کیا حلال کیا گیا ہے؟ کہہ دو تمہارے لیے ساری پاک چیزیں حلال کر دی گئی ہیں اور جن شکاری جانوروں کو تم نے سدھایا ہو جن کو اللہ کے دیئے ہوئے علم کی بنا پر تم شکار کی تعلیم دیا کرتے ہو۔ وہ جس جانور کو تمہارے لیے پکڑ رکھیں اس کو بھی تم کھا سکتے ہو، البتہ اس پر اللہ کا نام لے لو اور اللہ (کا قانون توڑنے) سے ڈرو، اللہ جلد حساب لینے والا ہے

۵.	آج تمہارے لیے تمام پاک چیزیں حلال کر دی گئی ہیں۔ اہل کتاب کا کھانا تمہارے لیے حلال ہے اور تمہارا کھانا ان کے لئے۔ اور پاکدامنہ عورتیں بھی تمہارے

لیے حلال ہیں خواہ وہ اہل ایمان کے گروہ سے ہوں یا ان قوموں میں سے جن کو تم سے پہلے کتاب دی گئی تھی، بشرطیکہ تم ان سے نکاح کرکے مہر ادا کرکے ان کے محافظ بنو، نہ یہ کہ آزادانہ بد فعلی کرنے لگو یا چوری چھپے دوستیاں کرو۔ اور جس نے ایمان کی روش پر چلنے سے انکار کیا تو اس کی زندگی کے تمام (نیک) اعمال ضائع ہو جائیں گئے اور وہ آخرت میں بے حد نقصان اٹھانے والا ہو گا

٦. اے ایمان والو! جب تم نماز کے لیے اٹھو تو چاہیے کہ اپنے منہ اور ہاتھ کہنیوں تک دھو لو، سروں پر مسح کر لو اور پاؤں ٹخنوں تک دھو لیا کرو۔ اگر ناپاکی کی حالت میں ہو تو نہا کر پاک ہو جاؤ۔ اگر بیمار ہو یا سفر کی حالت میں ہو یا تم میں سے کوئی شخص رفع حاجت کر کے آئے یا تم نے عورتوں کو ہاتھ لگایا ہو، اللہ تم پر زندگی تنگ نہیں کرنا چاہتا۔ اگر پانی نہ ملے تو پاک مٹی سے کام لو، بس اس پر ہاتھ مار کر اپنے مونہوں اور ہاتھوں پر پھیر لیا کرو اللہ تم پر زندگی کو مشکل نہیں بنانا چاہتا بلکہ وہ چاہتا ہے کہ تمہیں پاک کرے اور اپنی نعمت تمہارے لیے پوری کر دے تاکہ تم شکر گزار بنو

٧. اللہ نے جو نعمت تم کو عطا کی ہے اس کا خیال رکھو اور اس پکے عہد کو نہ بھولو جو اس نے تم سے لیا ہے۔ یعنی تمہارا یہ قول کہ ہم نے سنا اور اطاعت کی۔ اللہ سے ڈرو اللہ دلوں کی باتوں کو جانتا ہے

٨. اے ایمان والو! اللہ کی خاطر حق پر قائم رہنے والے اور انصاف کی گواہی دینے والے بنو۔ کسی گروہ کی دشمنی تم کو اتنا مشتعل نہ کر دے کہ انصاف سے پھر جاؤ، یہ تقویٰ

سے زیادہ مناسبت رکھتا ہے کہ تم عدل کرو اللہ سے ڈر کر کام کرتے رہو، جو کچھ تم کرتے ہو اللہ اس سے پوری طرح باخبر ہے۔

۹. جو لوگ ایمان لائیں اور نیک کام کریں اللہ نے ان سے وعدہ کیا ہے کہ ان کی خطاؤں سے درگزر کیا جائے گا اور انہیں بڑا اجر دیا جائے گا۔

۱۰. رہے وہ لوگ جو کفر کریں اور اللہ کی آیات کو جھٹلائیں تو وہ دوزخ میں جانے والے ہیں

۱۱. اے ایمان والو! اللہ کے اس احسان کو یاد کرو جو اس نے تم پر کیا ہے، جبکہ ایک گروہ نے تم پر دست درازی کا ارداہ کرلیا تھا اللہ نے ان کے ہاتھ تم پر اٹھنے سے روک دیے۔ اللہ سے ڈر کے کام کرتے رہو، ایمان رکھنے والوں کو اللہ پر ہی بھروسہ رکھنا چاہیے۔

۱۲. اللہ نے بنی اسرائیل سے پختہ عہد لیا تھا اور ان میں بارہ سردار مقرر کیے تھے اور اللہ نے کہا تھا کہ میں تمہارے ساتھ ہوں اگر تم نے نماز قائم رکھی اور زکوٰۃ دی اور میرے رسولوں کو مانا اور ان کی مدد کی اور اپنے رب کو اچھا قرض دیتے رہے تو یقین رکھو کہ میں تمہارے گناہ تم سے دور کردوں گا اور تم کو ایسے باغوں میں داخل کردں گا جن کے نیچے نہریں بہتی ہوں گی مگر اس کے بعد جس نے تم میں سے غلط روش اختیار کی تو وہ بیشک سیدھے راستہ سے گمراہ ہوگیا

۱۳.	پھر ان کے اپنے عہد کو توڑ ڈالنے کی وجہ سے ہم نے ان کو اپنی رحمت سے دور پھینک دیا اور ان کے دل سخت کر دیے۔ اب ان کا حال یہ ہے کہ الفاظ کا الٹ پھیر کر کے بات کو کہیں سے کہیں لے جاتے ہیں، جو تعلیم انہیں دی گئی تھی اس کا بڑا حصہ بھول چکے ہیں اور آئے دن تمھیں ان کی کسی نہ کسی خیانت کا پتہ چلتا رہتا ہے ان میں سے بہت کم لوگ اس عیب سے بچے ہوئے ہیں۔ انہیں معاف کر دو ان کی حرکتوں سے چشم پوشی کرتے رہو، اللہ ان لوگوں کو پسند کرتا ہے جو احسان کرتے ہیں

۱۴.	اسی طرح ہم نے ان لوگوں سے بھی عہد لیا تھا جنھوں نے کہا تھا کہ ہم نصاریٰ ہیں مگر ان کو بھی جو سبق یاد کرایا گیا تھا اس کا ایک بڑا حصہ انہوں نے فراموش کر دیا، آخر کار ہم نے ان کے درمیان قیامت تک کے لیے دشمنی اور آپس کے حسد اور بغض کا بیج بو دیا اور ضرور ایک وقت آئے گا اللہ انہیں بتائے گا کہ وہ دنیا میں کیا کرتے رہے ہیں

۱۵.	اے اہل کتاب! ہمارا رسول تمہارے پاس آگیا ہے جو کتاب الٰہی کی بہت سی ان باتوں کو تمہارے سامنے کھول رہا ہے جن پر تم پردہ ڈالا کرتے تھے اور بہت سی باتوں پر در گزر بھی کر جاتا ہے تمہارے پاس اللہ کی طرف سے روشنی آگئی ہے اور ایک ایسی واضح کتاب۔

۱۶.	جس سے اللہ تعالیٰ ان لوگوں کو سلامتی کے طریقے بتاتا ہے جو اس کی رضا چاہتے ہیں اور اپنے حکم سے ان کو اندھیروں سے نکال کر روشنی میں لاتا ہے اور سیدھے راستے کی طرف ان کو لے جاتا ہے۔

۱۷۔ یقیناً کفر کیا ان لوگوں نے جنھوں نے کہا کہ مسیح ابن مریم ہی اللہ ہے۔ (اے محمد صلی اللہ علیہ وآلہ وسلم) کہو کہ اگر اللہ مسیح ابن مریم، اس کی ماں اور تمام زمین والوں کو ہلاک کر دینا چاہے تو کسی کی ہمت ہے جو اس کو اس کام سے روک سکے؟ اللہ تو زمین اور آسمان اور وہ تمام چیزیں جو ان کے درمیان موجود ہیں سب کا مالک ہے جو کچھ چاہتا ہے پیدا کرتا ہے اور ہر چیز پر قدرت رکھتا ہے۔

۱۸۔ یہود و نصاریٰ کہتے ہیں کہ ہم اللہ کے بیٹے (نعوذ باللہ) اور اس کے مقبول ترین لوگ ہیں۔ ان سے پوچھو پھر وہ تمہارے گناہوں پر تمہیں سزا کیوں دیتا ہے؟ اصل میں تم بھی ویسے ہی انسان ہو، جیسے باقی تمام انسان اللہ نے پیدا کیے ہیں وہ جسے چاہتا ہے معاف کر دیتا ہے جسے چاہتا ہے سزا دیتا ہے۔ زمین اور آسمان اور ان کے درمیان کی تمام چیزوں کا وہی مالک ہے اور اسی کی طرف سب کو لوٹ کر جانا ہے۔

۱۹۔ اے اہل کتاب! یہ رسول ایسے وقت تمہارے پاس آیا ہے، اور دین کی واضح تعلیم تمہیں دے رہا ہے جب کہ رسولوں کی آمد کا سلسلہ ایک مدت سے بند تھا تاکہ تم یہ نہ کہہ سکو کہ ہمارے پاس کوئی خوشخبری دینے والا اور ڈرانے والا نہیں آیا۔ سو دیکھو! اب وہ خوشخبری دینے والا اور ڈرانے والا آ گیا اور اللہ ہر چیز پر قادر ہے۔

۲۰۔ اور (یاد کرو) جب موسیٰ نے اپنی قوم سے کہا تھا کہ اے میری قوم کے لوگو! اللہ کی اس نعمت کا خیال کرو جو اس نے تمہیں عطا کی تھی۔ اس نے تم میں نبی پیدا کیے، تمہیں بادشاہت عطا کی اور تم کو وہ کچھ دیا جو دنیا میں کسی کو نہ دیا تھا

۲۱.   اے قوم !اس پاک سر زمین میں داخل ہو جاؤ جو تمہارے لیے اللہ نے مقرر کر دی ہے ،پیچھے نہ ہٹو ورنہ ناکام و نامراد پلٹو گے

۲۲.   انہوں نے جواب دیا اے موسیٰ !وہاں تو بڑے زبردست لوگ رہتے ہیں، ہم وہاں ہر گز نہ جائیں گے جب تک وہ وہاں سے نکل نہ جائیں۔ ہاں !اگر وہ نکل گئے تو ہم داخل ہونے کے لیے تیار ہیں۔

۲۳.   ان ڈرنے والوں میں دو شخص ایسے بھی تھے جن کو اللہ نے اپنی نعمت سے نوازا تھا۔ انہوں نے کہا کہ ان جباروں کے مقابلہ میں دروازے کے اندر چلے جاؤ، جب تم اندر پہنچ جاؤ گے تو تم ہی غالب رہو گے۔ اللہ پر بھروسہ رکھو اگر تم مومن ہو۔

۲۴.   لیکن انہوں نے پھر یہی کہا کہ اے موسیٰ !ہم تو وہاں نہ جائیں گے بس تم اور تمہارا رب دونوں جاؤ اور لڑو، ہم یہاں بیٹھے ہیں

۲۵.   اس پر موسیٰؑ نے کہا اے میرے رب !میرے اختیار میں کوئی نہیں سوائے میری اپنی ذات کے یا اپنے بھائی کے ،پس تو ہمیں ان نافرمان لوگوں سے علیحدہ کر دے۔

۲۶.   اللہ نے جواب دیا اچھا تو وہ ملک ان پر چالیس سال کے لیے حرام ہے، یہ زمین میں مارے مارے پھریں گے ،ان نافرمانوں کی حالت پر ہر گز ترس نہ کھاؤ

۲۷.　اور ذرا انہیں آدم کے دو بیٹوں کا قصہ بھی ٹھیک ٹھیک سنا دو جب ان دونوں نے قربانی کی تو دونوں میں سے ایک کی قربانی قبول ہو گئی اور دوسرے کی نہ ہوئی۔ اس نے کہا میں تجھے مار ڈالوں گا۔ اس نے جواب دیا اللہ تو متقیوں ہی کی قربانی قبول کرتا ہے

۲۸.　اگر تو مجھے قتل کرنے کے لیے ہاتھ اٹھائے گا تو میں تجھے قتل کرنے کے لیے ہاتھ نہ اٹھاؤں گا، میں اللہ رب العالمین سے ڈرتا ہوں۔

۲۹.　میں چاہتا ہوں کہ میرا اور اپنا گناہ تو ہی سمیٹ لے پس تو اہل دوزخ سے ہو جائے، ظالموں کے ظلم کا یہی ٹھیک بدلہ ہے۔

۳۰.　آخر کار اس کے نفس نے بھائی کے قتل پر اس کو راضی کر لیا، اور اس نے اس کو قتل کر ڈالا اور ان لوگوں میں شامل ہو گیا جو نقصان اٹھانے والے ہیں

۳۱.　پھر اللہ نے ایک کوا بھیجا جو زمین کھودنے لگا تاکہ اسے بتائے کہ اپنے بھائی کی لاش کیسے چھپائے۔ یہ دیکھ کر وہ بولا افسوس مجھ پر! میں اس کوے جیسا بھی نہ ہو سکا کہ اپنے بھائی کی لاش چھپانے کا طریقہ نکال سکتا۔ اس کے بعد وہ اپنے کیے پر بہت پچھتایا۔

۳۲.　اسی وجہ سے ہم نے بنی اسرائیل پر یہ فرمان لکھ دیا تھا کہ جس نے کسی انسان کو خون کے بدلے یا زمین میں فساد پھیلانے کے سوا کسی اور وجہ سے قتل کیا اس نے گویا تمام انسانوں کو قتل کر دیا اور جس نے کسی کی جان بچائی اس نے گویا تمام انسانوں کو زندگی بخش

دی۔ مگران کا حال یہ ہے کہ ہمارے رسول پے در پے ان کے پاس کھلی کھلی ہدایات لے کر آئے، پھر بھی ان میں بہت سے لوگ زمین میں زیادتیاں کرنے والے ہیں۔

۳۳. جو لوگ اللہ اور اس کے رسول سے لڑتے ہیں اور زمین میں اس لیے دوڑتے پھرتے ہیں کہ فساد پھیلائیں ان کی سزا یہ ہے کہ قتل کیے جائیں، یا سولی پر چڑھائے جائیں، یا ان کے ہاتھ اور پاؤں مخالف سمتوں سے کاٹ دیئے جائیں یا وہ جلاوطن کر دیئے جائیں۔ یہ ذلت و رسوائی تو ان کے لیے دنیا میں ہے، اور آخرت میں ان کے لیے بہت بڑا عذاب ہے۔

۳۴. مگر جو لوگ توبہ کر لیں قبل اس کے کہ تم ان پر قابو پاؤ۔ تمہیں معلوم ہونا چاہیے کہ اللہ معاف کرنے والا اور رحم فرمانے والا ہے۔

۳۵. اے ایمان والو! اللہ سے ڈرو اور اس کا قرب حاصل کرو اور اس کی راہ میں جہاد کرو تاکہ تم (ہر طرح) فلاح پاؤ۔

۳۶. خوب جان لو کہ جنھوں نے کفر کیا، اگر ان کے پاس ساری زمین کی دولت ہو، اتنی ہی اور اس کے ساتھ اور وہ یہ ساری دولت فدیہ کے طور پر دے کر قیامت کے عذاب سے بچنا چاہیں تو وہ دولت ان سے قبول نہ کی جائے گی اور انہیں دردناک سزا مل کر رہے گی۔

۳۷. وہ چاہیں گے کہ دوزخ کی آگ سے نکل بھاگیں مگر نہ نکل سکیں گے اور انہیں ہمیشہ رہنے والا عذاب دیا جائے گا

۳۸. اور چور، خواہ عورت ہو یا مرد، دونوں کے ہاتھ کاٹ دو، یہ ان کی کمائی کا بدلہ ہے، اور اللہ کی طرف سے عبرت ناک سزا۔ اللہ (کی قدرت سب پر) غالب ہے اور وہ دانا اور حکمت والا ہے۔

۳۹. پھر جو ظلم کرنے کے بعد توبہ کرے اور اپنی اصلاح کرے تو اللہ اس کی توبہ قبول کرے گا۔ اللہ بہت بخشنے والا اور رحم کرنے والا ہے

۴۰. کیا آپ کو معلوم نہیں کہ اللہ ہی کے لیے ہے آسمانوں اور زمین کی سلطنت، جس کو چاہے عذاب دے اور جس کو چاہے بخش دے اور اللہ ہر چیز پر قدرت رکھتا ہے

۴۱. اے پیغمبر ﷺ! وہ لوگ جو کفر کی راہ پر بڑی تیزی سے چل رہے ہیں آپ کیلیے باعث رنج نہ ہوں۔ خواہ وہ ان میں سے ہوں جو منہ سے کہتے ہیں ہم ایمان لائے مگر دل ان کے ایمان نہیں لائے، یا ان میں سے ہوں جو یہودی بن گئے ہیں، جن کا حال یہ ہے کہ جھوٹ کے لیے کان لگاتے ہیں اور دوسرے لوگوں کی خاطر، جو تمہارے پاس کبھی نہیں آئے، سن گُن لیتے پھرتے ہیں، کتاب اللہ کے الفاظ کو انتہائی مناسب ہونے کے باوجود اصل معنی سے پھیرتے ہیں، اور لوگوں سے کہتے ہیں کہ اگر تمہیں یہ حکم دیا جائے جو ہم دے رہے ہیں تو مان لو اگر کوئی اور حکم دیا جائے تو نہ مانو۔ جسے اللہ ہی نے فتنہ میں ڈالنے کا ارادہ کر لیا ہو اس کو اللہ کی گرفت سے بچانے کے لیے تم کچھ نہیں کر سکتے، یہ وہ لوگ ہیں جن کے دلوں کو اللہ نے پاک کرنا نہ چاہا، ان کے لیے دنیا میں رسوائی ہے اور آخرت میں بہت بڑا عذاب

۴۲. یہ جھوٹ بولنے کے لیے جاسوسی کرنے والے اور حرام کھانے والے ہیں، اگر یہ تیرے پاس فیصلہ کروانے کے لیے آئیں تو آپ کو اختیار دیا جاتا ہے چاہیں تو آپ فیصلہ کردیں، چاہیں تو نہ کریں، اور اگر آپ ان سے منہ پھیر لیں گے تو وہ آپ کا کچھ بھی بگاڑ نہ سکیں گے، اور اگر آپ فیصلہ کریں تو پورے انصاف سے فیصلہ کریں بیشک اللہ انصاف کرنے والوں کو دوست رکھتا ہے

۴۳. یہ تمھیں کیسے منصف بناتے ہیں جب کہ ان کے پاس تورات موجود ہے. جس میں اللہ کا حکم لکھا ہوا ہے اور پھر یہ اس سے منہ موڑ رہے ہیں؟ اصل بات یہ ہے کہ یہ لوگ ایمان ہی نہیں رکھتے۔

۴۴. ہم نے تورات نازل کی جس میں ہدایت اور روشنی تھی۔ سارے نبی جو مسلم تھے، اسی کے مطابق یہود کے معاملات کا فیصلہ کرتے تھے اور اسی طرح درویش اور عالم بھی، کیونکہ انہیں کتاب اللہ کی حفاظت کا ذمہ دار بنایا گیا تھا اور وہ اس پر گواہ تھے، پس تم (اے یہود!) لوگوں سے نہ ڈرو بلکہ مجھ سے ڈرو اور میری آیات کو تھوڑے معاوضے لے کر بیچنا چھوڑ دو۔ جو لوگ اللہ کے نازل کردہ قانون کے مطابق فیصلہ نہ کریں وہی کافر ہیں۔

۴۵. تورات میں ہم نے یہود پر یہ حکم لکھ دیا تھا کہ جان کے بدلے جان، آنکھ کے بدلے آنکھ، ناک کے بدلے ناک، کان کے بدلے کان، دانت کے بدلے دانت، اور تمام زخموں کے لیے برابر کا بدلہ۔ پھر جو قصاص کو معاف کردے تو یہ اس کے لیے کفارہ ہے اور جو لوگ اللہ کے نازل کردہ قانون کے مطابق فیصلہ نہ کریں وہی ظالم ہیں۔

۴۶. پھر ہم نے ان پیغمبروں کے بعد مریم کے بیٹے عیسیٰؑ کو بھیجا۔ تورات میں سے جو کچھ اس کے سامنے موجود تھا وہ اس کی تصدیق کرنے والا تھا اور ہم نے اس کو انجیل عطا کی جس میں راہنمائی اور روشنی تھی اور وہ (انجیل) بھی تورات میں جو کچھ موجود تھا اس کی تصدیق کرنے والی تھی اور تقویٰ اختیار کرنے والے لوگوں کے لیے سراسر ہدایت اور نصیحت تھی۔

۴۷. ہمارا حکم تھا کہ اہل انجیل اس قانون کے مطابق فیصلہ کریں جو اللہ نے اس میں نازل کیا ہے اور جو لوگ اللہ کے نازل کردہ قانون کے مطابق فیصلہ نہ کریں وہی فاسق ہیں

۴۸. پھر اے محمد ﷺ! ہم نے آپ کی طرف یہ کتاب بھیجی جو حق لے کر آئی ہے اور کتاب (تورات) میں سے جو کچھ اس کے آگے موجود ہے اس کی تصدیق کرنے والی اور اس کی محافظ و نگہبان ہے، لہٰذا تم اللہ کے نازل کردہ قانون کے مطابق لوگوں کے معاملات کا فیصلہ کرو اور جو حق تمہارے پاس آیا ہے اس سے منہ موڑ کر ان کی خواہشات کی پیروی مت کرو۔ ہم نے تم میں سے ہر ایک کے لیے ایک شریعت اور ایک راہ عمل مقرر کی، حالانکہ اگر اللہ چاہتا تو تم سب کو ایک امت بھی بنا سکتا تھا لیکن اس نے یہ اس لیے کیا کہ جو کچھ اس نے تم لوگوں کو دیا ہے اس میں تمہاری آزمائش کرے، لہٰذا بھلائیوں میں ایک دوسرے پر سبقت لے جانے کی کوشش کرو۔ آخر کار تم سب کو اللہ کی طرف پلٹ کر جانا ہے؟ پھر وہ تمہیں اصل حقیقت بتا دے گا جس میں تم اختلاف کرتے رہے ہو۔

۴۹.	اے محمد صلی اللہ علیہ وآلہ وسلم! آپ اللہ کے نازل کردہ قانون کے مطابق ان لوگوں کے معاملات کا فیصلہ کرو اور ان کی خواہشات کی پیروی نہ کرو۔ ہوشیار رہو کہ یہ لوگ آپ کو فتنہ میں ڈال کر اس پر ہدایت سے ذرہ برابر منحرف نہ کرنے پائیں جو اللہ نے آپ کی طرف نازل کی ہے۔ پھر اگر یہ اس سے منہ موڑیں تو جان لو کہ اللہ نے ان کے گناہوں کی وجہ سے ان کو مصیبت میں ڈالنے کا ارادہ کر لیا ہے، اور یہ حقیقت ہے کہ ان لوگوں میں اکثر فاسق ہیں

۵۰.	کیا یہ پھر جاہلیت کا فیصلہ چاہتے ہیں؟ حالانکہ یہ لوگ اللہ پر یقین رکھتے ہیں۔ یقین رکھنے والے لوگوں کے نزدیک اللہ سے بہتر فیصلہ کرنے والا کوئی نہیں

۵۱.	اے ایمان والو! یہود و نصاریٰ کو اپنا دوست نہ بناؤ، یہ آپس میں ہی ایک دوسرے کے دوست ہیں، اور اگر تم میں سے کوئی ان کو اپنا دوست بناتا ہے تو اس کا شمار بھی انہی میں ہے یقیناً اللہ ظالموں کو (اپنی) ہدایت سے محروم کر دیتا ہے

۵۲.	آپ دیکھتے ہیں کہ جن کے دلوں میں نفاق کی بیماری ہے وہ انہی میں دوڑ دھوپ کرتے پھرتے ہیں کہتے ہیں ہمیں ڈر لگتا ہے کہ ہم کسی مصیبت کے چکر میں نہ پھنس جائیں۔ مگر قریب ہے کہ جب اللہ تمہیں فتح بخشے گا یا کوئی اور بات ظاہر کرے گا تو پھر یہ لوگ اپنے اس (نفاق) پر نادم ہوں گے جو انہوں نے دل میں چھپا رکھا ہے۔

۵۳.	اور اس وقت اہل ایمان کہیں گے کیا یہ وہی لوگ ہیں جو اللہ کی قسمیں کھا کھا کر یقین دلاتے تھے کہ ہم تمہارے ساتھ ہیں؟ ان کے تمام اعمال ضائع ہو گئے اور آخر کار یہ ناکام و نامراد ہو کر رہے۔

۵۴۔ اے ایمان والو! اگر تم میں سے کوئی اپنے دین سے پھر تا ہے (تو پھر جائے) اللہ بہت سے ایسے لوگ اور پیدا کر دے گا جو اللہ کو محبوب ہوں گے اور اللہ ان کو محبوب ہوگا، جو مومنوں پر نرم اور کفار پر سخت ہوں گے، جو اللہ کی راہ میں جہاد کریں گے اور کسی ملامت کرنے والے کی ملامت سے نہ ڈریں گے۔ یہ اللہ کا فضل ہے، جسے چاہتا ہے عطا کرتا ہے۔ اللہ وسیع ذرائع کا مالک ہے اور سب کچھ جانتا ہے۔

۵۵۔ تمہارا دوست تو اصل میں صرف اللہ، اس کا رسول اور وہ مومن ہیں جو نماز قائم کرتے ہیں زکوٰۃ دیتے ہیں اور اللہ کے آگے جھکنے والے ہیں۔

۵۶۔ جو اللہ اس کے رسول اور اہل ایمان کو اپنا دوست بنا لے تو اسے معلوم ہونا چاہیے کہ اللہ کی جماعت ہی غالب رہنے والی ہے۔

۵۷۔ اے ایمان والو! اہل کتاب اور کفار جو تمہارے دین کو مذاق بناتے ہیں دوست مت بناؤ، اللہ سے ڈرو، اگر تم مومن ہو۔

۵۸۔ جب تم نماز کے لیے بلاتے ہو تو وہ اس کا مذاق اڑاتے اور اس کو کھیل تماشہ بناتے ہیں۔ اس کی وجہ یہ ہے کہ وہ عقل نہیں رکھتے۔

۵۹۔ ان سے کہو اے اہل کتاب! تم ہم سے صرف اس لیے بگڑے ہو کہ ہم اللہ پر اور اس (دین کی تعلیم) پر ایمان لے آئے ہیں جو ہماری طرف نازل ہوئی ہے اور ہم سے پہلے بھی نازل ہوئی تھی، اور تم میں سے اکثر لوگ فاسق ہیں؟۔

۶۰. پھر کہو کیا میں ان لوگوں کے بارے میں بتاؤں جن کا انجام اللہ کے ہاں ان (فاسقوں) کے انجام سے بھی بدتر ہے اور جن پر اللہ نے لعنت کی، جن پر اس کا غضب ٹوٹا، جن میں سے بندر اور سؤر بنائے گئے، جنھوں نے طاغوت کی بندگی کی، ان کا درجہ اور بھی برا ہے اور وہ سیدھی راہ سے بھٹکے ہوئے ہیں۔

۶۱. اور جب تمہارے پاس آتے ہیں تو کہتے ہیں ہم ایمان لائے اور حالت یہ ہے کہ کافر ہی آئے تھے اور کافر ہی چلے گئے اور جو کچھ وہ چھپائے ہوئے تھے اللہ خوب جانتا ہے۔

۶۲. اور ان میں سے اکثر کو آپ دیکھیں گے کہ دوڑتے ہیں گناہ، ظلم اور حرام کھانے پر یہ سب بہت برے کام ہیں جو یہ کر رہے ہیں۔

۶۳. ان کے فقہا اور علماء ان کو کیوں منع نہیں کرتے، گناہ کرنے حرام کھانے سے۔ یہ سب بہت برے (اعمال) ہیں جو یہ کر رہے ہیں

۶۴. یہودی کہتے ہیں اللہ کا ہاتھ بندھا ہوا ہے۔ باندھے گئے ان کے ہاتھ اور لعنت پڑی ان پر اس بری بات پر جو یہ کرتے ہیں۔ اللہ کے ہاتھ تو کشادہ ہیں جس طرح چاہتا ہے خرچ کرتا ہے۔ حقیقت یہ ہے کہ جو کلام تمہارے رب کی طرف سے تم پر نازل ہوا ہے وہ ان میں سے اکثر لوگوں کی سرکشی اور گناہوں میں اضافہ کا باعث بن گیا ہے، اور ہم نے ان کے درمیان قیامت تک کے لیے عداوت اور دشمنی ڈال دی ہے جب کبھی یہ جنگ کی آگ

بھڑکاتے ہیں اللہ اس کو ٹھنڈا کر دیتا ہے یہ زمین میں فساد پھیلانے کی کوشش کر رہے ہیں مگر اللہ فساد برپا کرنے والوں کو ہرگز پسند نہیں کرتا

٦٥. اگر یہ اہل کتاب ایمان لے آتے اور ڈرتے تو ہم ان کی برائیاں ان سے دور کر دیتے اور ان کو نعمت بھری جنتوں میں پہنچاتے۔

٦٦. کاش! انہوں نے تورات، انجیل اور دوسری آسمانی کتابوں پر عمل کیا ہوتا جو ان کے رب کی طرف سے بھیجی گئی تھیں۔ اگر ایسا کرتے تو ان کے لیے اوپر سے رزق برستا اور نیچے سے ابلتا۔ اگرچہ ان میں کچھ لوگ راست باز بھی ہیں لیکن زیادہ لوگ سخت بد عمل ہیں۔

٦٧. اے پیغمبر ﷺ! جو کچھ آپ کے رب کی طرف سے آپ پر نازل کیا گیا ہے وہ لوگوں تک پہنچا دیں۔ اگر آپ نے ایسا نہ کیا تو گویا پیغمبری کا حق ادا نہ کیا۔ اللہ آپ کو لوگوں کے شر سے بچانے والا ہے یقین رکھو کہ وہ کفار کو ہدایت کی راہ (ہرگز) نہ دکھائے گا

٦٨. (ان سے) کہہ دیجئے کہ اے اہل کتاب! تمہاری کوئی حیثیت نہیں جب تک کہ تم تورات، انجیل اور اس کتاب کو جو تمہاری طرف نازل کی گئی ہے، نافذ نہ کرو۔ ضروری ہے کہ یہ فرمان ان میں سے اکثر کی سرکشی اور انکار میں اضافہ کر دے۔ آپ انکار کرنے والوں پر افسوس نہ کریں

۶۹. جو لوگ ایمان لائے یا یہودی ہیں یا صابی یا عیسائی ہیں جو بھی اللہ اور روز آخرت پر ایمان لائے گا اور نیک عمل کرے گا بیشک اس کے لیے نہ کسی خوف کا مقام ہے نہ رنج کا۔

۷۰. ہم نے بنی اسرائیل سے پختہ عہد لیا اور بہت سے رسول ان کی طرف بھیجے مگر جب بھی کوئی رسول ان کی مرضی کے خلاف کوئی حکم لایا تو ایک گروہ کو انہوں نے جھٹلایا اور ایک گروہ کو قتل کر دیا۔

۷۱. اور یہ سمجھے کہ کوئی فتنہ نہ اٹھے گا، اس لیے اندھے اور بہرے بن گئے۔ پھر اللہ نے انہیں معاف کیا تو ان میں سے اکثر لوگ اور زیادہ اندھے اور بہرے بنتے چلے گئے اور اللہ دیکھتا ہے جو کچھ وہ کرتے ہیں۔

۷۲. بیشک وہ لوگ کافر ہو گئے جنھوں نے عیسیٰؑ بن مریم کو اللہ کہہ دیا اور مسیح نے کہا اے بنی اسرائیل! اللہ کی عبادت کرو جو میرا بھی رب ہے اور تمہارا بھی رب ہے۔ بیشک جس نے کسی کو اللہ کا شریک ٹھہرایا تو یقیناً اللہ نے اس پر جنت حرام کر دی اور اس کا ٹھکانہ دوزخ ہے اور ایسے ظالموں کا کوئی مددگار نہیں۔

۷۳. یقیناً ان لوگوں نے کفر کیا جنھوں نے کہا اللہ تین میں کا ایک ہے، حالانکہ اللہ ایک ہے اس کے سوا کوئی اللہ نہیں۔ اگر یہ لوگ ان باتوں سے باز نہ آئے تو جنھوں نے کفر کیا ہے ان کے لیے دردناک سزا ہے۔

۷۴.	پھر کیا یہ اللہ سے توبہ نہ کریں گے اور اس سے معافی نہ مانگیں گے ؟ اللہ بہت درگزر کرنے والا اور رحم کرنے والا ہے۔

۷۵.	مسیح بن مریم صرف ایک رسول تھا، اس سے پہلے اور بھی بہت سے رسول گزر چکے تھے، اس کی ماں ایک راستباز عورت تھی، اور وہ دونوں کھانا کھاتے تھے، دیکھو ہم کس طرح ان کے سامنے سچی نشانیاں واضح کرتے ہیں پھر دیکھو یہ کدھر الٹے پھرے جاتے ہیں۔

۷۶.	ان سے کہو، کیا تم اللہ کو چھوڑ کر اس کی عبادت کرتے ہو جو تمہیں نہ نقصان پہنچا سکتا ہے نہ نفع پہنچا سکتا؟ حالانکہ (سب کی) سننے والا اور (سب کچھ) جاننے والا تو صرف اللہ ہی ہے۔

۷۷.	کہو، اے اہل کتاب! اپنے دین میں مبالغہ نہ کرو، اور ان لوگوں کی پیروی نہ کرو جو تم سے پہلے خود گمراہ ہوئے اور اکثر کو گمراہ کیا اور سیدھے راستے سے بھٹک گئے۔

۷۸.	بنی اسرائیل میں سے جن لوگوں نے کفر کی راہ اختیار کی ان پر داوٗدؑ اور عیسیٰؑ بن مریم کی زبان سے لعنت کی گئی کیونکہ وہ سرکش ہو گئے تھے اور زیادتیاں کرنے لگے تھے۔

۷۹.	انہوں نے ایک دوسرے کو برے کام کرنے سے روکنا چھوڑ دیا تھا۔ یہ برا راستہ تھا جو انہوں نے اختیار کیا۔

۸۰۔   آج تم ان میں بہت سے ایسے لوگ دیکھتے ہو جو کفار کی حمایت اور دوستی کرتے ہیں۔ یہ انہوں نے اپنے لیے بہت ہی برا کیا ہے۔ اللہ ان پر غضب ناک ہو گیا ہے اور وہ ہمیشہ رہنے والے عذاب میں بتلا ہونے والے ہیں۔

۸۱۔   اگر واقعی یہ لوگ اللہ، پیغمبر اور اس پر نازل ہونے والے کلام کو ماننے والے ہوتے تو کبھی بھی کافروں کو اپنا دوست نہ بناتے، لیکن ان میں سے اکثر لوگ اللہ کی اطاعت سے منہ موڑ چکے ہیں۔

۸۲۔   تم اہل کتاب کی دشمنی میں سب سے زیادہ سخت یہود اور مشرکین کو پاؤ گے، اور ایمان لانے والوں کے لیے دوستی میں سب سے زیادہ بڑھے ہوئے ان لوگوں کو پاؤ گے جنہوں نے کہا تھا کہ ہم نصاریٰ ہیں۔ یہ اس لیے کہ ان میں عالم اور درویش پائے جاتے ہیں اور وہ تکبر نہیں کرتے۔

۸۳۔   جب وہ اسے سنتے ہیں جو رسول ﷺ پر اترا تو حق شناسی کی وجہ سے ان کی آنکھیں تر ہو جاتی ہیں۔ وہ بول اٹھتے ہیں کہ پروردگار! ہم ایمان لائے، ہمارا نام گواہی دینے والوں میں لکھ لے۔

۸۴۔   اور وہ کہتے ہیں کہ آخر ہم اللہ پر ایمان کیوں نہ لائیں اور جو حق ہمارے پاس آیا ہے اسے کیوں نہ مان لیں؟ جبکہ ہم اس بات کی خواہش رکھتے ہیں کہ ہمارا رب ہمیں صالح لوگوں میں شامل کرے۔

۸۵۔ ان کے اس کہنے کی وجہ سے اللہ ان کو ایسی جنتیں عطا کرے گا جن کے نیچے نہریں بہتی ہیں اور وہ ان میں ہمیشہ رہیں گے یہ ہے بدلہ نیکی کرنے والوں کا

۸۶۔ اور جو لوگ منکر ہوئے اور ہماری آیتوں کو جھٹلانے لگے تو وہ دوزخ کے رہنے والے ہیں۔

۸۷۔ اے ایمان والو! وہ پاکیزہ چیزیں جو اللہ نے تمہارے لئے حلال کر دیں انہیں حرام مت ٹھہراؤ اور حد سے مت بڑھو۔ بیشک اللہ حد سے بڑھنے والوں کو پسند نہیں کرتا۔

۸۸۔ اور اللہ کے دیئے ہوئے رزق میں سے جو چیز حلال ہے پاکیزہ (اور) کھاؤ اور اللہ سے ڈرتے رہو جس پر تم ایمان رکھتے ہو۔

۸۹۔ تم لوگ جو مہمل قسمیں کھا لیتے ہو ان پر اللہ گرفت نہیں کرے گا، مگر جو قسمیں تم جان بوجھ کر کھاتے ہو ان پر اللہ ضرور پکڑے گا۔ (ایسی قسم توڑنے کا) کفارہ یہ ہے کہ دس مسکینوں کو درمیانے درجے کا کھانا کھلاؤ جیسا کہ تم اپنے بال بچوں کو کھلاتے ہو، یا انہیں کپڑے پہناؤ، یا ایک غلام آزاد کرو، اور جو یہ نہ کر سکے وہ تین روزے رکھے یہ تمہاری قسموں کا کفارہ ہے جب کہ تم قسم کھا کر توڑ دو۔ اپنی قسموں کی حفاظت کیا کرو۔ اس طرح اللہ اپنے احکام تمہارے لئے واضح کرتا ہے تاکہ تم شکر کرو۔

۹۰۔ اے ایمان والو! یقیناً شراب، جوا، آستانے اور پانسے یہ سب گندے شیطانی کام ہیں، ان سے پرہیز کرو تاکہ تم نجات پاؤ۔

۹۱.　شیطان تو یہی چاہتا ہے کہ شراب اور جوے کے ذریعے سے تمہارے درمیان دشمنی اور بغض پیدا کر دے اور تمہیں اللہ کی یاد اور نماز سے روک دے۔ پھر کیا تم ان چیزوں سے باز رہو گے؟

۹۲.　اللہ اور رسول کی بات مانو اور باز آ جاؤ، لیکن اگر تم نے حکم نہ مانا تو جان لو کہ ہمارے رسول پر بس صاف صاف حکم پہنچا دینے کی ذمہ داری ہے

۹۳.　جو لوگ ایمان لائے اور نیک عمل کیے انہوں نے تحریم شراب سے پہلے جو کچھ کھایا پیا تھا ان پر کوئی گناہ نہیں بشرطیکہ وہ آئندہ ان چیزوں سے بچے رہیں (جو حرام کی گئی ہیں) اور ایمان پر ثابت قدم رہیں اور اچھے کام کریں، پھر تقویٰ اختیار کریں اور ایمان لائیں، پھر یہ خوف الٰہی کے ساتھ نیک رویہ رکھیں۔ اللہ نیک کردار لوگوں کو پسند کرتا ہے

۹۴.　اے ایمان والو! اللہ تمہیں اس شکار کے ذریعے سخت آزمائش میں ڈالے گا جو بالکل تمہارے نیزوں اور ہاتھوں کی زد میں ہوگا، یہ دیکھنے کے لیے کہ تم میں سے کون اس سے ڈرتا ہے غائبانہ طور پر، پھر جس نے اس کی ہدایت کے بعد اس کی مقرر کی ہوئی حد کو پار کیا اس کے لئے دردناک سزا ہے۔

۹۵.　اے لوگو جو ایمان لائے ہو! احرام کی حالت میں شکار نہ مارو، اور اگر تم میں سے کوئی جان بوجھ کر ایسا کر گزرے تو جو جانور اس نے مارا ہو اسی کے برابر ایک جانور مویشیوں میں سے نذر دینا ہوگا جس کا فیصلہ تم میں سے دو آدمی کریں گے، اور یہ نذرانہ کعبہ پہنچایا جائے گا، یا پھر کفارہ کے طور پر چند مسکینوں کو کھانا کھلانا ہوگا، یا پھر اس کے برابر روزے رکھنے

ہوں گے، تاکہ وہ اپنے کیئے کا مزہ چکھے۔ پہلے جو کچھ ہو چکا اسے اللہ نے معاف کر دیا، لیکن اب اگر کسی نے یہ حرکت دوبارہ کی تو اس سے اللہ بدلہ لے گا، اللہ سب پر غالب ہے اور بدلہ لینے کی طاقت رکھتا ہے۔

۹۶. تمہارے لیے سمندر کا شکار اور اس کا کھانا حلال کر دیا گیا ہے، جہاں تم ٹھہرو وہاں بھی اسے کھا سکتے ہو اور قافلے کے لیے زادراہ بھی بنا سکتے ہو۔ البتہ خشکی کا شکار، جب تک تم احرام کی حالت میں ہو، تم پر حرام کیا گیا ہے۔ پس اس اللہ کی نافرمانی سے بچو جس کے حضور تم سب کو گھیر کر حاضر کیا جائے گا

۹۷. اللہ نے کعبہ کو جو قابل احترام گھر ہے لوگوں کے لیے قیام کا ذریعہ بنایا اور ماہ حرام اور قربانی کے جانوروں کو جن کے گلوں میں پٹے پڑے ہوئے ہوں جو کعبہ کی طرف لے جائے جائیں۔ تاکہ تمہیں معلوم ہو جائے کہ اللہ آسمانوں اور زمین کے سب حالات سے واقف ہے اور اسے ہر چیز کا علم ہے۔

۹۸. خوب جان لو! اللہ سزا دینے میں بھی سخت ہے اور (اس کے ساتھ ہی) درگزر اور بہت رحم (بھی) کرنے والا ہے۔

۹۹. رسول پر تو صرف پیغام پہنچا دینے کی ذمہ داری ہے، تمہارے کھلے چھپے ہوئے تمام حالات کا جاننے والا اللہ ہے

۱۰۰.　(اے پیغمبر صلی اللہ علیہ وآلہ وسلم! ان سے) کہہ دو کہ پاک اور ناپاک بہر حال برابر نہیں ہیں، خواہ ناپاک کی زیادتی تمہیں کتنی ہی بھلی لگے، پس اے لوگو! جو عقل رکھتے ہو اللہ (کی نافرمانی) سے ڈرتے رہو تاکہ تم نجات پاؤ

۱۰۱.　اے ایمان والو! ایسی باتیں نہ پوچھا کرو کہ جو تم پر ظاہر کر دی جائیں تو تمہیں ناگوار ہوں، لیکن اگر تم انہیں ایسے وقت پوچھو گے جب کہ قرآن نازل ہو رہا ہو تو وہ تم پر کھول دی جائیں گی۔ اب تک جو کچھ تم نے کیا اسے اللہ نے معاف کر دیا، وہ درگزر کرنے والا اور بردبار ہے۔

۱۰۲.　تم سے پہلے ایک گروہ نے اسی قسم کے سوالات کیئے تھے، پھر وہ لوگ انہی باتوں کی وجہ سے کفر میں بتلا ہو گئے۔

۱۰۳.　اللہ نے نہ کوئی بحیرہ مقرر کیا ہے نہ سائبہ، نہ وصیلہ اور نہ حام۔ مگر یہ کافر اللہ پر جھوٹی تہمت لگاتے ہیں اور ان میں سے اکثر بے عقل ہیں۔

۱۰۴.　اور جب ان سے کہا جاتا ہے کہ آؤ اس قانون کی طرف جو اللہ نے نازل کیا ہے اور آؤ پیغمبر کی طرف تو وہ جواب دیتے ہیں کہ ہمارے لیے تو بس وہی طریقہ کافی ہے جس پر ہم نے اپنے باپ دادا کو پایا ہے۔ کیا یہ باپ دادا ہی کی پیروی کیئے چلے جائیں گے، خواہ وہ کچھ نہ جانتے ہوں نہ سیدھی راہ پر ہوں۔

۱۰۵. اے ایمان والو! اپنی فکر کرو، کسی دوسرے کی گمراہی سے تمہارا کچھ نہیں بگڑتا اگر تم خود راہ راست پر ہو اور اللہ کی طرف تم سب کو پلٹ کر جانا ہے، پھر وہ بتا دے گا کہ تم کیا کرتے رہے ہو؟

۱۰۶. اے ایمان والو! جب تم میں سے کسی کو موت کا وقت آ جائے اور وہ وصیت کر رہا ہو تو اس کے لیے شہادت کی شرط یہ ہے کہ تمہاری جماعت میں سے دو معتبر آدمی گواہ بنائے جائیں، یا اگر تم سفر کی حالت میں ہو اور وہاں موت کی مصیبت پیش آ جائے تو غیر مسلموں میں ہی سے دو گواہ لے لیے جائیں۔ پھر اگر کوئی شک پڑ جائے تو نماز کے بعد دونوں گواہوں کو روک لیا جائے اور وہ اللہ کی قسم کھا کر کہیں کہ ہم کسی بھی ذاتی فائدہ کے لیے گواہی کو بدلنے والے نہیں ہیں، اور چاہے کوئی رشتہ دار ہی کیوں نہ ہو اور نہ ہی ہم اللہ کی گواہی چھپانے والے ہیں، اگر ہم نے ایسا کیا تو گناہ گار ہوں گے۔

۱۰۷. لیکن اگر معلوم ہو جائے کہ وہ دونوں سچ بات کو دبا گئے ہیں تو پھر ان کی جگہ دو اور گواہ میت کے قریب ترین لوگوں میں سے مقرر کیے جائیں جن کی حق تلفی ہوئی ہے، اور وہ اللہ کی قسم کھا کر کہیں کہ ہماری گواہی ان کی گواہی سے زیادہ سچی ہے اور ہم نے اپنی گواہی میں کوئی زیادتی نہیں کی ہے، اگر ہم ایسا کریں تو ہم ظالموں میں سے ہوں گے۔

۱۰۸. اس طریقہ سے زیادہ امید کی جا سکتی ہے کہ لوگ ٹھیک گواہی دیں گے، یا یہ خوف ضرور کریں گے کہ ان کی قسموں کے بعد دوسری قسموں سے کہیں ان کی تردید نہ ہو جائے۔ اللہ سے ڈرو اور سنو، اللہ نافرمانی کرنے والوں کو راہ نہیں دکھاتا۔

۱۰۹. (اس دن سے ڈرو) جس دن اللہ پیغمبروں کو اکٹھا کرے گا، پھر ان سے پوچھے گا کہ تمہیں کیا جواب ملا تھا، وہ عرض کریں گے کہ ہم کو کچھ علم نہیں، چھپی ہوئی باتوں کو خوب جاننے والا تو بس تو ہی ہے۔

۱۱۰. (اور وہ وقت یاد کرو) جب اللہ عیسیٰؑ ابن مریم سے کہے گا کہ میرا انعام اپنے اور اپنی والدہ کے اوپر یاد کرو، جب میں نے پاک روح سے تیری مدد کی تھی۔ تم گود میں بھی آدمیوں سے کلام کرتے تھے اور بڑی عمر میں بھی، اور جب کہ میں نے تمہیں کتاب و حکمت، تورات اور انجیل کی تعلیم دی اور جب تم میرے حکم سے پرندوں کی شکل مٹی سے بناتے اور پھونک مارتے تو وہ پرندہ بن کر اڑ جاتا۔ اور تم مادرزاد اندھے اور کوڑھی کو میرے حکم سے ٹھیک کر دیتے تھے اور جب تم مردوں کو میرے حکم سے نکال کھڑا کرتے تھے، اور جب میں نے بنی اسرائیل کو تم سے روکا جب تم ان کے پاس نشانیاں لے کر آئے روشن نشانیاں۔ تو جو ان میں کافر تھے کہنے لگے کہ یہ تو سیدھا سیدھا جادو ہے۔

۱۱۱. اور جب میں نے حواریوں کے دلوں میں ڈال دیا کہ مجھ پر ایمان لے آؤ اور میرے رسول پر بھی تو وہ کہنے لگے کہ ہم ایمان لے آئے اور گواہ رہو کہ ہم فرمانبردار ہیں۔

۱۱۲. جب حواریوں نے کہا، اے عیسیٰؑ ابن مریم! کیا تیرا رب یہ کر سکتا ہے کہ ہمارے لیے بھرا ہوا خوان اتارے؟ اس نے جواب دیا اگر تم مومن ہو تو اللہ سے ڈرو۔

۱۱۳. وہ بولے ہم چاہتے ہیں کہ اس میں سے کھائیں، اور ہمارے دل مطمئن ہو جائیں، ہم جان لیں کہ تو نے ہم سے سچ کہا اور ہم اس پر گواہ رہیں

۱۱۴.	اس پر عیسیٰ بن مریم نے دعا کی اے اللہ! ہمارے رب! ہم پر آسمان سے ایک خوان نازل کر جو ہمارے اگلوں پچھلوں کے لیے خوشی کا موقع بن جائے اور تیری طرف سے ایک نشانی ہو، ہم کو رزق دے اور تو بہترین رزق دینے والا ہے۔

۱۱۵.	اللہ نے جواب دیا: میں اس کو تم پر نازل کرنے والا ہوں، مگر اس کے بعد جو تم میں سے کفر کرے گا اسے میں ایسی سزا دوں گا جو دنیا میں کسی کو نہ دی ہو گی۔

۱۱۶.	اور جب اللہ فرمائے گا کہ اے عیسیٰ ابن مریم! کیا تو نے لوگوں سے کہا تھا کہ اللہ کے سوا مجھے اور میری ماں کو بھی اللہ بنا لو؟ تو وہ جواب میں عرض کرے گا کہ سبحان اللہ! میرا یہ کام نہ تھا کہ وہ بات کہتا جس کا مجھے حق نہ تھا، اگر میں نے ایسی بات کہی ہوتی تو آپ کو ضرور علم ہوتا، آپ جانتے ہیں جو کچھ میرے دل میں ہے اور میں نہیں جانتا جو کچھ آپ کے دل میں ہے، آپ بیشک تمام چھپی باتوں کو جاننے والے ہیں۔

۱۱۷.	میں نے ان سے اس کے سوا کچھ نہیں کہا جس کا آپ نے حکم دیا تھا، یہ کہ اللہ کی عبادت کرو جو میرا رب بھی ہے اور تمہارا رب بھی۔ میں اسی وقت تک ان سے خبر دار تھا جب تک ان میں رہا جب آپ نے مجھے واپس بلا لیا تو پھر ان کی خبر رکھنے والے آپ ہی تھے اور آپ ہر چیز سے خبر دار ہیں۔

۱۱۸.	اب اگر آپ انہیں سزا دیں تو وہ آپ کے بندے ہیں اور اگر معاف کر دیں تو آپ زبردست حکمت والے ہیں

۱۱۹۔ اللہ تعالیٰ فرمائے گا آج وہ دن ہے جب سچوں کے کام ان کا سچ آئے گا، ان کے لیے باغات ہوں گے، جن کے نیچے نہریں بہہ رہی ہوں گی۔ یہاں وہ ہمیشہ رہیں گے، اللہ ان سے خوش ہوا اور وہ اللہ سے، یہی بڑی کامیابی ہے۔

۱۲۰۔ آسمانوں اور زمین میں اور جو کچھ ان کے درمیان ہے سب کی بادشاہی اللہ ہی کے لیے ہے اور وہ ہر چیز پر قدرت رکھتا ہے۔

٦۔ سورۃ الانعام

١۔ سب تعریفیں اللہ کے لیے ہیں جس نے زمین اور آسمان بنائے، اندھیرا اور اجالا بنایا، پھر بھی کفار دوسروں کو اپنے رب کے برابر ٹھہرا رہے ہیں۔

٢۔ وہی ہے جس نے تم کو مٹی سے پیدا کیا، پھر تمہارے لیے زندگی کی ایک مدت مقرر کر دی، اور ایک دوسری مدت اور بھی ہے جو اس کے پاس مقرر ہو چکی ہے، پھر بھی تم شک میں پڑے ہوئے ہو۔

٣۔ آسمانوں اور زمین میں وہی ایک اللہ ہے۔ تمہارے کھلے اور چھپے سب حال جانتا ہے، اور جو بھلائی یا برائی تم کرتے ہو وہ اس سے خوب واقف ہے۔

٤۔ لوگوں کا حال یہ ہے کہ ان کے رب کی نشانیوں میں سے کوئی نشانی ایسی نہیں جو ان کے سامنے آئی ہو اور انہوں نے اس سے منہ نہ موڑ لیا ہو۔

٥۔ چنانچہ اب جو حق ان کے پاس آیا تو اسے بھی انہوں نے جھٹلا دیا۔ جس چیز کا وہ اب تک مذاق اڑاتے رہے ہیں اس کے متعلق عنقریب ان کو خبریں پہنچیں گی۔

٦۔ کیا انہوں نے دیکھا نہیں کہ ان سے پہلے کتنی ایسی قوموں کو ہم ہلاک کر چکے ہیں جن کو ہم نے ملک میں اتنا جما دیا تھا کہ جتنا تم کو نہیں جمایا۔ ان پر ہم نے آسمان سے خوب

بارشیں برسائیں اور ان کے نیچے نہریں بہا دیں، پھر ان کے گناہوں کی وجہ سے ان کو ہلاک کر دیا، ان کے بعد ہم نے ان کی جگہ اور امتوں کو پیدا کر دیا۔

۷۔ اور (اے پیغمبر ﷺ!) اگر ہم تم پر کوئی کاغذ پر لکھی ہوئی کتاب بھی اتار دیتے جس کو لوگ اپنے ہاتھوں سے چھو کر بھی دیکھ لیتے تب بھی یہ کفار تو یہی کہتے کہ یہ تو صاف جادو ہے۔

۸۔ کہتے ہیں کہ اس نبی پر کوئی فرشتہ کیوں نہیں اتارا گیا؟ اگر کہیں ہم نے فرشتہ اتار دیا ہوتا تو اب تک ان کا فیصلہ ہو چکا ہوتا اور پھر انہیں مہلت بھی نہ دی جاتی۔

۹۔ اگر ہم فرشتے کو انسانی شکل میں اتارتے تو پھر بھی ان کو اسی شبہ میں ڈال دیتے جس میں یہ اب مبتلا ہیں۔

۱۰۔ اے محمد ﷺ! آپ سے پہلے بھی بہت سے رسولوں کا مذاق اڑایا جا چکا ہے، مگر ان مذاق اڑانے والوں پر آخر کار وہی حقیقت ظاہر کر دی گئی جس کا وہ مذاق اڑاتے تھے۔

۱۱۔ ان سے کہو زمین میں چل پھر کر دیکھو کہ جھٹلانے والوں کا کیا انجام ہوا ہے؟

۱۲۔ آپ ان سے پوچھئے کہ جو کچھ آسمانوں اور زمین میں ہے وہ کس کا ہے؟ آپ کہہ دیجئے کہ سب کچھ اللہ ہی کا ہے، اس نے اپنے آپ پر رحمت کو لازم کر لیا ہے (اسی لیے وہ تمہیں جلدی سے سزا نہیں دیتا)۔ وہ یقیناً تمہیں قیامت کے دن جمع کرے گا جس کے واقع ہونے میں کوئی شبہ نہیں۔ مگر جو لوگ خود ہی خسارہ میں رہنا چاہیں، وہ ایمان نہیں لائیں گے

۱۳. رات کے اندھیرے اور دن کے اجالے میں جو کچھ موجود ہے سب اللہ کا ہے اور وہ (اللہ) سب کچھ سنتا اور جانتا ہے۔

۱۴. کہو، اللہ کو چھوڑ کر کیا میں کسی اور کو اپنا سرپرست بنا لوں؟ اس رب کو چھوڑ کر جو زمین و آسمان کا خالق (بنانے والا) ہے، اور جو سب کو کھلاتا ہے خود کسی سے کھاتا نہیں؟ کہو مجھے تو یہی حکم دیا گیا ہے کہ سب سے پہلے میں اسی کے آگے سر جھکاؤں اور کبھی بھی مشرکوں میں شامل نہ ہو جاؤں۔

۱۵. کہو، اگر میں اپنے رب کی نافرمانی کروں تو بڑے دن کے عذاب سے ڈرتا ہوں۔

۱۶. اس دن جو سزا سے بچ گیا اس پر اللہ نے بڑا ہی رحم کیا اور یہی بڑی کامیابی ہے۔

۱۷. اگر اللہ تمہیں کسی قسم کا نقصان پہنچائے تو اللہ کے سوا کوئی بھی تمہیں اس نقصان سے بچا نہیں سکتا اور اگر وہ تمہیں کوئی بھلائی عطا کرے تو وہ ہر کام پر قدرت رکھتا ہے۔

۱۸. وہ اپنے بندوں پر پورے اختیارات رکھتا ہے اور وہ دانا اور باخبر ہے۔

۱۹. ان سے پوچھو! کس کی گواہی سب سے بڑھ کر ہے؟ کہو، میرے اور تمہارے درمیان اللہ گواہ ہے اور یہ قرآن میری طرف وحی کے ذریعے بھیجا گیا ہے تاکہ تمہیں اور جس جس کو یہ پہنچے، سب کو اچھی طرح سمجھا دوں۔ کیا واقعی تم لوگ یہ گواہی دے سکتے ہو کہ اللہ کے ساتھ دوسرے الٰہ بھی ہیں؟ کہو، میں تو اس بات کی گواہی ہرگز نہیں دے سکتا۔ کہو، الٰہ

توصرف وہی ایک ہی ہے اور میں اس شرک سے بالکل دور ہوں جس شرک میں تم لوگ بتلا ہو۔

۲۰. جن لوگوں کو ہم نے کتاب دی ہے وہ اس کتاب کو ایسے ہی یقین سے پہچانتے ہیں جیسے وہ بغیر شک وشبہ کے اپنے بیٹوں کو پہچانتے ہیں۔ مگر جن لوگوں نے خود جان بوجھ کر اپنے آپ کو نقصان میں ڈال دیا ہے وہ اسے نہیں مانتے (قرآن پر یقین نہیں کرتے)۔

۲۱. اور اس شخص سے بڑھ کر ظالم اور کون ہوگا جو اللہ پر جھوٹا بہتان لگائے، یا اللہ کی نشانیوں کو جھٹلائے؟ یقیناً ایسے ظالم کبھی فلاح نہیں پاسکتے۔

۲۲. جس روز ہم ان سب کو اکٹھا کریں گے اور مشرکوں سے پوچھیں گے کہ وہ تمہارے بنائے ہوئے شریک کہاں ہیں جن کو تم اپنا رب سمجھتے تھے؟ توان کے پاس کوئی بہانہ نہ رہے گا۔

۲۳. مگر یہی کہ کہیں گے اے ہمارے پروردگار! تیری قسم ہم ہرگز مشرک نہ تھے۔

۲۴. دیکھو اس وقت یہ کس طرح اپنے اوپر آپ جھوٹ گھڑیں گے، اور وہاں ان کے سارے بناوٹی جھوٹ گم ہوجائیں گے۔

۲۵. ان میں سے بعض لوگ ایسے ہیں جو کان لگا کر آپ کی بات سنتے ہیں مگر ہم نے ان کے دلوں پر پردے ڈال دیے ہیں جس کی وجہ سے وہ کچھ نہیں سمجھتے اور ان کے کانوں پر بوجھ رکھ دیا ہے۔ وہ خواہ کوئی نشانی دیکھ لیں مگر ایمان نہ لائیں گے حد یہ ہے کہ جب وہ

تمہارے پاس آ کر جھگڑتے ہیں تو ان میں سے جن لوگوں نے انکار کا فیصلہ کر لیا ہے وہ یہی کہتے ہیں کہ یہ تو صرف پہلے لوگوں کی کہانیاں ہیں۔

۲۶۔ وہ لوگوں کو حق قبول کرنے سے روکتے ہیں اور خود بھی اس سے دور بھاگتے ہیں اور اس طرح وہ خود اپنی ہی تباہی کر رہے ہیں مگر انہیں اس بات کا شعور نہیں۔

۲۷۔ کاش! آپ اس وقت کی حالت دیکھ سکتے جب وہ دوزخ کے کنارے کھڑے کئے جائیں گے۔ اس وقت وہ کہیں گے کہ کاش کوئی صورت ایسی ہو کہ ہم دنیا میں دوبارہ واپس بھیجے جائیں اور اپنے رب کی آیات کو نہ جھٹلائیں اور ایمان لانے والوں میں شامل ہوں۔

۲۸۔ اصل میں یہ بات وہ صرف اس وجہ سے کہیں گے کہ جس حقیقت پر انہوں نے پردہ ڈال رکھا تھا وہ اس وقت کھل کر ان کے سامنے آ چکی ہوگی، ورنہ اگر انہیں پچھلی زندگی کی طرف واپس بھیجا جائے تو وہ پھر وہی کچھ کریں جس سے انہیں منع کیا گیا ہے، وہ تو ہیں ہی جھوٹے۔

۲۹۔ آج یہ لوگ کہتے ہیں کہ جو کچھ بھی ہے بس یہی دنیا کی زندگی ہی ہے اور ہم (مرنے کے بعد) ہرگز دوبارہ نہ اٹھائے جائیں گے۔

۳۰۔ کاش! وہ منظر آپ دیکھ سکو جب یہ لوگ اپنے رب کے سامنے کھڑے کئے جائیں گے اس وقت ان کا رب ان سے پوچھے گا کیا یہ حقیقت نہیں ہے؟ یہ کہیں گے ہاں

ہمارے رب! یہ حقیقت ہی ہے۔ وہ فرمائے گا اچھا! تو اب اپنے انکارِ حق کی سزا کا مزا چکھو۔

۳۱۔ جن لوگوں نے اللہ سے ملاقات کو جھوٹ سمجھا وہ بڑے نقصان میں پڑ گئے۔ جب اچانک وہ گھڑی آ جائے گی تو یہی لوگ کہیں گے، افسوس! ہم سے اس معاملہ میں کیسی بھول ہو گئی۔ اور ان کا حال یہ ہو گا کہ اپنی کمروں پر اپنے گناہوں کا بوجھ اٹھائے ہوئے ہوں گے۔ دیکھو یہ کیسا برا بوجھ ہے جو یہ اٹھا رہے ہیں۔

۳۲۔ یہ دنیا کی زندگی تو کھیل تماشہ ہے حقیقت میں آخرت ہی کا ٹھکانا ان لوگوں کے لیے بہترین ہے جو (گناہ سے) بچنا چاہتے ہیں، پھر کیا تم لوگ عقل سے کام نہ لو گے؟

۳۳۔ (اے محمدﷺ!) ہمیں معلوم ہے کہ جو باتیں یہ لوگ بناتے ہیں ان سے آپ کو رنج ہوتا ہے، لیکن یہ لوگ آپ کو نہیں جھٹلاتے بلکہ یہ ظالم تو اللہ کی آیات کا انکار کرتے ہیں۔

۳۴۔ آپ سے پہلے بھی بہت سے رسول جھٹلائے جا چکے ہیں مگر اس جھٹلائے جانے پر اور ان تکلیفوں پر جو ان کو پہنچائی گئی۔ انہوں نے صبر کیا یہاں تک کہ انہیں ہماری مدد پہنچ گئی، اللہ کی باتوں کو بدلنے کی طاقت کسی میں نہیں ہے اور پچھلے رسولوں کے ساتھ جو کچھ پیش آیا اس کی خبریں آپ کو پہنچ ہی چکی ہیں

۳۵۔ بہرحال اگر ان لوگوں کی بے رخی آپ سے برداشت نہیں ہوتی تو اگر آپ میں کچھ زور ہے تو زمین میں کوئی سرنگ ڈھونڈو یا آسمان میں سیڑھی لگاؤ اور ان کے پاس کوئی نشانی لانے کی کوشش کرو۔ اگر اللہ چاہتا تو ان سب کو ہدایت پر جمع کر سکتا تھا، لہٰذا نادان مت بنو

۳۶۔ حق کی دعوت پر وہی لوگ آتے ہیں جو سننے والے ہیں، رہے مردے، تو انہیں تو بس اللہ قبروں سے ہی اٹھائے گا اور پھر وہ واپس لائے جائیں گے

۳۷۔ یہ لوگ کہتے ہیں کہ اس نبی پر اس کے رب کی طرف سے کوئی نشانی کیوں نہیں اتری؟ کہو، اللہ نشانی اتارنے کی پوری قدرت رکھتا ہے، مگر ان میں سے اکثر لوگ نادان ہیں۔

۳۸۔ زمین میں چلنے والے کسی جانور اور ہوا میں اڑنے والے کسی پرندے کو دیکھ لو، یہ سب تمہاری ہی طرح کی امت ہیں، ہم نے ان کی تقدیر کے بارے میں لکھنے میں کوئی کسر نہیں چھوڑی، پھر یہ سب اپنے رب کی طرف جمع ہوں گے۔

۳۹۔ مگر جو لوگ ہماری نشانیوں کو جھٹلاتے ہیں وہ بہرے اور گونگے ہیں، تاریکیوں میں پڑے ہوئے ہیں۔ اللہ جسے چاہتا ہے بھٹکا دیتا ہے اور جسے چاہتا ہے سیدھے راستے پر لگا دیتا ہے

۴۰.	ان سے کہو، ذرا غور کر کے بتاؤ، جب تم پر اللہ کی طرف سے کوئی مصیبت آجاتی ہے یا آخری گھڑی آجاتی ہے تو کیا اس وقت تم اللہ کے سوا کسی اور کو پکارتے ہو؟ بولو اگر تم سچے ہو۔

۴۱.	اس وقت تم اللہ ہی کو پکارتے ہو، پھر اگر وہ چاہتا ہے تو اس مصیبت کو تم پر سے ٹال دیتا ہے۔ ایسے موقعوں پر تم اپنے ٹھہرائے ہوئے شریکوں کو بھول جاتے ہو۔

۴۲.	آپ سے پہلے بہت سی قوموں کی طرف ہم نے رسول بھیجے اور ان قوموں کو سختیوں اور مصیبتوں میں ڈالا تاکہ وہ عاجزی سے ہمارے سامنے جھک جائیں۔

۴۳.	پس جب ہماری طرف سے ان پر سختی آئی تو کیوں نہ انہوں نے عاجزی اختیار کی۔ مگر ان کے دل تو اور سخت ہو گئے اور شیطان نے ان کو اطمینان دلایا کہ جو کچھ تم کر رہے ہو، ٹھیک کر رہے ہو۔

۴۴.	پھر جب انہوں نے اس نصیحت کو جو انہیں کی گئی تھی، بھلا دیا تو ہم نے ہر طرح کی خوشحالی کے دروازے کھول دیے یہاں تک کہ جو نعمتیں ان کو دی گئی تھیں ان میں خوب مگن ہو گئے۔ تو اچانک ہم نے ان کو پکڑ لیا اور اب حال یہ تھا کہ (وہ ہر خیر) سے مایوس تھے۔

۴۵.	اس طرح ان لوگوں کی جڑ کاٹ کے رکھ دی گئی جنھوں نے ظلم کیا تھا اور سب تعریف اللہ کے لیے ہی ہے جو رب العالمین ہے۔

۴۶.   (اے محمد صلی اللہ علیہ وآلہ وسلم! ان سے) کہو، کبھی تم نے یہ بھی سوچا کہ اگر اللہ تمہاری دیکھنے اور سننے کی طاقت چھین لے اور تمہارے دلوں پر مہر کر دے تو اللہ کے سوا اور کون ہے جو یہ قوتیں تمہیں واپس دلا سکتا ہے؟ دیکھو! کس طرح ہم بار بار اپنی نشانیاں ان کو دکھاتے ہیں اور یہ کس طرح ان سے روگردانی کرتے ہیں۔

۴۷.   کہو، کبھی تم نے سوچا کہ اگر اچانک یا علانیہ اللہ کی طرف سے عذاب آ جائے تو کیا ظالم لوگوں کے سوا کوئی اور ہلاک ہو گا؟۔

۴۸.   ہم جو رسول بھیجتے ہیں تو اس لیے بھیجتے ہیں کہ وہ لوگوں کو خوشخبری سنانے والے اور ڈرانے والے ہوں، پھر جو لوگ ان کی بات مان لیں اور نیک ہو جائیں تو ان پر نہ ڈر ہے نہ وہ غمگین ہوں گے۔

۴۹.   اور جو ہماری آیات کو جھٹلائیں، وہ اپنی نافرمانیوں کی وجہ سے عذاب پائیں گے

۵۰.   (اے نبی صلی اللہ علیہ وآلہ وسلم! ان کو) بتا دیجیے میں تم سے یہ نہیں کہتا کہ میرے پاس اللہ کے جمع کیے ہوئے خزانے موجود ہیں اور نہ میں غیب کا علم نہیں رکھتا اور نہ ہی میں اپنے آپ کو فرشتہ کہتا ہوں۔ میں تو صرف اس کی پیروی کرتا ہوں جو میری طرف وحی کی گئی ہے۔
(اے نبی صلی اللہ علیہ وآلہ وسلم! ان سے) پوچھو کہ کیا اندھا اور دیکھنے والا برابر ہو سکتے ہیں؟ کیا تم غور و فکر سے کام نہیں لیتے؟۔

۵۱.	(اے محمد ﷺ!) آپ ان لوگوں کو نصیحت کریں جو اس بات کا خوف رکھتے ہیں کہ اپنے رب کے سامنے اس حال میں پیش کیے جائیں گے کہ اس کے سوا وہاں نہ کوئی مددگار ہوگا اور نہ کوئی سفارش کرنے والا۔ شاید کہ وہ اس نصیحت کی وجہ سے تقویٰ کی راہ اختیار کر لیں۔

۵۲.	اور جو لوگ اپنے رب کو صبح و شام پکارتے رہتے ہیں اور اس کی رضا کی طلب میں لگے ہوئے ہیں انہیں اپنے سے دور نہ رکھو، ان کے حساب میں کسی چیز کا بوجھ آپ پر نہیں اور آپ کے حساب میں سے کسی چیز کا بوجھ ان پر نہیں اس پر بھی اگر آپ انہیں دور پھینکو گے تو بے انصافوں میں شمار ہو گے۔

۵۳.	دراصل ہم نے اس طرح ان لوگوں میں سے بعض کو بعض کے ذریعہ سے آزمائش میں ڈالا ہے تاکہ وہ انہیں دیکھ کر کہیں کیا یہ ہیں وہ لوگ جن پر ہمارے درمیان اللہ کا فضل و کرم ہوا ہے؟ ہاں! کیا اللہ اپنے شکر گزار بندوں کو ان سے زیادہ نہیں جانتا۔

۵۴.	جب آپ کے پاس وہ لوگ آئیں جو ہماری آیات پر ایمان لاتے ہیں تو ان سے کہو تم پر سلامتی ہے۔ تمہارے رب نے اپنے اوپر رحم و کرم کو واجب کرلیا ہے۔ یہ رحم و کرم ہی تو ہے کہ اگر تم میں سے کوئی نادانی سے گناہ کر بیٹھے، پھر اس کے بعد توبہ کرلے اور اصلاح کرلے تو وہ اسے معاف کر دیتا ہے اور نرمی سے کام لیتا ہے۔

۵۵.	اور اس طرح ہم اپنی نشانیاں کھول کھول کر بیان کرتے ہیں تاکہ گناہ گاروں کا طریقہ کھل جائے۔

۵۶.　(اے محمد ﷺ! ان سے) کہو کہ تم لوگ اللہ کے سوا جن کو پکارتے ہو مجھے ان کی بندگی کرنے سے منع کیا گیا ہے۔ کہو میں تمہاری خواہشات کی پیروی نہیں کروں گا، اگر میں نے ایسا کیا تو گمراہ ہو گیا، راہ راست پانے والوں میں سے نہ رہا۔

۵۷.　کہو میں اپنے رب کی طرف سے ایک دلیل روشن پر قائم ہوں۔ اور تم نے اسے جھٹلا دیا ہے، اب جس چیز کے لیے تم جلدی مچا رہے ہو میرے اختیار میں نہیں ہے، فیصلہ کا پورا اختیار اللہ کو ہے، وہی حق بات بیان کرتا ہے اور سب سے اچھا فیصلہ کرنے والا وہی ہے۔

۵۸.　کہو، اگر وہ چیز میرے اختیار میں ہوتی جس کے لیے تم جلدی مچا رہے ہو تو میرے اور تمہارے درمیان کب کا فیصلہ ہو چکا ہوتا۔ مگر اللہ زیادہ بہتر جانتا ہے ظالموں کو (کہ ان کے ساتھ کیا معاملہ کیا جانا چاہیے۔)

۵۹.　اسی کے پاس غیب کی کنجیاں ہیں جنہیں اس کے سوا کوئی نہیں جانتا۔ سمندر اور خشکی میں جو کچھ ہے وہ سب جانتا ہے۔ درخت سے گرنے والا کوئی پتہ ایسا نہیں کہ جس کا اسے علم نہ ہو۔ زمین کے اندر اندھیروں میں کوئی دانہ ایسا نہیں جس کا اسے علم نہ ہو۔ خشک اور تر غرض کوئی چیز ایسی نہیں جو کھلی کتاب میں لکھی نہ گئی ہو۔

۶۰.　وہی ہے جو رات کو تمہاری روحیں قبض کرتا ہے اور دن میں جو کچھ تم کرتے ہو اسے جانتا ہے، پھر (دوسرے دن اسی کاروبار کی دنیا میں تمہیں) واپس بھیج دیتا ہے تاکہ

زندگی کی مقرر مدت پوری ہو۔ آخر کار اسی کی طرف تمہاری واپسی ہے، پھر وہ تمہیں بتا دے گا کہ تم کیا کرتے رہے ہو۔

٦١. اپنے بندوں پر وہ پوری قوت رکھتا ہے اور تم پر نگرانی کرنے والے مقرر کر کے بھیجتا ہے، یہاں تک کہ جب تم میں سے کسی کو موت کا وقت آ جاتا ہے تو اس کے بھیجے ہوئے فرشتے اس کی جان نکال لیتے ہیں اور وہ اپنے کام میں ذرا بھی کوتاہی نہیں کرتے۔

٦٢. پھر سب لوگ اپنے اصلی مالک اللہ کی طرف لوٹائے جاتے ہیں۔ خبردار ہو جاؤ، فیصلہ کے سارے اختیارات اسی کو حاصل ہیں اور وہ حساب لینے میں بہت جلدی کرنے والا ہے۔

٦٣. (اے محمد ﷺ!) فرما دیں کہ صحرا اور سمندر کی تاریکیوں سے کون تمہیں بچاتا ہے؟ کون ہے جس سے مصیبت کے وقت تم گڑگڑا کر اور چپکے چپکے دعائیں مانگتے ہو؟ اور کہتے ہو کہ اگر تو نے ہمیں اس سے بچا لیا تو ہم ضرور شکر گزار ہوں گے۔

٦٤. آپ کہہ دیجیے کہ اللہ تمہیں اس سے اور ہر تکلیف سے نجات دیتا ہے، پھر بھی تم دوسروں کو اس کا شریک ٹھہراتے ہو۔

٦٥. آپ کہہ دیجیے! وہ اس بات پر قدرت رکھتا ہے کہ تم پر کوئی عذاب اوپر سے نازل کر دے یا تمہارے قدموں کے نیچے سے برپا کر دے یا تمہیں گروہوں میں تقسیم کر کے آپس

میں لڑا دے۔ آپ دیکھیں کہ ہم کس طرح بار بار مختلف طریقوں سے اپنی نشانیاں ان کے سامنے پیش کر رہے ہیں۔ شاید کہ وہ سمجھ جائیں۔

۶۶. آپ کی قوم اس کا انکار کر رہی ہے حالانکہ یہ حقیقت ہے۔ ان سے کہہ دو کہ میں تم پر داروغہ نہیں بنایا گیا۔

۶۷. ہر کام کے ہونے کا ایک وقت مقرر ہے، عنقریب تمہیں خود ہی انجام معلوم ہو جائے گا

۶۸. اور (اے محمد صلی اللہ علیہ وآلہ وسلم!) جب تم دیکھو کہ لوگ ہماری آیات پر نکتہ چینیاں کر رہے ہیں تو آپ وہاں سے ہٹ جائیں یہاں تک کہ وہ دوسری باتوں میں لگ جائیں اور اگر کبھی شیطان تمہیں بھلاوے میں ڈال دے تو جس وقت تمہیں اس غلطی کا احساس ہو جائے تو اس کے بعد پھر ایسے ظالم لوگوں کے پاس نہ بیٹھو۔

۶۹. اور پرہیزگاروں پر ان (ظالموں) کے حساب میں کوئی چیز نہیں ہے، لیکن ان کے ذمہ نصیحت کرنی ہے تاکہ وہ ڈریں۔

۷۰. ان لوگوں کو چھوڑو جنہوں نے اپنے دین کو کھیل اور تماشہ بنا رکھا ہے اور جن کو دنیا کی زندگی نے فریب میں ڈال رکھا ہے ہاں! مگر یہ قرآن ان کو سنا کر نصیحت کرتے رہو کہ کہیں کوئی شخص اپنے کیئے کے وبال میں گرفتار نہ ہو جائے، اور گرفتار بھی اس حال میں ہو کہ اللہ سے بچانے والا کوئی دوست اور مددگار نہ ہو اور نہ ہی کوئی سفارش کرنے والا ہو اور اگر وہ

ہر ممکن چیز ادا کر کے بدلے میں چھوٹنا چاہے تو کچھ بھی اس سے قبول نہ کیا جائے، کیونکہ ایسے لوگ تو خود اپنے کیئے ہوئے اعمال کے بدلے میں پکڑے جائیں گے، ان کو تو (حق سے) انکار کرنے کے بدلے میں سزا کے طور پر کھولتا ہوا پانی پینے کے لیے دیا جائے گا اور ساتھ دردناک عذاب بھی دیا جائے گا

۷۱. (اے محمد ﷺ!) ان سے کہیں کیا ہم اللہ کو چھوڑ کر ان کو پکاریں جو نہ ہمیں نفع دے سکتے ہیں اور نہ نقصان؟ اور جب کہ اللہ ہمیں سیدھی راہ دکھا چکا ہے تو کیا اب ہم الٹے پاؤں پھر جائیں؟ کیا ہم اپنا حال اس شخص جیسا کرلیں جسے شیطانوں نے صحرا میں بھٹکا دیا ہو اور وہ حیران و پریشان پھر رہا ہو جبکہ اس کے ساتھی اسے پکار رہے ہوں کہ ادھر آ یہ سیدھی راہ موجود ہے؟ کہو، حقیقت میں ٹھیک راہنمائی تو صرف اللہ ہی کی راہنمائی ہے اور اس کی طرف سے ہمیں یہ حکم ملا ہے کہ کائنات کے مالک کے سامنے فرمانبرداری سے سر جھکا دو۔

۷۲. نماز قائم کرو اور اللہ کی نافرمانی سے بچو، اسی کی طرف تم اکٹھے کیے جاؤ گے

۷۳. وہی ہے جس نے آسمان و زمین کو برحق پیدا کیا ہے اور جس دن وہ کہے گا (حشر) ہو جا (قیامت آجائے) وہ ہو جائے گا، اس کا قول بالکل سچ ہے اور جس روز صور پھونکا جائے گا اس دن بھی بادشاہی اس کی ہوگی۔ وہ چھپی اور ظاہر باتوں کو جاننے والا ہے اور وہ حکمت والا جاننے والا ہے۔

۷۴. اور (وہ وقت بھی یاد کرنے کے لائق ہے) جب ابراہیمؑ نے اپنے باپ آزر سے کہا کیا تم بتوں کو معبود بناتے ہو؟ میں دیکھتا ہوں کہ آپ اور آپ کی قوم کھلی گمراہی میں ہیں۔

۷۵. اور ہم اس طرح ابراہیمؑ کو آسمان اور زمین کے عجائبات دکھانے لگے تاکہ وہ خوب یقین کرنے والوں میں ہو جائیں۔

۷۶. پھر جب اس پر رات طاری ہوئی تو انہیں ایک ستارہ دکھائی دیا تو ابراہیمؑ کہنے لگے کہ یہ میرا رب ہے جب وہ غائب ہو گیا تو کہنے لگے کہ غائب ہونے والے تو مجھے پسند نہیں۔

۷۷. پھر جب چاند کو دیکھا کہ چمک رہا ہے تو کہنے لگے یہ میرا رب ہے۔ لیکن جب وہ بھی چھپ گیا تو بول اٹھے کہ اگر میرا رب مجھے سیدھا راستہ نہیں دکھائے گا تو میں بھی ان لوگوں میں ہو جاؤں گا جو بھٹک رہے ہیں۔

۷۸. پھر جب سورج کو دیکھا کہ جگمگا رہا ہے تو کہنے لگے میرا رب یہ ہے یہ سب سے بڑا ہے مگر جب وہ بھی چھپ گیا تو کہنے لگے لوگو! جن چیزوں کو تم (رب کا) شریک بناتے ہو میں ان سب سے بیزار ہوں

۷۹. میں نے سب سے ایک طرف ہو کر اپنے آپ کو اسی ذات کی طرف متوجہ کر لیا ہے جس نے آسمانوں اور زمین کو پیدا کیا ہے اور میں مشرکوں میں سے نہیں ہوں۔

۸۰. تب ان کی قوم ان سے بحث کرنے لگی تو انہوں نے کہا کہ تم مجھ سے اللہ کے بارے میں کیا بحث کرتے ہو؟ اس نے تو مجھے سیدھا راستہ دکھا دیا ہے اور جن چیزوں کو تم

اس کا شریک بناتے ہو میں ان سے نہیں ڈرتا۔ ہاں! جو کچھ میرا رب چاہے میرا رب اپنے علم سے ہر چیز پر احاطہ کیئے ہوئے ہے کیا تم سوچتے نہیں؟

۸۱. بھلا میں ان چیزوں سے جنہیں تم اللہ کا شریک بناتے ہو ان سے کیوں ڈروں جبکہ تم اللہ کے ساتھ شریک بنانے سے نہیں ڈرتے اور اس کی اللہ نے کوئی دلیل نازل نہیں کی، اب دونوں فریقوں میں سے امن و سکون کا کون مستحق ہے؟ اگر تم سمجھ رکھتے ہو تو بتاؤ؟۔

۸۲. جو لوگ ایمان لائے اور اپنے ایمان کو (شرک کے) ظلم کے ساتھ نہیں ملایا ان کے لیے امن اور سکون ہے اور وہی لوگ ہدایت پانے والے ہیں۔

۸۳. یہ ہماری دلیل ہے جو ہم نے ابراہیمؑ کو ان کی قوم کے مقابلہ میں دی تھی، ہم جس کے درجے بلند کرنا چاہتے ہیں کر دیتے ہیں۔ بیشک تمہارا پروردگار دانا اور خبردار ہے۔

۸۴. اور ہم نے ان کو اسحاقؑ اور یعقوبؑ بخشے اور سب کو ہدایت دی اور پہلے نوحؑ کو بھی ہدایت دی تھی اور ان کی اولاد میں سے داؤدؑ، سلیمانؑ، ایوبؑ، یوسفؑ، موسیٰؑ اور ہارونؑ کو بھی، ہم نیک لوگوں کو ایسا ہی بدلہ دیا کرتے ہیں۔

۸۵. زکریاؑ، یحییٰ، عیسیٰؑ اور الیاس کو بھی نیک بختوں میں شامل کیا۔

۸۶. اسمٰعیل، الیسعؑ، یونسؑ اور لوطؑ ان سب کو جہان کے لوگوں پر فضیلت دی۔

۸۷. اور ہم نے بعضوں کو ان کے باپ داداوں میں سے ان کی اولاد اور بھائیوں میں سے منتخب کر لیا تھا اور سیدھی راہ کی طرف رہنمائی کی تھی۔

۸۸. یہ اللہ کی ہدایت ہے اپنے بندوں میں سے جس کو چاہے اس پر چلاتا ہے۔

۸۹. اگر وہ لوگ شرک کرتے تو ان کے تمام اعمال ضائع ہو جاتے۔ یہ وہ لوگ تھے جن کو ہم نے کتاب، حکم شریعت اور نبوت عطا کی تھی۔ اگر یہ کفار ان باتوں سے انکار کریں تو ہم نے ان پر ایمان لانے کے لیے ایسے لوگ مقرر کر دیے ہیں کہ جو ان سے کبھی انکار کرنے والے نہیں۔

۹۰. یہ وہ (انبیاء) ہیں جن کو اللہ نے ہدایت دی تھی تو تم انہی کی ہدایت کی پیروی کرو۔ کہہ دو کہ میں تم سے اس ہدایت کا صلہ نہیں مانگتا۔ یہ تو صرف تمام جہاں کے لوگوں کے لیے نصیحت ہے۔

۹۱. اور ان لوگوں نے اللہ کی قدر جیسے جاننی چاہیے تھی نہ جانی، جب انہوں نے کہا کہ اللہ نے انسان پر (وحی اور کتاب) کچھ بھی نازل نہیں کیا۔ کہو کہ جو کتاب موسیٰؑ لے کر آئے تھے اسے کس نے نازل کیا تھا؟ جو لوگوں کے لیے نور اور ہدایت تھی، اور جسے تم نے علیحدہ علیحدہ اوراق پر نقل کر رکھا ہے۔ ان کے کچھ حصہ کو ظاہر کرتے ہو اور اکثر کو چھپاتے ہو، تم کو وہ باتیں سکھائی گئیں جن کو نہ تم جانتے تھے اور نہ تمہارے باپ دادا۔ کہہ دو کہ اس کتاب کو اللہ نے ہی نازل کیا ہے۔ پھر ان کو چھوڑ دو کہ اپنی بیہودہ گفتگو میں کھیلتے رہیں۔

۹۲.	ویسی ہی یہ کتاب ہے جسے ہم نے نازل کیا ہے یہ بابرکت ہے اور اپنے سے پہلے آنے والی کتابوں کی تصدیق کرتی ہے اور جو اس لیے نازل کی گئی ہے کہ آپ مکہ والوں اور اس کے آس پاس رہنے والے لوگوں کو آگاہ کردیں، جو لوگ آخرت پر ایمان رکھتے ہیں وہ اس کتاب پر بھی ایمان رکھتے ہیں اور وہ اپنی نمازوں کی پوری پابندی کرتے ہیں۔

۹۳.	اس سے بڑھ کر ظالم کون ہوگا جو اللہ پر جھوٹا الزام لگائے یا یہ کہے کہ مجھ پر وحی آئی ہے، حالانکہ اس پر کچھ بھی وحی نہ آئی ہو۔ اور جو یہ کہے کہ جیسی کتاب اللہ نے نازل کی ہے اس طرح کی میں خود بھی بنالیتا ہوں کاش! آپ ان ظالموں کو اس وقت دیکھو جب وہ موت کی سختیوں میں بتلا ہوں، اور فرشتے ان کی طرف عذاب کے لیے ہاتھ بڑھا رہے ہوں کہ نکالو اپنی جانیں آج تم کو ذلت کا عذاب دیا جائے گا، اس لیے کہ تم اللہ پر جھوٹ بولا کرتے تھے اور اس کی آیتوں سے سرکشی کیا کرتے تھے

۹۴.	جیسا ہم نے تم کو پہلی بار پیدا کیا تھا ایسا ہی آج اکیلے اکیلے ہمارے پاس آئے ہو اور جو مال و متاع ہم نے تمہیں دیا تھا وہ سب دنیا میں ہی چھوڑ آئے ہو اور ہم تمہارے ساتھ تمہارے سفارشیوں کو بھی نہیں دیکھتے، جن کے بارے میں تم سوچتے تھے کہ وہ (اللہ کے) شریک ہیں۔ آج تمہارے آپس کے سب تعلقات ختم ہو گئے اور جو دعوے تم کرتے تھے سب ختم ہو گئے ہیں۔

۹۵. بیشک اللہ ہی دانے اور گٹھلی کو پھاڑنے والا ہے، وہی جاندار کو بے جان سے نکالتا ہے اور وہی بے جان کو جاندار سے نکالنے والا ہے یہی تو اللہ ہے پھر تم کہاں بھکے پھرتے ہو؟

۹۶. وہی رات کے اندھیرے سے صبح کی روشنی کو پھاڑ نکالتا ہے اور اسی نے رات کو آرام کے لیے بنایا، سورج اور چاند کو حساب کرنے کا ذریعہ بنایا، یہ سب اللہ کے مقرر کیے ہوئے اندازے ہیں، جو غالب اور علم والا ہے

۹۷. وہی تو ہے جس نے تمہارے لیے ستارے بنائے تاکہ جنگلوں اور دریاؤں کے اندھیروں میں ان سے راستے معلوم کرو علم والوں کے لیے ہم نے اپنی آیتیں کھول کھول کر بیان کر دی ہیں

۹۸. وہی تو ہے جس نے تم کو ایک جان (آدم) سے پیدا کیا، پھر تمہارے لیے ایک ٹھہرنے کی جگہ ہے اور ایک سپرد ہونے کی، سمجھنے والوں کے لیے ہم نے اپنی آیتیں کھول کھول کر بیان کر دی ہیں۔

۹۹. اور وہی تو ہے جو آسمان سے مینہ برساتا ہے۔ (ہم جو بارش برساتے ہیں) اس سے ہر طرح کا سبزہ اگاتے ہیں، پھر اس میں سے سرسبز کونپلیں نکالتے ہیں پھر ان کونپلوں میں سے ایک دوسرے کے ساتھ جڑے ہوئے دانے نکالتے ہیں، اور کھجور کے گابھے میں سے لٹکتے ہوئے گچھے، انگوروں کے باغ، زیتون اور انار جو ایک دوسرے سے ملتے جلتے بھی ہیں اور مختلف بھی۔ یہ چیزیں جب پھلتی ہیں تو ان کے پھلنے پر اور جب پکتی ہیں تو ان کے

پکنے پر نظر (غور) کرو۔ ان میں ان لوگوں کے لیے جو ایمان لاتے ہیں۔ اللہ کی قدرت کی بہت سی نشانیاں ہیں۔

۱۰۰۔ اور ان لوگوں نے جنوں کو اللہ کا شریک ٹھہرایا، حالانکہ ان کو اسی (اللہ) نے پیدا کیا ہے۔ بغیر سمجھے بوجھے جھوٹا بہتان لگایا کہ اللہ کے بیٹے بیٹیاں ہیں۔ اللہ ان تمام باتوں سے بالکل پاک ہے۔ اس کی شان ان تمام باتوں سے بلند ہے۔

۱۰۱۔ وہی آسمانوں اور زمین کا پیدا کرنے والا ہے۔ اس کے اولاد کہاں سے ہو جب کہ اس کی بیوی ہی نہیں اور اس نے ہر چیز کو پیدا کیا ہے اور وہ ہر چیز سے باخبر ہے۔

۱۰۲۔ ان تمام صفتوں کا مالک اللہ، تمہارا پالنے والا ہے۔ اس کے سوا کوئی عبادت کے لائق نہیں، وہی ہر چیز کا پیدا کرنے والا ہے۔ اسی کی عبادت کرو اور وہ ہر چیز کا نگران ہے۔

۱۰۳۔ وہ ایسا ہے کہ آنکھیں اس کو دیکھ نہیں سکتیں جبکہ وہ نگاہوں کو پا سکتا ہے، وہ ہر بھید جاننے والا اور پوری خبر رکھنے والا ہے۔

۱۰۴۔ (اے محمد صلی اللہ علیہ وآلہ وسلم! ان سے) کہہ دو کہ تمہارے پاس اللہ کی طرف سے روشن دلیلیں پہنچ چکی ہیں تو جس نے ان کو کھلی آنکھوں سے دیکھا اس نے اپنا بھلا کیا، اور جو اندھا بنا رہا اس نے اپنے لیے برا کیا اور میں تمہارا ذمہ دار نہیں ہوں۔

۱۰۵۔ اور ہم اسی طرح اپنی آیتیں پھیر پھیر کر بیان کرتے ہیں تاکہ کافر یہ نہ کہیں کہ تم نے یہ باتیں (اہل کتاب) سے سیکھ رکھی ہیں اور اس لیے کہ سمجھدار لوگوں کے لیے واضح کر دیں۔

۱۰۶۔ اور جو حکم تمہارے رب کی طرف سے تمہارے پاس آتا ہے اسی کی پیروی کرو۔ اس (اللہ رب العزت) کے سوا کوئی معبود نہیں اور مشرکوں سے دور رہو۔

۱۰۷۔ اگر اللہ چاہتا تو یہ لوگ شرک نہ کرتے اور (اے پیغمبر ﷺ!) ہم نے آپ کو ان کا ذمہ دار نہیں بنایا اور نہ آپ ان کے ذمہ دار ہیں۔

۱۰۸۔ اور جن لوگوں کو یہ (مشرک) اللہ کے سوا پکارتے ہیں، ان کو برا نہ کہنا کہ یہ بھی کہیں اللہ کو بے ادبی سے بے سمجھے برا نہ کہہ بیٹھیں۔ اس طرح ہم نے ہر ایک فرقے کے اعمال (ان کی نظروں میں) اچھے کر دکھائے ہیں۔ پھر ان کو اپنے رب کی طرف لوٹ کر جانا ہے تب وہ ان کو بتائے گا کہ وہ کیا کیا کرتے تھے۔

۱۰۹۔ اور یہ لوگ اللہ کی پختہ قسمیں کھاتے ہیں کہ اگر ان کے پاس کوئی نشانی آئے تو وہ اس پر ضرور ایمان لے آئیں۔ کہہ دو کہ نشانیاں تو سب اللہ ہی کے پاس ہیں اور تمہیں کیا معلوم ہے یہ تو ایسے بد بخت ہیں کہ ان کے پاس نشانیاں آ بھی جائیں تب بھی ایمان نہ لائیں۔

۱۱۰. اور ہم ان کے دلوں اور آنکھوں کو الٹ دیں گے تو جیسے یہ اس قرآن پر پہلی دفعہ ایمان نہیں لائے ویسے پھر بھی نہ لائیں گے اور ان کو چھوڑ دیں گے کہ اپنی سرکشی میں بہکتے رہیں۔

۱۱۱. اور اگر ہم ان پر فرشتے بھی اتار دیتے اور مردے بھی ان سے بات چیت کرنے لگتے اور ہم سب چیزوں کو ان کے سامنے لا موجود بھی کرتے تو بھی یہ ایمان لانے والے نہ تھے مگر یہ کہ اللہ چاہے لیکن اکثر ان میں جاہل ہیں۔

۱۱۲. اور اسی طرح ہم نے شیطان سیرت انسانوں اور جنوں کو ہر پیغمبر کا دشمن بنا دیا تھا، وہ دھوکہ دینے کے لئے ایک دوسرے کے دل میں ملمع کی باتیں ڈالتے رہتے تھے اور اگر تمہارا رب چاہتا تو وہ ایسا نہ کرتے تو ان کو اور جو کچھ افترا کرتے ہیں اسے چھوڑ دو۔

۱۱۳. اور (وہ ایسے کام) اس لئے (بھی کرتے تھے) کہ جو لوگ آخرت پر ایمان نہیں رکھتے ان کے دل ان کی باتوں پر مائل ہوں اور وہ انہیں پسند کریں اور جو کام وہ کرتے تھے وہی کرنے لگیں۔

۱۱۴. کہو کیا میں اللہ کے سوا اور منصف تلاش کروں؟ حالانکہ اس نے تمہاری طرف واضح آیات والی کتاب بھیجی ہے، اور جن لوگوں کو ہم نے کتاب (تورات اور انجیل) دی ہے وہ جانتے ہیں کہ وہ آپ کے رب کی طرف سے برحق نازل ہوئی ہے۔ تو آپ ہرگز شک کرنے والوں میں نہ ہونا۔

۱۱۵. اور آپ کے رب کی باتیں سچائی اور انصاف میں پوری ہیں، اس کی باتوں کو کوئی بدلنے والا نہیں اور وہ سنتا، جانتا ہے۔

۱۱۶. اکثر لوگ جو زمین پر آباد ہیں گمراہ ہیں، اگر آپ ان کا کہنا مان لوگے تو وہ آپ کو اللہ کا راستہ بھلا دیں گے۔ یہ صرف خیال کے پیچھے چلتے اور اٹکل کے تیر چلاتے ہیں۔

۱۱۷. آپ کا رب ان لوگوں کو خوب جانتا ہے جو اس کے رستے سے بھٹکے ہوئے ہیں اور ان سے بھی خوب واقف ہے جو رستے پر چل رہے ہیں۔

۱۱۸. تو جس چیز پر ذبح کرتے وقت اللہ کا نام لیا جائے اگر تم اس کی آیتوں پر ایمان رکھتے ہو تو اسے کھا لیا کرو۔

۱۱۹. اور کیا سبب ہے کہ جس چیز پر اللہ کا نام لیا جائے تم اسے نہ کھاؤ، حالانکہ جو چیزیں اس نے تمہارے لئے حرام ٹھہرا دی ہیں وہ ایک ایک کر کے بیان کر دی ہیں۔ (بیشک ان کو نہیں کھانا چاہیے۔ مگر اس صورت میں کہ انتہائی مجبوری کی حالت ہو جائے۔) اور بہت سے لوگ بغیر سمجھے بوجھے اپنے نفس کی خواہشوں سے لوگوں کو بہکا رہے ہیں بیشک تیرا رب حد سے بڑھ جانے والوں کو خوب جانتا ہے

۱۲۰. ظاہری اور پوشیدہ ہر طرح کا گناہ چھوڑ دو۔ جو لوگ گناہ کرتے ہیں وہ عنقریب اس کی سزا پائیں گے

۱۲۱.	اور جس چیز پر اللہ کا نام نہ لیا جائے اسے مت کھاؤ کہ وہ (اس کا کھانا) گناہ ہے اور شیطان لوگ اپنے دوستوں کے دلوں میں یہ بات ڈالتے ہیں کہ تم سے جھگڑا کریں اور اگر تم لوگ ان کے کہے پر چلے تو بیشک تم بھی مشرک ہو گے۔

۱۲۲.	بھلا جو پہلے مردہ تھا پھر ہم نے اس کو زندہ کیا اور اس کیلیئے روشنی کر دی جس کے ذریعے سے وہ لوگوں میں چلتا پھرتا ہے۔ اس شخص جیسا ہو سکتا ہے جو اندھیرے میں پڑا ہوا ہو اور اس سے نکل ہی نہ سکے؟ اسی طرح کافر جو عمل کر رہے ہیں وہ انہیں اچھے اور خوبصورت بنا دیے گئے ہیں۔

۱۲۳.	اور اسی طرح ہم نے ہر بستی میں بڑے بڑے مجرم پیدا کیئے کہ مکاریاں کرتے رہیں اور جو مکاریاں یہ کرتے ہیں۔ ان کا نقصان انہی کو ہے اور وہ اس سے بیخبر ہیں۔

۱۲۴.	اور جب ان کے پاس کوئی نشانی آتی ہے تو کہتے ہیں کہ جس طرح (کی رسالت) اللہ کے پیغمبروں کو ملی ہے جب تک اس طرح (کی رسالت) ہم کو نہ ملے ہم ہرگز ایمان نہ لائیں گے۔ یہ تو اللہ ہی بہتر جانتا ہے کہ اپنی رسالت کا کام کس سے لے۔ لوگ جرم کرتے ہیں ان کو اللہ کے پاس جلد ہی ذلت اور شدید عذاب ہو گا اس لیے کہ مکاریاں کرتے تھے۔

۱۲۵.	تو جس کو اللہ ہدایت دینا چاہتا ہے اس کا سینہ اسلام کے لیے کھول دیتا ہے اور جسے چاہتا ہے کہ گمراہ کرے اس کا سینہ تنگ اور گھٹا ہوا کر دیتا ہے، گویا وہ آسمان پر چڑھ رہا ہے۔ اس طرح اللہ ان لوگوں پر جو ایمان نہیں لاتے عذاب بھیجتا ہے۔

۱۲۶۔ اور یہی آپ کے رب کا سیدھا راستہ ہے جو لوگ نصیحت حاصل کرنے والے ہیں، ہم نے ان کے لیے نشانیاں واضح کر کے بیان کر دی ہیں۔

۱۲۷۔ ان کے لیے ان کے اعمال کے بدلے میں اللہ کے گھر سلامتی کا ٹھکانا ہے اور وہی ان کا مددگار ہے۔

۱۲۸۔ اور جس دن وہ سب جن وانس کو جمع کرے گا اور فرمائے گا کہ اے گروہ جنات تم نے انسانوں سے بہت فائدے حاصل کیے تو جو انسانوں میں ان کے خیر خواہ ہوں گے وہ کہیں گے کہ اے ہمارے رب ہم ایک دوسرے سے فائدہ حاصل کرتے رہے اور آخر اس وقت کو پہنچ گئے جو تو نے ہمارے لیے مقرر کیا تھا۔ اللہ فرمائے گا اب تمہارا ٹھکانا دوزخ ہے ہمیشہ اس میں جلتے رہو گے مگر جو اللہ چاہے۔ بیشک آپ کا رب دانا اور خبردار ہے۔

۱۲۹۔ اور اسی طرح ہم ظالموں کو ان کے اعمال کی وجہ سے ایک دوسرے سے ملا دیں گے

۱۳۰۔ اے جنوں اور انسانوں کی جماعت! کیا تمہارے پاس تم ہی میں سے پیغمبر نہیں آتے رہے جو میری آیتیں تم کو پڑھ پڑھ کر سناتے اور اس دن کے پیش آنے سے ڈراتے تھے؟ وہ کہیں گے کہ اے رب العزت! ہم اپنے گناہوں کا اقرار کرتے ہیں، ان لوگوں کو دنیا کی زندگی نے دھوکہ میں ڈال رکھا تھا اور اب خود ہی اپنے لیے گواہی دی کہ وہ کفر کرتے تھے۔

۱۳۱. (اے محمد ﷺ! یہ جو پیغمبر آتے رہے اور کتابیں نازل ہوتی رہیں) یہ اس لیے کہ آپ کا رب ایسا نہیں کہ بستیوں کو ظلم سے ہلاک کر دے اور وہاں رہنے والوں کو کچھ بھی خبر نہ ہو۔

۱۳۲. اور سب لوگوں کے اعمال کے مطابق درجات مقرر ہیں اور جو کام یہ لوگ کرتے ہیں آپ کا رب ان سے بیخبر نہیں۔

۱۳۳. اور آپ کا رب بے پروا اور رحمتوں والا ہے۔ اگر وہ چاہے تو تمہیں ختم کر دے اور تمہاری جگہ جن کو مرضی ہو لے آئے جیسا کہ تمہیں بھی اوروں کی اولاد سے پیدا کیا ہے۔

۱۳۴. کچھ شک نہیں کہ جو وعدہ تم سے کیا جاتا ہے وہ (قیامت) آنے ہی والا ہے اور تم اللہ پر غلبہ حاصل نہیں کر سکتے۔

۱۳۵. کہہ دو کہ لوگو تم اپنی جگہ عمل کیے جاؤ میں اپنی جگہ عمل کیے جاتا ہوں، عنقریب تمہیں معلوم ہو جائے گا کہ انجام کار کس کا بہتر ہے، کوئی شک نہیں کہ ظالم نجات پانے والے نہیں۔

۱۳۶. اور یہ لوگ اللہ ہی کی پیدا کی ہوئی چیزوں، یعنی کھیتی اور مویشی میں اللہ کا ایک حصہ مقرر کرتے ہیں۔ پھر اپنے ہی خیال سے کہتے ہیں کہ یہ حصہ تو اللہ کا اور یہ حصہ ہمارے شریکوں کا ہے تو جو حصہ ان کے شریکوں کے لیے ہوتا ہے وہ تو اللہ کی طرف نہیں جا سکتا اور جو حصہ اللہ کا ہوتا ہے وہ ان کے شریکوں کی طرف جا سکتا ہے۔ یہ کیسا برا انصاف ہے۔

۱۳۷. اسی طرح بہت سے مشرکوں کو ان کے شریکوں نے بچوں کو جان سے مار ڈالنا اچھا کر دکھایا تاکہ انہیں ہلاکت میں ڈال دیں اور ان کے دین کو ان پر، خلط ملط کر دیں اور اگر اللہ چاہتا تو وہ ایسا نہ کرتے تو ان کو چھوڑ دو وہ جانیں اور ان کا جھوٹ۔

۱۳۸. اور اپنے خیال سے یہ بھی کہتے ہیں کہ یہ چارپائے اور کھیتی منع ہے اس شخص کے سوا جسے ہم چاہیں کوئی دوسرا نہ کھائے اور بعض جانوروں کی سواری منع کر دی گئی اور بعض کو ذبح کرتے وقت اللہ کا نام نہ لیتے یہ سب اللہ پر جھوٹا الزام ہے۔ وہ عنقریب ان کو ان کے جھوٹ کا بدلہ ضرور دے گا۔

۱۳۹. اور یہ بھی کہتے کہ جو بچہ ان جانوروں کے پیٹ میں ہے وہ خاص ہمارے مَردوں کے لیے ہے۔ اور اگر وہ بچہ مردہ پیدا ہوا تو پھر مرد عورتیں سب کھا سکیں گے۔ عنقریب اللہ ان کو ان کے عقیدوں کی سزا دے گا۔ بیشک وہ حکمت والا خبردار ہے۔

۱۴۰. جن لوگوں نے اپنی اولاد کو بے وقوفی، بے سمجھی سے قتل کیا اور اللہ پر بہتان لگا کر اس کی دی ہوئی روزی کو حرام ٹھہرایا انہوں نے نقصان اٹھایا۔ بیشک وہ گمراہ ہیں اور ہدایت پانے والے نہیں ہیں۔

۱۴۱. اور اللہ ہی تو ہے جس نے باغ پیدا کیئے، چھتریوں پر چڑھائے ہوئے بھی اور زمین پر پھیلے ہوئے بھی اور کھجور اور کھیتی جن سے طرح طرح کے پھل ہوتے ہیں۔ (نیز) زیتون اور انار (بھی) پیدا کیے جو بعض لحاظ سے آپس میں ملتے جلتے ہیں اور بعض لحاظ سے

نہیں ملتے۔ جب یہ درخت پھل دیں تو ان کے پھل کھاؤ اور جس دن پھل توڑو اور کھیتی کاٹو تو اللہ کا حق اس میں سے ادا کرو۔ بے جا نہ اڑانا کہ فضول خرچ لوگوں کو اللہ دوست نہیں رکھتا۔

۱۴۲. اور چوپایوں میں بوجھ اٹھانے والے، یعنی بڑے بڑے بھی پیدا کئے اور زمین سے لگے ہوئے چھوٹے چھوٹے بھی۔ پس اللہ کا دیا ہوا رزق کھاؤ اور شیطان کے راستے پر نہ چلو وہ تمہارا کھلا دشمن ہے۔

۱۴۳. یہ بڑے چھوٹے چارپائے آٹھ قسم کے ہیں۔ دو دو بھیڑوں میں سے اور دو دو بکریوں میں سے یعنی ایک ایک نر اور ایک ایک مادہ (اے پیغمبر!) ان سے پوچھو کہ اللہ نے دونوں کے نروں کو حرام کیا ہے یا دونوں کی ماداؤں کو یا جو بچہ ماداؤں کے پیٹ میں لپٹ رہا ہو۔ اگر سچے ہو تو مجھے سند سے بتاؤ۔

۱۴۴. اور دو دو اونٹوں میں سے اور دو دو گایوں میں سے ان کے بارے میں بھی ان سے پوچھو کہ اللہ نے دونوں کے نروں کو حرام کیا ہے یا دونوں کی ماداؤں کو یا اس بچے کو جو ماداؤں کے پیٹ میں لپٹ رہا ہو؟ بھلا جس وقت اللہ نے تم کو حکم دیا تھا اس وقت تم موجود تھے؟ تو اس شخص سے زیادہ کون ظالم ہے جو اللہ پر جھوٹا بہتان لگائے اور گمراہی کے خیال سے لوگوں کو گمراہ کرے۔ اس میں کوئی شک نہیں کہ اللہ ظالم لوگوں کو ہدایت نہیں دیتا۔

۱۴۵. کہو کہ جو احکام مجھ پر نازل ہوئے ہیں میں ان میں کوئی چیز جسے کھانے والا کھائے، حرام نہیں پاتا سوائے اس کے کہ وہ مرا ہوا جانور ہو یا بہتا خون یا سؤر کا گوشت کہ یہ سب ناپاک ہیں۔ یا ناجائز جانور جو اللہ کے علاوہ کسی اور کے نام پر مشہور کیا گیا ہو اور اگر کوئی مجبور ہو

جائے لیکن نہ تو (اللہ کے قانون کا) باغی ہو اور نہ ہی حد سے باہر نکل جائے تو آپ کا رب بخشنے والا مہربان ہے۔

۱۴۶. اور یہودیوں پر ہم نے سب ناخن والے جانور حرام کر دیے تھے گائے اور بکری کی چربی ان پر حرام کر دی تھی۔ سوائے پیٹھ والی چربی کے یا آنتوں یا جوہڑی سے ملی ہو۔ یہ سزا ہم نے ان کو ان کی شرارت کی وجہ سے دی تھی اور ہم سچ کہنے والے ہیں۔

۱۴۷. اور اگر یہ لوگ آپ کی تکذیب کریں تو کہہ دو کہ تمہارے رب کی رحمت بڑی وسیع مگر اس کا عذاب گناہ گاروں سے ہر گز ٹلے گا نہیں۔

۱۴۸. مشرک لوگ کہیں گے کہ اگر اللہ چاہتا تو ہم شرک نہ کرتے اور نہ ہی ہمارے باپ دادا ہی شرک کرتے اور نہ ہم کسی چیز کو حرام ٹھہراتے اسی طرح ان سے پہلے لوگوں نے بھی تکذیب کی تھی یہاں تک کہ ہمارے عذاب کا مزہ چکھ کر رہے، کہہ دو کیا تمہارے پاس کوئی سند ہے؟ اگر ہے تو ہمیں دکھاؤ تم صرف خیالی باتیں کرتے ہو اور اٹکل پر چلتے ہو۔

۱۴۹. کہہ دو بس اللہ کی حجت کامل ہے۔ اگر وہ چاہتا تو تم سب کو ہدایت دے دیتا۔

۱۵۰. کہو کہ اپنے گواہوں کو لاؤ جو بتائیں کہ اللہ نے یہ سب چیزیں حرام کی ہیں۔ پھر اگر وہ گواہی دیں تو تم ان کے ساتھ گواہی نہ دینا اور نہ ہی ان کی خواہشوں کی پیروی کرنا جو ہماری آیتوں کو جھٹلاتے اور ہماری آیتوں پر ایمان نہیں لاتے اور دوسروں کو اپنے رب کے برابر ٹھہراتے ہیں۔

۱۵۱. (لوگو) آؤمیں تمہیں وہ چیزیں پڑھ کر سناؤں جو تمہارے رب نے تم پر حرام کر دی ہیں (ان کے لیے اللہ نے اس طرح ارشاد فرمایا ہے) کہ کسی چیز کو اللہ کا شریک نہ بنانا، ماں باپ سے برا سلوک نہ کرنا، مفلسی کے ڈر سے اپنی اولاد کو قتل نہ کرنا کیونکہ تمہیں اور ان کو ہم ہی رزق دیتے ہیں۔ ظاہر یا چھپا کر بے حیائی کے کام نہ کرنا اور کسی ایسے شخص کو جس کو قتل کرنا حرام ہے ہرگز قتل نہ کرنا۔ مگر جس کا شریعت حکم دے۔ ان باتوں کی وہ تمہیں تاکید کرتا ہے تاکہ تم سمجھو۔

۱۵۲. اور یتیم کے مال کے پاس بھی نہ جانا مگر اس طرح کہ بہتر ہو۔ یہاں تک وہ جوانی کو پہنچ جائے، اور ماپ تول پورا پورا انصاف سے کیا کرو۔ ہم کسی کو تکلیف نہیں دیتے مگر اس کی طاقت کے مطابق۔ اور جب کسی کے لیے کوئی بات کہو تو انصاف سے کہو چاہے وہ تمہارا رشتہ دار ہی کیوں نہ ہو۔ اور اللہ کے عہد کو پورا کرو۔ ان باتوں کا اللہ تمہیں حکم دیتا ہے تاکہ تم نصیحت قبول کرو۔

۱۵۳. اور یہ کہ میرا سیدھا راستہ یہی ہے تو تم اسی پر چلنا اور دوسرے راستوں پر نہ چلنا کہ وہ تمہیں اللہ کے راستے سے الگ کر دیں گے۔ ان سب باتوں کا اللہ تمہیں حکم دیتا ہے تاکہ تم پرہیزگار بنو۔

۱۵۴. ہاں! پھر سن لو کہ ہم نے موسیٰ کو کتاب عنایت کی تھی تاکہ نیک لوگوں پر اپنی نعمت پوری کر دیں اس میں ہر چیز کا بیان، ہدایت اور رحمت ہے تاکہ لوگ اپنے رب کی ملاقات کا یقین کر لیں۔

۱۵۵۔ اور یہ کتاب ہے برکت والی جو ہم نے اتاری ہے تو اس کی پیروی کرو اور اللہ سے ڈرو تاکہ تم پر مہربانی کی جائے۔

۱۵۶۔ اس لیے اتاری ہے کہ تم یوں نہ کہو کہ ہم سے پہلے دو ہی گروہوں پر کتابیں اتری ہیں۔ اور ہم ان کے پڑھنے سے معذور یا بےخبر رہے

۱۵۷۔ یا یہ نہ کہو کہ اگر ہم پر بھی کتاب نازل ہوتی تو ہم ان لوگوں کی نسبت کہیں زیادہ سیدھے رستے پر ہوتے سو تمہارے پاس تمہارے رب کی طرف سے دلیل، رحمت اور ہدایت آ گئی ہے۔ سو اس سے بڑھ کر ظالم کون ہو گا جو اللہ کی آیتوں کو جھٹلائے اور ان سے کنی کترائے (اعراض کرے) جو لوگ ہماری آیتوں سے اعراض کرتے ہیں ہم ان کو ان کے اعراض کی وجہ سے برے عذاب کی سزا دیں گے۔

۱۵۸۔ کیا یہ اسی بات کے منتظر ہیں کہ ان کے پاس فرشتے آئیں یا خود تمہارا رب آئے یا اللہ تعالیٰ کی کچھ نشانیاں آئیں۔ مگر جس دن اللہ کی نشانیاں آ جائیں گی تو جو شخص پہلے ایمان نہ لا چکا ہو گا تو اس وقت ایمان لانا اسے کچھ بھی فائدہ نہ دے گا اور پھر اگر ایمان کی حالت میں نیک عمل نہ کئے ہوں گے تو اس وقت گناہوں سے توبہ کرنا کوئی فائدہ نہ دے گا۔ (اے پیغمبر! ان سے) کہہ دیں کہ تم بھی انتظار کرو ہم بھی انتظار کرتے ہیں۔

۱۵۹۔ جن لوگوں نے اپنے دین میں بہت سے رستے نکالے اور کئی کئی فرقے ہو گئے ان سے تم کو کچھ کام نہیں ان کا کام اللہ کے حوالے پھر جو جو کچھ وہ کرتے رہے ہیں اللہ ان کو سب کچھ بتائے گا۔

۱۶۰.	جو (کوئی اللہ کے حضور) نیکی لے کر آئے گا اس کو اس نیکی کا دس گنا ثواب ملے گا اور جو برائی لائے گا اسے ویسی ہی سزا ملے گی اور ان پر ظلم نہیں کیا جائے گا۔

۱۶۱.	کہہ دو کہ میرے رب نے مجھے سیدھا راستہ دکھا دیا ہے یہی وہ مستحکم دین ہے جو ابراہیمؑ حنیف کا دین تھا، اور وہ مشرکوں میں سے نہ تھے

۱۶۲.	یہ بھی کہہ دو کہ میری نماز، میری قربانی، میرا جینا اور میرا مرنا سب رب العالمین ہی کے لیے ہے۔

۱۶۳.	جس کا کوئی شریک نہیں اور مجھے اسی بات کا حکم ملا ہے اور میں سب سے اول فرمانبردار ہوں۔

۱۶۴.	کہو کیا میں اللہ کے سوا کوئی اور رب تلاش کروں اور وہی تو ہر چیز کا مالک ہے اور جو کوئی برا کام کرتا ہے تو اس کا نقصان اسی کو ہوتا ہے اور کوئی شخص کسی کے گناہ کا بوجھ نہیں اٹھائے گا، پھر تم سب کو اپنے رب کی طرف لوٹ کر جانا ہے اور جن جن باتوں میں تم اختلاف کیا کرتے تھے وہ تمہیں بتائے گا۔

۱۶۵.	اور وہی تو ہے جس نے زمین میں تم کو اپنا نائب بنایا اور ایک دوسرے پر درجے بلند کیئے تاکہ جو کچھ اس نے تمہیں بخشا ہے اس میں تمہاری آزمائش کرے۔ بیشک تمہارا رب جلد عذاب دینے والا ہے اور بیشک وہ بخشنے والا مہربان بھی ہے۔

۷۔ سورۃ الاعراف

۱.	المص

۲.	(اے محمد ﷺ!) یہ کتاب جو آپ پر نازل ہوئی ہے۔ اس سے آپ کو تنگدل نہیں ہونا چاہیئے۔ یہ نازل اس لیے ہوئی ہے کہ تم اس کے ذریعہ سے لوگوں کو ڈر سناؤ اور یہ ایمان والوں کے لیے نصیحت ہے۔

۳.	لوگو! یہ کتاب تم پر تمہارے رب کی طرف سے نازل ہوئی ہے اس کی پیروی کرو۔ اس کے سوا اور رفیقوں کی پیروی نہ کرو۔ اور تم کم ہی نصیحت قبول کرتے ہو۔

۴.	اور کتنی ہی بستیاں ہم نے تباہ کر ڈالیں۔ جن پر ہمارا عذاب یا تو رات کو آتا تھا جبکہ وہ سو رہے ہوتے یا دن کو جب وہ دوپہر کو آرام کر رہے ہوتے۔

۵.	تو جس وقت ان پر عذاب آتا تھا ان کے منہ سے یہی نکلتا تھا کہ ہائے ہم اپنے اوپر ظلم کرتے رہے۔

۶.	تو جن لوگوں کی طرف پیغمبر بھیجے گئے ہم ان سے پوچھ گچھ کریں گے اور پیغمبروں کو بھی پوچھیں گے۔

۷. پھر اپنے علم سے حالات بیان کریں گے اور ہم کہیں غائب تو نہیں تھے۔

۸. اس روز اعمال کا تلنا برحق ہے تو جن لوگوں کے اعمال کے وزن بھاری ہوں گے وہ تو نجات پانے والے ہیں۔

۹. اور جن کے وزن ہلکے ہوں گے تو یہی لوگ ہیں جنھوں نے اپنا نقصان کیا اس لیے کہ ہماری آیتوں کے بارے میں بے انصافی کرتے تھے۔

۱۰. اور ہم نے ہی زمین میں تمہارا ٹھکانا بنایا اور اس میں تمہارے لیے رہن سہن کے تمام بندوبست کیے مگر تم کم ہی شکر کرتے ہو۔

۱۱. اور ہم نے ہی تم کو شروع میں مٹی سے پیدا کیا پھر تمہاری شکل و صورت بنائی پھر فرشتوں کو حکم دیا کہ آدم کے آگے سجدہ کرو۔ تو سب نے سجدہ کیا لیکن ابلیس، کہ وہ سجدہ کرنے والوں میں شامل نہ ہوا۔

۱۲. اللہ تعالیٰ نے فرمایا جب میں نے تجھے حکم دیا تو کس بات نے تمہیں سجدہ کرنے سے باز رکھا؟ اس نے کہا کہ میں اس سے بہتر ہوں مجھے تو نے آگ سے پیدا کیا اور اسے مٹی سے بنایا ہے۔

۱۳. فرمایا تو بہشت سے نکل جا۔ تو اس لائق نہیں کہ یہاں تکبر کرے پس نکل جا تو ذلیل ہے۔

۱۴۔ اس نے کہا کہ مجھے اس دن تک مہلت عطا فرما جس دن لوگ قبروں سے اٹھائے جائیں گے۔

۱۵۔ فرمایا اچھا تم کو مہلت دی جاتی ہے

۱۶۔ پھر شیطان نے کہا کہ مجھے تو تو نے دھتکار ہی دیا ہے۔ میں بھی تیرے سیدھے رستے پر ان کو گمراہ کرنے کے لیے بیٹھوں گا۔

۱۷۔ پھر ان کے آگے سے، پیچھے سے، دائیں سے اور بائیں سے (غرض ہر طرف سے آؤں گا اور ان کی راہ ماروں گا) اور تو ان میں سے اکثر کو شکر گزار نہیں پائے گا۔

۱۸۔ اللہ نے فرمایا نکل جا یہاں سے پاجی مردود جو لوگ ان میں سے تیری پیروی کریں گے میں ان کو اور تجھ کو جہنم میں ڈال کر جہنم کو بھر دوں گا

۱۹۔ اور ہم نے آدم سے کہا کہ تم اور تمہاری بیوی بہشت میں رہو۔ جہاں سے چاہو جو چاہو کھاؤ پیو، مگر اس درخت کے پاس نہ جانا۔ ورنہ گناہگار ہو جاؤ گے۔

۲۰۔ تو شیطان دونوں کو بہکانے لگا۔ تاکہ ان کے پردے والی چیزیں جو ان سے پوشیدہ تھیں کھول دے اور کہنے لگا کہ تم کو تمہارے رب نے اس درخت سے صرف اس لیے منع کیا ہے کہ تم فرشتے نہ بن جاؤ یا ہمیشہ جیتے نہ رہو۔

۲۱۔ اور ان سے قسم کھا کر کہا کہ میں تو تمہارا خیر خواہ ہوں۔

۲۲۔ غرض شیطان مردود نے ان کو دھوکہ دے کر گناہ کی طرف کھینچ ہی لیا۔ جب انہوں نے اس درخت کے پھل کو کھا لیا تو ان کی پردہ کی چیزیں کھل گئیں۔ اور وہ بہشت کے درختوں کے پتوں سے اپنے پوشیدہ جسم کو چھپانے لگے۔ تب ان کے رب نے پکارا کہ کیا میں نے تم کو اس درخت کے پاس جانے سے منع نہیں کیا تھا اور بتا نہیں دیا تھا کہ شیطان تمہارا کھلم کھلا دشمن ہے؟

۲۳۔ دونوں عرض کرنے لگے کہ اے ہمارے رب! ہم نے اپنی جانوں پر ظلم کیا۔ اور اگر تو ہمیں نہیں بخشے گا۔ اور ہم پر رحم نہیں کرے گا تو ہم تباہ ہو جائیں گے۔

۲۴۔ (اللہ نے) فرمایا تم سب بہشت سے اتر جاؤ۔ اب سے تم ایک دوسرے کے دشمن ہو۔ اور تمہارے لیے ایک خاص وقت تک زمین پر ٹھکانا اور زندگی کا سامان کر دیا گیا ہے۔

۲۵۔ (اللہ نے) فرمایا: اسی میں تمہارا جینا ہوگا اور اسی میں مرنا اور اسی میں سے قیامت کے دن زندہ کر کے نکالے جاؤ گے۔

۲۶۔ اے بنی آدم! ہم نے تم پر پوشاک اتاری کہ تمہارا ستر ڈھانکے اور تمہارے بدن کو زینت دے اور جو پرہیزگاری کا لباس ہے وہ سب سے اچھا ہے۔ یہ اللہ کی نشانیاں ہیں تاکہ لوگ نصیحت پکڑیں۔

۲۷۔ اے بنی آدم! دیکھنا کہیں شیطان تمہیں بہکا نہ دے جس طرح تمہارے ماں باپ کو بہکا کر بہشت سے نکلوا دیا تھا اور ان سے ان کے کپڑے اتروا دیے تھے تاکہ ان کا پوشیدہ جسم ان کو کھول کر دکھا دے۔ وہ اور اس کے بھائی تم کو ایسی جگہ سے دیکھتے رہتے ہیں۔ جہاں سے تم ان کو نہیں دیکھ سکتے ہم نے شیطانوں کو انہی لوگوں کا رفیق بنایا ہے جو ایمان نہیں رکھتے۔

۲۸۔ اور جب کوئی بے حیائی کا کام کرتے ہیں تو کہتے ہیں ہم نے اپنے بزرگوں کو اسی طرح کرتے دیکھا ہے اور اللہ نے بھی ہم کو یہی حکم دیا ہے۔ کہہ دو کہ اللہ بے حیائی کے کام کرنے کا ہرگز حکم نہیں دیتا۔ بھلا تم اللہ کے لیے ایسی بات کیوں کہتے ہو جس کا تمہیں علم نہیں۔

۲۹۔ کہہ دو کہ میرے رب نے تو انصاف کرنے کا حکم دیا ہے اور یہ کہ ہر نماز کے وقت سیدھا قبلہ کی طرف رخ کیا کرو۔ خاص اسی کی عبادت کرو اور اسی کو پکارو۔ اس نے جس طرح تم کو پہلے پیدا کیا تھا اسی طرح تم پھر پیدا کئے جاؤ گے۔

۳۰۔ ایک فریق کو تو اس نے ہدایت دی اور ایک فریق پر گمراہی ثابت ہو چکی۔ ان لوگوں نے اللہ کو چھوڑ کر شیطانوں کو رفیق بنا لیا اور سمجھتے یہ ہیں کہ وہ ہدایت یافتہ ہیں۔

۳۱۔ اے بنی آدم! ہر مسجد میں (نماز) کے وقت اپنے آپ کو سجایا کرو۔ کھاؤ اور پیو مگر بے جا نہ اڑاؤ کیونکہ اللہ فضول خرچ لوگوں کو دوست نہیں رکھتا۔

۳۲. پوچھو کہ زینت اور کھانے پینے کی پاکیزہ چیزیں جو اللہ نے اپنے بندوں کے لیے پیدا کی ہیں ان کو حرام کس نے کیا؟ کہہ دو کہ یہ چیزیں دنیا کی زندگی میں ایمان والوں کے لیے ہیں۔ اور قیامت کے دن خاص انہی کا حصہ ہوں گی۔ اسی طرح اللہ رب العزت اپنی آیتیں سمجھنے والوں کے لیے کھول کھول کر بیان کرتا ہے۔

۳۳. کہہ دو کہ میرے رب نے تو ظاہر و پوشیدہ بے حیائی کی باتوں، گناہ کو اور ناحق زیادتی کرنے کو حرام کیا ہے۔ اور اس کو بھی کہ تم کسی کو اللہ کا شریک بناؤ جس کے لیے اس نے کوئی دلیل نازل نہیں کی اور یہ بھی کہ اللہ کے بارے ایسی باتیں کہو جن کا تمہیں کچھ علم نہیں۔

۳۴. اور ہر گروہ کے لیے ایک وقت مقرر ہے۔ جب وہ آجاتا ہے تو (اس گروہ کی گرفت کے لیے) نہ ایک گھڑی موخر ہو سکتی ہے نہ جلدی۔

۳۵. اے بنی آدم! ہم تم کو یہ نصیحت ہمیشہ کرتے رہے ہیں کہ جب ہمارے پیغمبر تمہارے پاس آیا کریں اور ہماری آیتیں تم کو سنایا کریں تو ان پر ایمان لایا کرو کہ جو شخص ان پر ایمان لا کر اللہ سے ڈرتا رہے گا وہ اپنی حالت درست رکھے گا۔ تو ایسے لوگوں کو نہ کچھ خوف ہو گا اور نہ ہی وہ غمگین ہوں گے۔

۳۶. اور جنہوں نے ہماری آیتوں کو جھٹلایا اور ان سے اکڑ بیٹھے تو وہی دوزخ میں جائیں گے اور ہمیشہ اس میں (جلتے) رہیں گے۔

۳۷۔ تو اس سے زیادہ ظالم کون ہے، جو اللہ پر جھوٹ باندھے یا اس کی آیتوں کو جھٹلائے ان کو ان کے نصیب کا لکھا ملتا ہی رہے گا۔ یہاں تک کہ جب ان کے پاس ہمارے بھیجے ہوئے فرشتے جان نکالنے آئیں گے۔ تو کہیں گے کہ جن کو تم اللہ کے سوا پکارا کرتے تھے وہ اب کہاں ہیں؟ وہ کہیں گے معلوم نہیں کہ وہ ہم سے کہاں غائب ہو گئے اور اقرار کریں گے کہ بیشک وہ کافر تھے

۳۸۔ تو اللہ فرمائے گا کہ جنوں اور انسانوں کی جو جماعتیں تم سے پہلے ہو گزری ہیں انہی کے ساتھ تم بھی جہنم میں داخل ہو جاؤ۔ جب ایک جماعت وہاں جا داخل ہوگی تو اپنی ہم مذہب جماعت پر لعنت کرے گی۔ یہاں تک کہ جب سب اس میں داخل ہو جائیں گے تو پچھلی جماعت پہلی کی نسبت کہے گی کہ اے اللہ! انہی لوگوں نے ہم کو گمراہ کیا تھا۔ تو ان کو جہنم کی آگ کا دگنا عذاب دے۔ اللہ فرمائے گا کہ تم سب کو دگنا عذاب دیا جائے گا مگر تم نہیں جانتے۔

۳۹۔ اور پہلی جماعت پچھلی جماعت سے کہے گی کہ تم کو ہم پر کچھ بھی برتری نہ ملی تو جو عمل تم کیا کرتے تھے اس کے بدلے میں عذاب کے مزے چکھو۔

۴۰۔ جن لوگوں نے ہماری آیتوں کو جھٹلایا اور ان سے تکبر کیا ان کے لیے نہ آسمان کے دروازے کھولے جائیں گے اور نہ وہ جنت میں داخل ہوں گے یہاں تک کہ اونٹ سوئی کے ناکے میں سے گزر جائے (یہ ناممکن ہے) اور گنہگاروں کو ہم ایسی ہی سزا دیا کرتے ہیں۔

۴۱. ایسے لوگوں کے لیے نیچے بچھونا بھی جہنم کی آگ کا ہوگا اور اوپر سے اوڑھنا بھی اسی کا۔ اور ظالموں کو ہم ایسی ہی سزا دیتے ہیں۔

۴۲. اور جو لوگ ایمان لائے اور نیک عمل کرتے رہے اور ہم (اعمال کے لیے) کسی شخص کو اس کی طاقت سے زیادہ تکلیف نہیں دیتے۔ ایسے ہی لوگ جنت کے وارث ہیں اور اس میں ہمیشہ ہمیشہ رہیں گے

۴۳. اور جو کینے ان کے سینوں میں ہوں گے ہم سب نکال ڈالیں گے۔ ان کے محلوں کے نیچے نہریں بہہ رہی ہوں گی اور کہیں گے کہ اللہ کا شکر ہے جس نے ہمیں یہاں کا راستہ دکھایا اور اگر اللہ ہم کو راستہ نہ دکھاتا تو ہم راستہ نہ پاسکتے۔ بیشک ہمارے اللہ کے رسول حق بات لے کر آئے تھے اور اس روز منادی کر دی جائے گی کہ تم ان اعمال کے صلہ میں جو دنیا میں کرتے تھے اس بہشت کے مالک بنا دیے گئے ہو۔

۴۴. اور اہل جنت اہل دوزخ کو پکار کر کہیں گے کہ جو وعدہ ہمارے رب نے ہم سے کیا تھا ہم نے تو اسے سچا پالیا۔ بھلا تم نے بھی اس وعدے کو سچا پایا جو تم سے کیا گیا تھا؟ وہ کہیں گے ہاں! تو اس وقت ان میں سے ایک پکارے گا کہ اللہ کی لعنت ان ظالموں پر۔

۴۵. جو اللہ کی راہ سے روکتے اور اس میں کجی ڈھونڈتے اور آخرت سے انکار کرتے تھے۔

۴۶. ان دونوں (جنت اور دوزخ) کے درمیان اعراف نام ایک دیوار ہوگی اور اعراف (بلندی) پر کچھ آدمی ہوں گے جو سب کو ان کی صورتوں سے پہچان لیں گے، وہ اہل جنت کو پکار کر کہیں گے تم پر سلامتی ہو۔ یہ لوگ (اعراف والے) ابھی بہشت میں داخل تو نہیں ہوئے ہوں گے مگر امیدوار ہوں گے۔

۴۷. اور جب ان کی نگاہیں پلٹ کر دوزخیوں کی طرف جائیں گی تو عرض کریں گے کہ اے ہمارے رب! ہم کو ظالم لوگوں کے ساتھ شامل نہ کرنا۔

۴۸. اور اہل اعراف کافر لوگوں کو جنہیں وہ ان کی شکلوں سے پہچانتے ہوں گے پکار کر کہیں گے کہ آج نہ تو تمہاری جماعت ہی تمہارے کچھ کام آئی اور نہ تمہارا تکبر ہی فائدہ مند ہوا۔

۴۹. (پھر مؤمنوں کی طرف اشارہ کر کے کہیں گے کہ) کیا یہ وہی لوگ ہیں جن کے بارے میں تم قسمیں کھایا کرتے تھے کہ اللہ اپنی رحمت سے ان کی دستگیری نہ کرے گا؟ تو مومنو! تم جنت میں داخل ہو جاؤ۔ تمہیں کچھ خوف نہیں اور نہ تم کو کچھ رنج اور نہ فکر ہوگا۔

۵۰. اور وہ دوزخی جنتیوں سے گڑگڑا کر کہیں گے کہ تھوڑا سا پانی ہماری طرف بہا دو یا وہ رزق جو اللہ نے تمہیں دیا ہے ہمیں بھی اس میں سے دے دو۔ وہ جواب دیں گے کہ اللہ نے جنت کا رزق اور پانی کافروں پر حرام کر دیا ہے۔

۵۱۔ جنہوں نے اپنے دین کو تماشا اور کھیل بنا رکھا تھا اور دنیا کی زندگی نے ان کو دھوکے میں ڈال رکھا تھا تو جس طرح یہ لوگ اس دن کے آنے کو بھولے ہوئے ہماری آیتوں سے منکر ہو رہے تھے، اسی طرح آج ہم بھی انہیں بھلا دیں گے۔

۵۲۔ اور ہم نے ان کے پاس کتاب پہنچا دی ہے جس کو علم و دانش کے ساتھ کھول کھول کر بیان کر دیا گیا ہے اور وہ مومنین کے لیے ہدایت اور رحمت ہے۔

۵۳۔ کیا یہ لوگ اس کے واقع ہو جانے کے منتظر ہیں؟ جس دن وہ واقع ہو جائے گا تو جو لوگ اس کو پہلے سے بھولے ہوئے ہوں گے وہ بول اٹھیں گے کہ بیشک ہمارے رب کے رسول حق لے کر آئے تھے بھلا آج کوئی ہمارے سفارشی ہیں کہ ہماری سفارش کریں؟ یا ہم دنیا میں پھر بھیج دیے جائیں کہ جو برے عمل ہم پہلے کرتے تھے وہ نہ کریں بلکہ ان کے سوا اور نیک عمل کریں۔ بیشک ان لوگوں نے اپنا نقصان کیا اور جو کچھ یہ افترا کیا کرتے تھے ان سے سب جاتا رہا۔

۵۴۔ کچھ شک نہیں کہ تمہارا رب اللہ ہی ہے جس نے آسمانوں اور زمین کو چھ دن میں پیدا کیا اور پھر عرش پر جا ٹھہرا۔ وہی رات کو دن کا لباس پہناتا ہے کہ وہ اس کے پیچھے دوڑتا چلا آتا ہے۔ اور اسی نے سورج، چاند اور ستاروں کو پیدا کیا۔ سب اس کے حکم کے مطابق کام میں لگے ہوئے ہیں۔ دیکھو سب مخلوق بھی اسی کی ہے، اور حکم بھی اسی کا ہے۔ اللہ رب العالمین بڑی برکت والا ہے۔

۵۵. لوگو! اپنے رب سے عاجزی سے اور چپکے چپکے دعائیں مانگا کرو۔ وہ حد سے بڑھنے والوں کو پسند نہیں کرتا۔

۵۶. اور زمین میں اصلاح کے بعد خرابی نہ کرنا، اور اللہ سے ڈرتے ہوئے اور امید رکھتے ہوئے دعائیں مانگتے رہنا۔ بیشک اللہ کی رحمت نیکی کرنے والوں کے قریب ہے۔

۵۷. اور وہی تو ہے جو اپنی رحمت یعنی مینہ سے پہلے ہواؤں کو خوشخبری بنا کر بھیجتا ہے، یہاں تک کہ جب وہ بھاری بھاری ہواؤں کو اٹھا لاتی ہیں تو ہم ان کو ایک مری ہوئی (خشک) بستی کی طرف ہانک دیتے ہیں پھر بادل سے بارش کر دیتے ہیں، پھر بارش سے ہر طرح کے پھل پیدا کرتے ہیں اسی طرح ہم مردوں کو زمین سے زندہ کر کے باہر نکالیں گے، یہ آیات اس لیے بیان کی جاتی ہیں تاکہ تم نصیحت پکڑو۔

۵۸. جو زمین پاکیزہ ہے اس میں سے سبزہ بھی اللہ کے حکم سے نفیس ہی نکلتا ہے اور جو خراب ہے اس میں جو کچھ نکلتا ہے ناقص ہوتا ہے، ایسے ہم آیتوں کو شکر گزار لوگوں کے لیے پھیر پھیر کر بیان کرتے ہیں۔

۵۹. ہم نے نوحؑ کو ان کی قوم کی طرف بھیجا تو انہوں نے کہا کہ اے میری قوم کے لوگو! اللہ کی عبادت کرو اس کے سوا کوئی معبود نہیں۔ مجھے تمہارے بارے میں بڑے دن کے عذاب کا خوف ہے۔

۶۰. تو ان کی قوم کے سردار کہنے لگے ہم تمہیں کھلی گمراہی میں دیکھتے ہیں۔

۶۱. تو انہوں نے کہا اے میری قوم! مجھ میں کسی طرح کی گمراہی نہیں ہے کیونکہ میں رب العالمین کا بھیجا ہوا پیغمبر ہوں۔

۶۲. میں تمہیں اپنے رب کے پیغام پہنچاتا ہوں اور مجھے اللہ کی طرف سے ایسی باتیں معلوم ہیں جن سے تم بیخبر ہو۔

۶۳. کیا تمہیں اس بات سے تعجب ہوا ہے کہ تم میں سے ایک بندے کے ذریعے تمہارے رب کی طرف سے نصیحت آئی، وہ تم کو ڈرائے اور تاکہ تم پرہیزگار بنو اور تاکہ تم پر رحم کیا جائے۔

۶۴. پس ان لوگوں نے ان کو جھٹلایا تو ہم نے نوحؑ کو ان کے ساتھ کشتی میں سوار ہونے والوں کو تو بچا لیا مگر جن لوگوں نے ہماری آیتوں کو جھٹلایا تھا ان کو غرق کر دیا۔ اس میں کچھ شک نہیں کہ وہ لوگ اندھے تھے۔

۶۵. اور اسی طرح قوم عاد کی طرف ان کے بھائی ہودؑ کو بھیجا انہوں نے کہا اے میری قوم! اللہ ہی کی عبادت کرو۔ اس کے سوا تمہارا کوئی معبود نہیں کیا تم ڈرتے نہیں؟۔

۶۶. تو ان کی قوم کے سردار جو کافر تھے کہنے لگے کہ تم ہمیں احمق لگتے ہو۔ اور ہم تمہیں جھوٹا سمجھتے ہیں۔

۶۷. انہوں نے کہا کہ اے میری قوم! مجھ میں حماقت کی کوئی بات نہیں ہے بلکہ میں تو رب العالمین کے طرف سے بھیجا گیا پیغمبر ہوں۔

۶۸. میں تمہیں اپنے رب کے پیغام پہنچاتا ہوں اور میں امین (اور تمہارا) خیر خواہ ہوں۔

۶۹. کیا تم کو اس بات سے تعجب ہوا ہے کہ تم میں سے ایک بندے کے ذریعے تمہارے رب کی طرف سے نصیحت آئی، تاکہ وہ تمہیں ڈرائے۔ اور یاد کرو جب اس نے تم کو نوحؑ کے بعد سردار بنایا اور تم کو پھیلا دیا، پس اللہ کی نعمتوں کو یاد کرو تاکہ نجات پا سکو۔

۷۰. وہ کہنے لگے کہ تم ہمارے پاس اس لیے آئے ہو کہ ہم اکیلے اللہ کی عبادت کریں اور جن کو ہمارے باپ دادا پوجتے چلے آئے۔ ان کو چھوڑ دیں؟ اگر تم سچے ہو تو جس سے تم ہم کو ڈراتے ہو اسے لے آؤ۔

۷۱. ہود نے کہا کہ تمہارے رب کی طرف سے تم پر عذاب اور غضب نازل ہونا ضروری ہو چکا ہے۔ کیا تم مجھ سے ایسے ناموں کے بارے میں جھگڑتے ہو جو تم نے اور تمہارے باپ دادا نے اپنی طرف سے رکھ لیے ہیں۔ جن کی اللہ نے کوئی دلیل نازل نہیں کی۔ تو تم بھی انتظار کرو اور میں بھی تمہارے ساتھ انتظار کرتا ہوں۔

۷۲. پھر ہم نے ہودؑ کو اور جو لوگ ان کے ساتھ تھے ان کو بچا لیا اور جنہوں نے ہماری آیات کو جھٹلایا تھا ان کی جڑ کاٹ دی اور وہ ایمان لانے والے نہ تھے

۷۳. قوم ثمود کی طرف ان کے بھائی صالحؑ کو بھیجا تو صالحؑ نے کہا کہ اے میری قوم! اللہ ہی کی عبادت کرو، اس کے سوا تمہارا کوئی معبود نہیں تمہارے پاس رب کی طرف سے ایک

دلیل آچکی ہے یہ اللہ کی اونٹنی تمہارے لیے نشانی ہے تو اسے آزاد چھوڑ دو کہ اللہ کی زمین پر چرتی پھرے اور تم اسے بری نیت سے ہاتھ بھی نہ لگانا، ورنہ دردناک عذاب تمہیں پکڑے گا۔

۷۴۔ اور یاد تو کرو جب اس نے تم کو قوم عاد کے بعد سردار بنایا اور زمین پر آباد کیا کہ نرم زمین میں محل بناتے ہو۔ اور پہاڑوں کو تراش کر گھر بناتے ہو، پس اللہ کی نعمتوں کو یاد کرو اور زمین میں فساد نہ کرتے پھرو۔

۷۵۔ تو ان کی قوم کے مغرور سردار غریب لوگوں سے جو ایمان لے آئے تھے کہنے لگے بھلا تم یقین کرتے ہو کہ صالحؑ اپنے رب کی طرف سے بھیجے گئے ہیں؟ انہوں نے کہا کہ ہاں! جو چیز وہ دے کر بھیجے گئے ہیں ہم اس پر بلاشبہ ایمان رکھتے ہیں۔

۷۶۔ تو مغرور سردار کہنے لگے کہ جس چیز پر تم ایمان لائے ہو ہم تو اس کو نہیں مانتے۔

۷۷۔ آخر انہوں نے اونٹنی کی کونچوں کو کاٹ ڈالا اور اپنے اللہ کے حکم کی نافرمانی کی اور کہنے لگے کہ صالحؑ جس چیز سے تم ہمیں ڈراتے ہو اگر تم اللہ کے پیغمبر ہو تو ہم پر لے آؤ۔

۷۸۔ تو ان کو زلزلے نے آ پکڑا اور پھر اپنے گھروں میں اوندھے پڑے رہ گئے۔

۷۹۔ پھر صالحؑ ان سے ناامید ہو کر پھرے اور بولے کہ اے میری قوم! میں نے تم کو اللہ کا پیغام پہنچا دیا اور تمہاری خیر خواہی کی، مگر تم ایسے ہو کہ خیر خواہوں کو پسند ہی نہیں کرتے۔

۸۰۔ اور اسی طرح جب ہم نے لوطؑ کو پیغمبر بنا کر بھیجا تو اس وقت اپنی قوم سے کہا کہ تم ایسی بے حیائی کا کام کیوں کرتے ہو کہ تم سے پہلے اہل دنیا میں سے کسی نے اس طرح کا کام نہیں کیا۔

۸۱۔ تم نفسانی خواہش پورا کرنے کے لیے عورتوں کو چھوڑ کر لونڈوں پر گرتے ہو۔ حقیقت یہ ہے کہ تم لوگ حد سے نکل جانے والے ہو۔

۸۲۔ تو ان سے اس کا کوئی جواب نہ بن پڑا اور یوں بولے کہ ان (لوگوں یعنی لوطؑ اور ان کے گھر والوں) کو اپنے گاؤں سے نکال دو کہ یہ لوگ پاک بننا چاہتے ہیں۔

۸۳۔ تو ہم نے ان کو اور ان کے گھر والوں کو بچا لیا مگر ان کی بیوی نہ بچی کہ وہ پیچھے رہنے والوں میں تھی۔

۸۴۔ اور ہم نے ان پر پتھروں کا مینہ برسایا سو دیکھ لو کہ گناہگاروں کا کیسا انجام ہوا؟

۸۵۔ اور اہل مدین کی طرف ان کے بھائی شعیبؑ کو بھیجا تو انہوں نے کہا اے میری قوم! اللہ ہی کی عبادت کرو، اس کے سوا تمہارا کوئی معبود نہیں، تمہارے رب کی طرف سے نشانی آچکی ہے تو تم ماپ اور تول پورا کیا کرو اور لوگوں کو چیزیں کم نہ دیا کرو اور زمین میں اصلاح کے بعد خرابی نہ کرو۔ اگر تم ایمان والے ہو تو سمجھ لو یہ بات تمہارے حق میں بہتر ہے۔

۸٦۔ اور ہر راستہ پر مت بیٹھا کرو کہ جو شخص ایمان لاتا ہے اسے تم ڈراتے اور اللہ کی راہ سے روکتے ہو۔ اور اس میں کجی ڈھونڈتے ہو اور اس وقت کو یاد کرو جب تم تھوڑے سے تھے تو اللہ نے تم کو بڑی جماعت بنا دیا اور دیکھ لو خرابی کرنے والوں کا کیا انجام ہوا؟

۸۷۔ اور اگر تم میں سے ایک جماعت میری رسالت پر ایمان لے آئی ہے اور ایک جماعت ایمان نہیں لائی تو صبر کرو یہاں تک کہ اللہ ہمارے اور تمہارے درمیان فیصلہ کر دے، اور وہ سب سے بہتر فیصلہ کرنے والا ہے۔

۸۸۔ تو ان کی قوم کے سردار اور بڑے لوگ کہنے لگے کہ اے شعیبؑ! یا تو ہم تمہیں اور تمہارے ساتھیوں کو اپنے شہر سے نکال دیں گے یا تم ہمارا مذہب قبول کر لو۔ انہوں نے کہا کہ خواہ ہم تمہارے دین سے بیزار ہوں تب بھی۔

۸۹۔ اگر اس کے بعد کہ اللہ ہمیں نجات دے چکا ہے تمہارے مذہب میں لوٹ جائیں تو گویا ہم نے اللہ پر جھوٹا بہتان باندھا اور ہمیں قطعاً لائق نہیں کہ ہم دوبارہ کفر کی طرف لوٹ جائیں ہاں! اللہ جو ہمارا رب ہے اگر وہ چاہے (تو پھر ہم مجبور ہیں) ہمارے رب کا علم ہر چیز پر احاطہ کیے ہوئے ہے ہمارا بھروسہ اللہ ہی پر ہے۔ اے رب! ہماری قوم اور ہمارے درمیان انصاف سے فیصلہ کر دے اور تو سب سے بہتر فیصلہ کرنے والا ہے۔

۹۰۔ اور ان کی قوم میں سے سردار لوگ جو کافر تھے کہنے لگے کہ بھائیو! اگر تم نے شعیبؑ کی پیروی کی تو گویا خسارے میں پڑ گئے۔

214

۹۱.   توان کو بھونچال نے آ پکڑا اور وہ اپنے گھروں میں اوندھے پڑے رہ گئے۔

۹۲.   یہ لوگ جنہوں نے شعیبؑ کو جھٹلایا تھا ایسے برباد ہوئے گویا وہ ان میں کبھی آباد نہ ہوئے تھے غرض جنہوں نے شعیبؑ کو جھٹلایا وہ خسارے میں پڑ گئے۔

۹۳.   تو شعیبؑ ان میں سے نکل آئے اور کہا بھائیو! میں نے تم کو اپنے رب کے پیغام پہنچا دیئے ہیں اور تمہاری خیر خواہی کی تھی، تو میں کافروں پر عذاب نازل ہونے سے رنج و غم کیوں کروں۔

۹۴.   اور ہم نے کسی شہر میں کوئی پیغمبر نہیں بھیجا مگر وہاں کے لوگوں کو (جو ایمان نہ لائے) دکھوں اور مصیبتوں میں بتلا کیا تاکہ وہ عاجزی اور زاری کریں۔

۹۵.   پھر ہم نے تکلیف کو آسودگی سے بدل دیا یہاں تک کہ مال و اولاد میں زیادہ ہو گئے تو کہنے لگے کہ اسی طرح کا دکھ اور رنج ہمارے بڑوں کو بھی پہنچتا رہا ہے۔ تو ہم نے ان کو اچانک پکڑ لیا، جبکہ وہ اپنے حال میں بےخبر تھے۔

۹۶.   اگر ان بستیوں کے لوگ ایمان لے آتے اور پرہیزگار ہو جاتے تو ہم ان پر آسمان و زمین کی برکات کے دروازے کھول دیتے مگر انہوں نے تو جھٹلایا سو ان کے اعمال کی سزا میں ہم نے ان کو پکڑ لیا۔

۹۷.   کیا بستی (مکہ) والے اس سے بے خوف ہیں کہ ان پر ہمارا عذاب رات کو واقع ہو اور وہ بےخبر سو رہے ہوں۔

۹۸.　اور شہر والے اس سے بے خوف ہیں کہ ان پر ہمارا عذاب دن چڑھے آ نازل ہو اور وہ کھیل رہے ہوں۔

۹۹.　کیا یہ لوگ اللہ کی تدبیر کا ڈر نہیں رکھتے۔ سن لو کہ اللہ کی تدبیر سے وہی لوگ بے خوف ہوتے ہیں جو خسارہ پانے والے ہوں۔

۱۰۰.　جو لوگ ان بستیوں کے ہلاک ہونے کے بعد زمین کے وارث ہوئے کیا انہیں یہ رہنمائی نہیں ملی کہ اگر ہم چاہیں تو ان کے گناہوں کے بدلے ان پر (بھی) مصیبت ڈال سکتے ہیں۔ اور ان کے دلوں پر مہر (بھی) کر سکتے ہیں کہ وہ سن ہی نہ سکیں۔

۱۰۱.　یہ بستیاں ہیں جن کے حالات ہم آپ کو سناتے ہیں اور ان کے پاس ان کے پیغمبر نشانیاں لے کر آئے مگر وہ ایسے نہیں تھے کہ جس چیز کو پہلے جھٹلا چکے ہوں اسے مان لیں۔ اسی طرح اللہ کافروں کے دلوں پر مہر لگا دیتا ہے۔

۱۰۲.　اور ہم نے ان میں سے بہتوں میں عہد کا نباہ نہیں دیکھا اور ان میں بہتوں کو دیکھا تو بدکار ہی دیکھا۔

۱۰۳.　پھر ان پیغمبروں کے بعد ہم نے موسیٰؑ کو نشانیاں دے کر فرعون اور اس کے سرداروں کے پاس بھیجا تو انہوں نے ان کے ساتھ کفر کیا سو دیکھ لو خرابی کرنے والوں کا انجام کیا ہوا۔

۱۰۴.　اور موسیٰؑ نے کہا کہ اے فرعون! میں یقیناً رب العالمین کا پیغمبر ہوں۔

۱۰۵.   ) میرے شایان شان یہی ہے کہ میں جو کہوں سچ کہوں ۔ میں تمہارے پاس
تمہارے رب کی دلیل (معجزات) لے کر آیا ہوں سو بنی اسرائیل کو میرے ساتھ بھیج
دیجیے۔

۱۰۶.   فرعون نے کہا اگر نشانی لے کر آئے ہو، اگر سچے ہو تو لاؤ دکھاؤ۔

۱۰۷.   موسیٰ نے اپنی لاٹھی زمین پر ڈالی تو وہ سچ مچ کا اژدہا بن گیا

۱۰۸.   اور اپنا ہاتھ باہر نکالا تو وہ دیکھنے والوں کے لیے چمکدار دکھائی دینے لگا۔

۱۰۹.   تو قوم فرعون کے سردار کہنے لگے کہ یہ بہت بڑا جادوگر ہے۔

۱۱۰.   اس کا ارادہ یہ ہے کہ تم کو تمہارے ملک سے نکال دے۔ بھلا تمہارا کیا خیال
ہے؟

۱۱۱.   پھر انہوں نے فرعون سے کہا کہ فی الحال اسے اور اس کے بھائی کے معاملے کو
موقوف رکھیے اور شہروں میں نقیب بھیج دیجیے۔

۱۱۲.   کہ تمام ماہر جادوگروں کو آپ کے پاس لے آئیں۔

۱۱۳.   چنانچہ ایسا ہی کیا گیا اور جادوگر فرعون کے پاس آپہنچے اور کہنے لگے کہ اگر ہم جیت
گئے تو ہمیں انعام دیا جائے۔

۱۱۴.   فرعون نے کہا ہاں! ضرور اور تم مقربوں میں شامل کر لیے جاؤ گے۔

۱۱۵.	جب دونوں فریق مقررہ دن پر جمع ہوئے تو جادوگروں نے کہا کہ موسیٰ! یا تو تم جادو کی چیز ڈالو یا ہم ڈالتے ہیں۔

۱۱۶.	موسیٰؑ نے کہا تم ہی ڈالو جب انہوں نے جادو کی چیزیں ڈالیں تو لوگوں کی آنکھوں پر جادو کر دیا (اور لاٹھیوں اور رسیوں سے سانپ بنا بنا کر) انہیں ڈرا دیا اور بڑا جادو دکھایا۔

۱۱۷.	اور (اس وقت) ہم نے موسیٰؑ پر وحی بھیجی کہ تم اپنی لاٹھی ڈال دو۔ تو وہ (فوراً سانپ بن کر) جادوگروں کے بنائے ہوئے جھوٹے شعبدے کو ایک ایک کر کے نگلنے لگا۔

۱۱۸.	پھر سچ ثابت ہو گیا اور جو کچھ فرعونی کرتے تھے جھوٹ ثابت ہو گیا۔

۱۱۹.	فرعون اور اس کے ساتھی مغلوب ہوئے اور ذلیل ہو کر لوٹ گئے۔

۱۲۰.	جادوگر یہ کیفیت دیکھ کر سجدے میں گر پڑے۔ (۱۲۰)

۱۲۱.	اور کہنے لگے کہ ہم رب العالمین پر ایمان لے آئے۔

۱۲۲.	) (یعنی) موسیٰؑ اور ہارونؑ کے رب پر۔

۱۲۳.	فرعون نے کہا کہ اس سے پہلے کہ میں تمہیں اجازت دوں تم اس پر ایمان لے آؤ بیشک یہ فریب ہے جو تم سب نے مل کر شہر میں کیا ہے۔ تاکہ شہر والوں کو یہاں سے نکال دو۔ سو عنقریب تمہیں اس کا انجام پتہ چل جائے گا۔

۱۲۴.	پہلے میں تمہارے ایک طرف کے ہاتھ اور دوسری طرف کے پاؤں کاٹ دوں گا پھر تم سب کو سولی پر چڑھا دوں گا۔

۱۲۵. وہ بولے کہ ہم تو اپنے رب کی طرف لوٹ کر جانے والے ہیں۔

۱۲۶. اور اس کے سوا تجھے ہماری کونسی بات بری لگی ہے جب ہمارے پاس ہمارے رب کی نشانیاں آگئیں تو ہم ان پر ایمان لے آئے۔ اے ہمارے رب ہم پر صبر اور استقامت کے دروازے کھول دے ہم مریں تو مسلمان ہی مریں۔

۱۲۷. فرعونی سردار کہنے لگے کہ کیا آپ موسیٰؑ اور اس کی قوم کو چھوڑ دیں گے تاکہ وہ ملک میں خرابی کریں، آپ سے اور آپ کے معبودوں سے دستبردار ہو جائیں وہ بولے کہ ہم ان کے لڑکوں کو قتل کر ڈالیں گے اور لڑکیوں کو زندہ رہنے دیں گے بیشک ہم ان پر غالب ہیں۔

۱۲۸. موسیٰؑ نے اپنی قوم سے کہا کہ اللہ سے مدد مانگو اور صبر کرو۔ زمین تو اللہ کی ہے وہ اپنے بندوں میں سے جسے چاہتا ہے اس کا وارث بناتا ہے اور آخر تو بھلا ڈرنے والوں کا ہی ہے۔

۱۲۹. وہ بولے کہ تمہارے آنے سے پہلے بھی ہمیں تکلیفیں پہنچتی رہیں اور آنے کے بعد بھی۔ موسیٰؑ نے کہا کہ قریب ہے تمہارا رب تمہارے دشمن کو ہلاک کر ڈالے اور اس کی جگہ تمہیں خلیفہ بنا دے اور پھر دیکھے کہ تم کیا عمل کرتے ہو۔

۱۳۰. اور ہم نے فرعونیوں کو قحط اور پھلوں کے نقصان میں پکڑا تاکہ نصیحت حاصل کریں۔

۱۳۱. توجب ان کو آسائش حاصل ہوتی تو کہتے کہ ہم اس کے مستحق ہیں اور جب سختی پہنچتی تو موسیٰ اور اس کے رفیقوں کو بد شگونی بتاتے۔ دیکھو! ان کی بد شگونی اللہ کے ہاں لکھ دی گئی مگر ان میں اکثر نہیں جانتے۔

۱۳۲. اور کہنے لگے کہ تم ہمارے پاس خواہ کوئی بھی نشانی لاؤ تاکہ اس سے ہم پر جادو کرو، مگر ہم تم پر ایمان لانے والے نہیں ہیں۔

۱۳۳. تو ہم نے ان پر طوفان، ٹڈیاں، جوئیں اور مینڈک و خون (یعنی) کتنی ہی کھلی نشانیاں بھیجیں مگر وہ تکبر ہی کرتے رہے اور وہ لوگ تھے ہی گناہ گار۔

۱۳۴. اور جب ان پر عذاب واقع ہوتا تو کہتے موسیٰ ہمارے لیے اپنے رب سے دعا کرو۔ جیسا اس نے تم سے عہد کر رکھا ہے۔ اگر تم ہم سے عذاب کو ٹال دو گے تو ہم تم پر بھی ایمان لے آئیں گے اور بنی اسرائیل کو بھی تمہارے ساتھ روانہ کر دیں گے۔

۱۳۵. پھر ہم ایک مدت تک ان سے عذاب کو دور کر دیتے تو پھر عہد کو توڑ ڈالتے۔

۱۳۶. تو ہم نے ان سے بدلہ لے کر ہی چھوڑا کہ ان کو دریا میں ڈبو دیا اس لیے کہ وہ ہماری آیتوں کو جھٹلاتے اور ان سے بے پروائی کرتے تھے۔

۱۳۷. اور جو لوگ کمزور سمجھے جاتے تو ان کو زمین شام کے مشرق و مغرب کا وارث کر دیا جس میں ہم نے برکت دی تھی اور بنی اسرائیل کے بارے میں ان کے صبر کی وجہ سے

تمہارے اللہ کا کیا ہوا مبارک وعدہ پورا ہوا۔ فرعون اور قوم فرعون جو محل بناتے اور انگور کے باغ جو چڑھاتے تھے سب کو ہم نے تباہ کر دیا۔

۱۳۸۔ اور ہم نے بنی اسرائیل کو دریا کے پار اتارا تو وہ ایسے لوگوں کے پاس جا پہنچے جو اپنے بتوں کی عبادت کے لیے بیٹھے رہتے تھے۔ بنی اسرائیل کہنے لگے کہ موسیٰ جیسے ان کے لوگوں کے معبود ہیں ہمارے لیے بھی ایسا ہی ایک معبود بنا دو۔ موسیٰ نے کہا بلا شبہ تم بڑے جاہل لوگ ہو۔

۱۳۹۔ بیشک جس کام میں یہ لوگ پھنسے ہوئے ہیں وہ برباد ہونے والا ہے اور جو کام یہ کرتے ہیں بے ہودہ ہے۔

۱۴۰۔ اور (یہ بھی کہا کہ) بھلا میں اللہ کے سوا تمہارے لیے کوئی اور معبود تلاش کروں؟ حالانکہ اس نے تم کو تمام اہل عالم پر فضیلت بخشی ہے۔

۱۴۱۔ اور (ہمارے ان احسانوں کو یاد کرو) جب ہم نے تم کو فرعونیوں کے ہاتھ سے نجات بخشی، وہ لوگ تم کو بڑا دکھ دیتے تھے، تمہارے بیٹوں کو قتل کر ڈالتے تھے اور بیٹیوں کو زندہ رہنے دیتے تھے اور اس میں تمہارے رب کی طرف سے سخت آزمائش تھی۔

۱۴۲۔ اور ہم نے موسیٰ سے تیس رات کا وعدہ مقرر کیا، پھر اسے دس مزید راتوں سے مکمل کیا تو اس کے رب کی چالیس راتوں کی میعاد پوری ہو گئی۔ اور موسیٰ نے اپنے بھائی

ہارونؑ سے کہا کہ میرے (کوہ طور پر جانے کے) بعد تم میری قوم میں میرے جانشین ہو۔ ان کی اصلاح کرتے رہنا اور شریروں کے رستے نہ چلنا

۱۴۳۔ جب موسیٰؑ ہمارے مقرر کیے ہوئے وقت پر (کوہ طور پر) پہنچے اور ان کے رب نے ان سے کلام کیا تو کہنے لگے کہ اے رب العزت! مجھے جلوہ دکھا میں تیرا دیدار بھی کروں۔ اللہ نے کہا کہ تم مجھے ہرگز نہ دیکھ سکو گے۔ ہاں! پہاڑ کی طرف دیکھو اگر یہ اپنی جگہ قائم رہا تو تم مجھے دیکھ سکو گے جب اللہ رب العزت نے پہاڑ پر تجلی کی تو وہ ریزہ ریزہ ہو گیا اور موسیٰؑ بیہوش ہو کر گر پڑے۔ جب ہوش میں آئے تو کہنے لگے کہ تیری ذات پاک ہے اور میں تیرے حضور میں توبہ کرتا ہوں۔ اور ایمان لانے والوں میں سب سے اول ہوں۔

۱۴۴۔ (اللہ نے) فرمایا: موسیٰ! میں نے تم کو اپنے پیغام اور اپنے کلام سے لوگوں میں ممتاز کیا ہے تو جو میں نے تم کو عطا کیا ہے اسے پکڑ رکھو اور میرا شکر بجا لاؤ۔

۱۴۵۔ اور ہم نے تورات کی تختیوں میں ان کے لیے ہر چیز کی تفصیل لکھ دی، تو (ارشاد فرمایا کہ) اسے زور سے پکڑے رہو اور اپنی قوم سے بھی کہہ دو کہ ان باتوں کو جو ان میں درج ہیں اور بہت بہتر ہیں، پکڑے رہیں میں عنقریب تم کو نافرمان لوگوں کا گھر دکھاؤں گا۔

۱۴۶۔ جو لوگ زمین میں ناحق غرور کرتے ہیں ان کو اپنی آیتوں سے پھیر دوں گا۔ اگر یہ سب نشانیاں بھی دیکھ لیں تب بھی ان پر ایمان نہ لائیں اور اگر ہدایت کا راستہ دیکھیں تو اسے اپنا راستہ نہ بنائیں اور اگر گمراہی کی راہ دیکھیں تو اسے اپنا راستہ بنا لیں۔ یہ اس لیے کہ انہوں نے ہماری آیات کو جھٹلایا اور ان سے غفلت کرتے رہے۔

۱۴۷۔ اور جن لوگوں نے ہماری آیات اور آخرت کی ملاقات کو جھٹلایا ان کے اعمال ضائع ہو گئے اور یہ جیسے عمل کرتے رہے ان کو ویسا ہی بدلہ ملے گا۔

۱۴۸۔ اور اس کی قوم نے موسیٰ کے طور پر جانے کے بعد اپنے زیورات کا ایک بچھڑا بنا لیا وہ ایک جسم تھا کہ جس میں سے گائے کی آواز نکلتی تھی۔ ان لوگوں نے یہ نہ دیکھا کہ وہ ان سے بات کر سکتا ہے۔ نہ ان کو رستہ دکھا سکتا ہے، اس کو انہوں نے معبود بنا لیا اور اپنے حق میں ظلم کیا۔

۱۴۹۔ اور جب وہ نادم ہوئے اور دیکھا کہ گمراہ ہو گئے ہیں تو کہنے لگے کہ اگر ہمارا رب ہم پر رحم نہیں کرے گا اور ہم کو معاف نہیں فرمائے گا تو ہم برباد ہو جائیں گے۔

۱۵۰۔ اور موسیٰ جب اپنی قوم میں نہایت غصے میں اور افسوس کی حالت میں واپس آئے تو کہنے لگے کہ تم نے میرے بعد بڑی بری نیابت کی۔ کیا تم نے اپنے رب کا حکم، (یعنی میرا اپنے پاس آنا جلد چاہا) اور (غصہ میں) تختیاں پھینک دیں اور اپنے بھائی کو بالوں سے پکڑ کر اپنی طرف کھینچنے لگے۔ انہوں نے کہا کہ بھائی! لوگ مجھے کمزور سمجھتے تھے اور قریب تھا کہ قتل ہی کر ڈالیں تو آپ ایسا کام نہ کریں کہ دشمن مجھ پر ہنسیں اور مجھے ظالم لوگوں میں مت ملائیں۔

۱۵۱۔ تب انہوں نے دعا کی کہ اے میرے رب! مجھے اور میرے بھائی کو معاف کر دے اور ہمیں اپنی رحمت میں داخل فرما اور تو سب سے بڑھ کر رحم کرنے والا ہے۔

۱۵۲۔ (اللہ نے فرمایا کہ) جن لوگوں نے بچھڑے کو معبود بنالیا تھا ان پر اللہ کا غضب واقع ہوگا اور دنیا کی زندگی میں ذلت نصیب ہوگی اور ہم افترا پردازوں کو ایسا ہی بدلہ دیا کرتے ہیں۔

۱۵۳۔ اور جنہوں نے برے کام کیے، پھر توبہ کرلی اور اس کے بعد ایمان لے آئے تو کچھ شک نہیں کہ آپ کا رب بخشنے والا مہربان ہے۔

۱۵۴۔ اور جب موسیٰؑ کا غصہ اتر گیا تو اس نے تختیاں اٹھالیں اور جو کچھ ان میں لکھا تھا وہ ان لوگوں کیلیئے جو اپنے رب سے ڈرتے ہیں ہدایت اور رحمت تھی۔

۱۵۵۔ اور موسیٰؑ نے اس میعاد پر جو ہم نے مقرر کی تھی اپنی قوم کے ستر آدمی منتخب کر کے کوہ طور پر حاضر کیے۔ جب ان کو زلزلے نے پکڑا تو موسیٰؑ نے کہا کہ اے رب العزت! اگر تو چاہتا تو ان کو اور مجھے پہلے ہی ہلاک کر دیتا۔ کیا تو اس کام کی سزا میں جو ہم میں سے بے عقل لوگوں نے کیا ہے ہمیں ہلاک کر دے گا یہ تو تیری آزمائش ہے اس سے تو جسے چاہے گمراہ کر دے اور جسے چاہے ہدایت بخش دے تو ہی ہمارا کارساز ہے، تو ہمارے گناہ بخش دے اور ہم پر رحم کر اور تو سب سے بہتر بخشنے والا ہے۔

۱۵۶۔ اور ہمارے لیے اس دنیا میں بھی بھلائی لکھ دے اور آخرت میں بھی ہم تیری طرف رجوع کر چکے۔ فرمایا کہ یہ میرا عذاب ہے تو جس پر چاہتا ہوں نازل کرتا ہوں اور جو میری رحمت ہے وہ ہر چیز کو شامل ہے میں اس کو ان لوگوں کے لیے لکھ دوں گا جو پرہیز گاری کرتے، زکوٰۃ دیتے اور ہماری آیتوں پر ایمان رکھتے ہیں۔

۱۵۷. وہ نبی امی (محمد ﷺ) کی پیروی کرتے ہیں، جن کے بارے میں وہ اپنے پاس تورات اور انجیل میں لکھا ہوا پاتے ہیں، وہ انہیں نیک کام کا حکم دیتے ہیں اور برے کام سے روکتے ہیں اور پاک چیزوں کو ان کے لیے حلال کرتے ہیں اور ناپاک چیزوں کو ان پر حرام ٹھہراتے ہیں اور ان پر سے بوجھ اور طوق اتارتے ہیں اور جن لوگوں نے ان کی حمایت کی اور انہیں مدد دی اور جو نور ان کے ساتھ نازل ہوا ہے اس کی پیروی کی، وہی کامیاب ہونے والے ہیں۔

۱۵۸. (اے محمد ﷺ!) فرما دیں کہ لوگو! میں تم سب کی طرف اللہ کا بھیجا ہوا (اس کا رسول) ہوں جو زمین و آسمان کا بادشاہ ہے اس کے سوا کوئی معبود نہیں وہی زندگی بخشتا ہے اور وہی موت دیتا ہے۔ لہٰذا اللہ اور اس کے رسول امی پر ایمان لاؤ جو اللہ اور اس کے کلام پر ایمان رکھتا ہے ان کی پیروی کرو تاکہ تم ہدایت پاؤ۔

۱۵۹. اور قوم موسیٰ میں کچھ لوگ ایسے بھی ہیں جو حق کا راستہ بتاتے ہیں اور اسی کے ساتھ انصاف کرتے ہیں۔

۱۶۰. اور ہم نے ان کو (بنی اسرائیل کے) بارہ قبیلوں کو اور بارہ ہی جماعتیں بنا دیا اور جب موسیٰ سے ان کی قوم نے پانی طلب کیا تو ہم نے ان کی طرف وحی بھیجی کہ اپنی لاٹھی پتھر پر مارو تو اس میں سے بارہ چشمے پھوٹ پڑے اور سب لوگوں نے اپنا اپنا گھاٹ معلوم کر لیا۔ اور ہم نے ان کے سروں پر بادل کا سائبان بنائے رکھا اور ان پر من و سلویٰ اتارتے

رہے۔ اوران سے کہا کہ جوپاکیزہ چیزیں ہم تمہیں دیتے ہیں انہیں کھاؤ۔ اوران لوگوں نے ہمارا کچھ نقصان نہیں کیا بلکہ جو نقصان کیا اپنا ہی کیا۔

۱۶۱.   اور (یاد کرو) جب ان سے کہا گیا کہ اس شہر میں رہنا شروع کردو (سکونت اختیار کر لو) اوراس میں جہاں سے جی چاہے کھانا پینا اور حِطَّۃٌ (ہمیں بخش دے) کہنا اور سجدہ کرتے ہوئے (سر کو جھکاتے ہوئے) داخل ہونا۔ تو ہم تمہارے گناہ معاف کردیں گے۔ اور نیکی کرنے والوں کو اور بھی زیادہ دیں گے۔

۱۶۲.   مگران میں جو ظالم تھے انہوں نے اس بات کو بدل دیا جو ان سے کہی گئی تھی۔ تو ہم نے ان پر آسمان سے عذاب بھیجا اس لیے کہ وہ ظلم کرتے تھے۔

۱۶۳.   اوران سے اس گاؤں کا حال تو پوچھو جو لب دریا واقع تھا۔ جب لوگ ہفتے کے دن کے بارے میں حد سے بڑھنے لگے۔ اس وقت کہ ان کے ہفتہ کے دن مچھلیاں ان کے سامنے پانی کے اوپر آتیں اور جب ہفتے کا دن نہ ہوتا تو نہ آتیں۔ اس طرح ہم ان لوگوں کو ان کی نافرمانیوں کے سبب آزمائش میں ڈال رکھا تھا۔

۱۶۴.   اور جب ان میں سے ایک جماعت نے کہا کہ تم ایسے لوگوں کو کیوں نصیحت کرتے ہو جن کو اللہ ہلاک کرنے والا یا سخت عذاب دینے والا ہے۔ تو انہوں نے کہا، اس لیے کہ تمہارے رب کے سامنے معذرت کرسکیں اور عجب نہیں کہ وہ پرہیزگاری اختیار کریں۔

۱۶۵۔ انہوں نے ان باتوں کو فراموش کر دیا جن کی ان کو نصیحت کی گئی تھی جو لوگ برائی سے منع کرتے تھے ان کو ہم نے نجات دی اور جو ظلم کرتے تھے ان کو برے عذاب میں پکڑ لیا کیونکہ وہ نافرمانی کرتے جا رہے تھے۔

۱۶۶۔ غرض جن برے اعمال سے ان کو منع کیا گیا تھا جب وہ سرکشی کرتے ہوئے وہی کام کرنے لگے تو ہم نے ان کو حکم دیا کہ ذلیل بندر ہو جاؤ۔

۱۶۷۔ اور (اس وقت کو یاد کرو) جب آپ کے رب نے یہود کو آگاہ کر دیا تھا کہ وہ ان پر قیامت تک ایسے لوگوں کو مسلط رکھے گا جو ان کو بڑی سخت تکلیفیں دیتے رہے گے۔ بیشک آپ کا رب جلد عذاب کرنے والا ہے۔ اور وہ بخشنے والا مہربان بھی ہے۔

۱۶۸۔ اور ہم نے ان کو گروہ گروہ بنا کر (ملک میں) پھیلا دیا۔ بعض ان میں سے نیک ہیں اور بعض دوسری طرح کے (بدکار) اور ہم آسائشوں اور تکلیفوں سے ان کی آزمائش کرتے رہے تاکہ ہماری طرف رجوع کریں۔

۱۶۹۔ پھر ان کے بعد برے لوگ ان کے قائم مقام ہوئے جو کتاب کے وارث بنے یہ لوگ اس ادنیٰ زندگی کا سامان لے لیتے ہیں اور کہتے ہیں کہ ہمیں معاف کر دیا جائے گا۔ اور اگر ان کے پاس ایسا ہی سامان پھر آئے تو وہ اسے لے لیتے ہیں۔ کیا ان سے کتاب میں عہد نہیں لیا گیا تھا کہ اللہ پر سچ کے سوا اور کچھ نہیں کہیں گے اور جو کچھ اس کتاب میں ہے اس کو انہوں نے پڑھ بھی لیا ہے۔ اور آخرت کا گھر پرہیزگاروں کے لیے بہتر ہے۔ کیا تم سمجھتے نہیں۔

۱۷۰۔ اور جو لوگ کتاب کو مضبوط پکڑے ہوئے ہیں۔ اور نماز قائم کرتے ہیں ان کو ہم اجر دیں گے کہ ہم نیک لوگوں کا اجر ضائع نہیں کرتے۔

۱۷۱۔ اور جب ہم نے ان کے سروں پر پہاڑ اٹھا کھڑا کیا گویا وہ سائبان تھا اور انہوں نے خیال کیا کہ وہ ان پر ابھی گرنے والا ہے (تو ہم نے کہا کہ) جو ہم نے تمہیں دیا ہے اسے زور سے پکڑے رہو اور جو اس میں لکھا ہے اسے یاد رکھو تاکہ تم بچ جاؤ۔

۱۷۲۔ اور جب آپ کے رب نے بنی آدم کی پشتوں سے ان کی اولاد نکالی توان سے خود اپنے اوپر گواہ بنا کر اقرار لیا (اور پوچھا) کہ کیا میں تمہارا رب نہیں ہوں؟ وہ کہنے لگے کیوں نہیں ہم گواہ ہیں (کہ تو ہمارا رب ہے) یہ اقرار اس لیے لیا تھا کہ قیامت کے دن کبھی ایسے نہ کہنے لگو کہ ہم کو تو اس کی خبر ہی نہ تھی۔

۱۷۳۔ یا یہ نہ کہو کہ شرک تو پہلے بڑوں نے کیا تھا اور ہم توان کی اولاد تھے تو کیا جو کام مشرک کرتے رہے اس کے بدلے تو ہمیں ہلاک کرتا ہے۔

۱۷۴۔ اور اسی طرح ہم اپنی آیات کھول کھول کر بیان کرتے ہیں تاکہ یہ رجوع کریں۔

۱۷۵۔ اور ان کو اس شخص کا حال پڑھ کر سنا دیں جس کو ہم نے اپنی آیتیں عطا فرمائیں، پس وہ ان کو چھوڑ نکلا، پھر اس کے پیچھے شیطان لگ گیا اور وہ گمراہوں میں ہو گیا۔

۱۷۶۔ اور اگر ہم چاہتے توان آیتوں سے (ان کے درجے) بلند کر دیتے، مگر وہ تو پستی کی طرف مائل ہو گیا اور اپنی خواہش کے پیچھے چل پڑا۔ تو اس کی مثال کتے کی سی ہو گئی کہ اگر

228

سختی کرو تو زبان نکالے رہے اور جب چھوڑ دو تو بھی زبان نکالے رہے۔ یہی مثال ان لوگوں کی ہے جنہوں نے ہماری آیتوں کو جھٹلایا۔ تو ان سے یہ قصہ بیان کرو تاکہ وہ فکر کریں۔

۱۷۷۔ جن لوگوں نے ہماری آیتوں کو جھٹلایا ان کی مثال بری ہے اور انہوں نے نقصان کیا تو اپنا ہی کیا۔

۱۷۸۔ جس کو اللہ ہدایت دے وہی راہ پانے والا ہے اور جس کو گمراہ کرے تو ایسے ہی لوگ نقصان اٹھانے والے ہیں۔

۱۷۹۔ اور ہم نے بہت سے جن اور انسان دوزخ کے لیے پیدا کیے ہیں۔ ان کے دل ہیں مگر سمجھتے نہیں، ان کی آنکھیں ہیں مگر وہ ان سے دیکھتے نہیں۔ ان کے کان ہیں مگر ان سے سنتے نہیں۔ یہ لوگ بالکل جانوروں کی طرح ہیں۔ بلکہ ان سے بھی بڑھے ہوئے یہی وہ ہیں جو غفلت میں پڑے ہوئے ہیں۔

۱۸۰۔ اور اللہ کے سب نام اچھے ہی اچھے ہیں۔ تو اس کو اس کے ناموں سے پکارا کرو۔ اور جو لوگ اس کے ناموں میں کجی اختیار کرتے ہیں۔ ان کو چھوڑ دو، وہ جو کچھ کر رہے ہیں عنقریب اس کی سزا پائیں گے۔

۱۸۱۔ اور ہماری مخلوقات میں سے ایک وہ گروہ ہے جو حق کا راستہ بتاتے ہیں اور اسی کے ساتھ انصاف کرتے ہیں۔

۱۸۲.	اور جن لوگوں نے ہماری آیتوں کو جھٹلایا ان کو آہستہ آہستہ اس طریقہ سے پکڑیں گے کہ ان کو معلوم بھی نہ ہوگا۔

۱۸۳.	اور میں ان کو مہلت دیئے جاتا ہوں میری تدبیر بڑی مضبوط ہے۔

۱۸۴.	کیا انہوں نے غور نہیں کیا؟ کہ ان کے ساتھی (محمد ﷺ) کو کسی طرح کا بھی جنون نہیں ہے وہ تو کھلم کھلا ڈرانے والے ہیں۔

۱۸۵.	کیا انہوں نے آسمان وزمین کی بادشاہت میں اور جو چیزیں اللہ نے پیدا کی ہیں ان پر نظر نہیں کی اور اس بات پر خیال نہیں کیا؟ کہ عجب نہیں ان کی موت کا وقت قریب پہنچ گیا ہو۔ تو اس کے بعد وہ اور کس بات پر ایمان لائیں گے۔

۱۸۶.	جس شخص کو اللہ گمراہ کرے اس کو کوئی ہدایت دینے والا نہیں اور وہ ان گمراہوں کو چھوڑے رکھتا ہے کہ اپنی سرکشی میں پڑے بھٹکتے رہیں۔

۱۸۷.	یہ لوگ آپ سے قیامت کے بارے میں پوچھتے ہیں کہ وہ کب آئے گی؟ فرما دیں کہ اس کا علم تو میرے رب کو ہی ہے۔ وہی اسے اس کے وقت پر ظاہر کر دے گا اور وہ آسمان وزمین پر ایک بھاری حادثہ ہوگا۔ اور اچانک تم پر آجائے گی۔ یہ آپ سے اسطرح پوچھتے ہیں کہ آپ اس سے بخوبی واقف ہیں۔ کہو کہ اس کا علم تو اللہ ہی کو ہے۔ مگر اکثر لوگ نہیں جانتے۔

۱۸۸.	فرما دیں کہ میں اپنے فائدے اور نقصان کا کچھ بھی اختیار نہیں رکھتا مگر جو اللہ چاہے۔ اگر میں غیب کی باتیں جانتا ہوتا تو بہت سے فائدے جمع کر لیتا۔ اور مجھے کوئی تکلیف نہ پہنچتی میں تو مومنوں کو ڈرانے اور خوشخبری سنانے والا ہوں۔

۱۸۹.	وہی تو ہے جس نے تمہیں ایک جان سے پیدا کیا اور اس سے اس کی بیوی بنائی تاکہ اس کے ہاں سکون حاصل کرے۔ پھر جب کسی مرد نے اپنی بیوی سے صحبت کی تو اسے ہلکا سا حمل ہو گیا جس کے ساتھ وہ چلتی پھرتی رہی، پھر جب وہ بوجھل ہو گئی تو دونوں اپنے پروردگار سے دعا کرنے لگے کہ: اگر تو ہمیں تندرست بچہ عطا کرے تو ہم یقیناً شکر کرنے والوں سے ہوں گے۔

۱۹۰.	جب اس نے ان کو صحیح سالم بچہ دے دیا ہے تو وہ اس میں اس کے لیے شریک بنانے لگے مگر اللہ ان کے شریک بنانے سے بلند و برتر ہے۔

۱۹۱.	کیا وہ ایسوں کو شریک بناتے ہیں جو کچھ بھی پیدا نہیں کر سکتے اور خود پیدا کیے جاتے ہیں۔

۱۹۲.	نہ ان کی مدد کی طاقت رکھتے ہیں اور نہ خود اپنی مدد کر سکتے ہیں۔

۱۹۳.	اور اگر تم ان کو سیدھے راستے کی طرف بلاؤ تو تمہارا کہا نہ مانیں۔ تمہارے لیے برابر ہے تم ان کو بلاؤ یا خاموش رہو۔

۱۹۴. (مشرکو!) جن کو تم اللہ کے سوا پکارتے ہو تمہاری طرح کے بندے ہی ہیں اچھا تم ان کو پکارو اگر سچے ہو تو چاہیے کہ وہ تم کو جواب بھی دیں۔

۱۹۵. بھلا ان کے پاؤں ہیں جن سے چلیں یا ہاتھ ہیں جن سے پکڑیں یا آنکھیں ہیں جن سے دیکھیں یا کان ہیں جن سے سنیں؟ کہہ دو کہ اپنے شریکوں کو بلا لو اور میرا کچھ بگاڑ لو اور مجھے کچھ مہلت بھی نہ دو۔

۱۹۶. میرا مددگار تو اللہ ہی ہے جس نے سچی کتاب نازل کی اور نیک لوگوں کا وہی مددگار ہے۔

۱۹۷. اور جن کو تم اللہ کے سوا پکارتے ہو وہ نہ تمہاری مدد کی طاقت رکھتے ہیں اور نہ خود اپنی ہی مدد کر سکتے ہیں۔

۱۹۸. اور اگر تم ان کو سیدھے رستہ کی طرف بلاؤ تو سن نہ سکیں اور تم انہیں دیکھتے ہو کہ بظاہر آنکھیں کھولے تمہاری طرف دیکھتے ہیں مگر وہ دیکھتے کچھ نہیں۔

۱۹۹. (اے نبی ﷺ!) درگزر کرو اور معروف کام کرنے کا حکم دو۔ اور جاہلوں سے کنارہ کشی اختیار کرو۔

۲۰۰. اور اگر شیطان کی طرف سے تمہارے دل میں کسی قسم کا وسوسہ پیدا ہو تو اللہ سے پناہ مانگو بیشک وہ سننے والا اور سب کچھ جاننے والا ہے۔

۲۰۱۔ جو لوگ پرہیزگار ہیں جب ان کو شیطان کی طرف سے کوئی وسوسہ پیدا ہوتا ہے تو چونک پڑتے ہیں اور صحیح صورت حال دیکھنے لگتے ہیں۔

۲۰۲۔ اور ان (شیطانوں) کے بھائی انہیں گمراہی میں کھینچتے جاتے ہیں پھر اس میں کسی طرح کی کوتاہی نہیں کرتے۔

۲۰۳۔ اور جب تم ان کے پاس کچھ دنوں کے لیے کوئی آیت نہیں لاتے تو کہتے ہیں کہ تم نے اپنی طرف سے منتخب کیوں نہ کرلی۔ کہہ دو کہ میں تو اسی کی پیروی کرتا ہوں جو میرے رب کی طرف سے میرے پاس آتا ہے۔ یہ (قرآن) تمہارے رب کی طرف سے دانش اور بصیرت اور مومنوں کے لیے ہدایت اور رحمت ہے۔

۲۰۴۔ اور جب قرآن پڑھا جائے تو توجہ سے سنا کرو۔ اور خاموش رہا کرو۔ تاکہ تم پر رحم کیا جائے۔

۲۰۵۔ اور اپنے رب کو دل ہی دل میں عاجزی اور خوف سے اور پست آواز سے صبح و شام یاد کرتے رہو اور دیکھنا غافل نہ ہونا۔

۲۰۶۔ جو لوگ تمہارے رب کے پاس ہیں۔ وہ اس کی عبادت سے اکڑتے نہیں اور اس پاک ذات کو یاد کرتے ہیں اور اس کے آگے سجدے کرتے رہتے ہیں۔

***